Kohlhammer

Die Autorin

Carmen Osten ist Diplom-Psychologin und Psychologische Psychotherapeutin in eigener Praxis und Mitarbeiterin im Kinderschutz-Zentrum München.

Carmen Osten

Kindeswohlgefährdung

Therapiegeschichten zur Gewalt an Kindern und deren Prävention

Verlag W. Kohlhammer

für
Severin, Rosanna, Kathi, Ben
und für meine
Therapiekinder

Dieses Werk einschließlich aller seiner Teile ist urheberrechtlich geschützt. Jede Verwendung außerhalb der engen Grenzen des Urheberrechts ist ohne Zustimmung des Verlags unzulässig und strafbar. Das gilt insbesondere für Vervielfältigungen, Übersetzungen und für die Einspeicherung und Verarbeitung in elektronischen Systemen.

Pharmakologische Daten verändern sich ständig. Verlag und Autoren tragen dafür Sorge, dass alle gemachten Angaben dem derzeitigen Wissensstand entsprechen. Eine Haftung hierfür kann jedoch nicht übernommen werden. Es empfiehlt sich, die Angaben anhand des Beipackzettels und der entsprechenden Fachinformationen zu überprüfen. Aufgrund der Auswahl häufig angewendeter Arzneimittel besteht kein Anspruch auf Vollständigkeit.

Die Wiedergabe von Warenbezeichnungen, Handelsnamen und sonstigen Kennzeichen berechtigt nicht zu der Annahme, dass diese frei benutzt werden dürfen. Vielmehr kann es sich auch dann um eingetragene Warenzeichen oder sonstige geschützte Kennzeichen handeln, wenn sie nicht eigens als solche gekennzeichnet sind.

Es konnten nicht alle Rechtsinhaber von Abbildungen ermittelt werden. Sollte dem Verlag gegenüber der Nachweis der Rechtsinhaberschaft geführt werden, wird das branchenübliche Honorar nachträglich gezahlt.

Dieses Werk enthält Hinweise/Links zu externen Websites Dritter, auf deren Inhalt der Verlag keinen Einfluss hat und die der Haftung der jeweiligen Seitenanbieter oder -betreiber unterliegen. Zum Zeitpunkt der Verlinkung wurden die externen Websites auf mögliche Rechtsverstöße überprüft und dabei keine Rechtsverletzung festgestellt. Ohne konkrete Hinweise auf eine solche Rechtsverletzung ist eine permanente inhaltliche Kontrolle der verlinkten Seiten nicht zumutbar. Sollten jedoch Rechtsverletzungen bekannt werden, werden die betroffenen externen Links soweit möglich unverzüglich entfernt.

1. Auflage 2022

Alle Rechte vorbehalten
© W. Kohlhammer GmbH, Stuttgart
Gesamtherstellung: W. Kohlhammer GmbH, Stuttgart

Print:
ISBN 978-3-17-042112-7

E-Book-Formate:
pdf: ISBN 978-3-17-042113-4
epub: ISBN 978-3-17-042114-1

Geleitwort

Carmen Osten und ich kennen uns seit vielen Jahren. Zum ersten Mal sind wir uns begegnet als Kooperationspartnerinnen im Kinderschutz: Sie war damals als Therapeutin im Kinderschutz-Zentrum München und ich als Sozialpädagogin im Jugendamt der Stadt München tätig. Als ich mich später aus der praktischen Arbeit verabschiedet hatte und in der Forschung im Kinderschutz angekommen war, haben wir uns auf Fachveranstaltungen getroffen und gemeinsam Fortbildungen im Kinderschutz gegeben.

Als Carmen Osten mich gefragt hat, ob ich ein Geleitwort zu ihrem Buch schreiben würde, war ich sehr erfreut und geschmeichelt. Nachdem ich ihr Buch gelesen habe, ist es mir eine Ehre. Denn das Außergewöhnliche an diesem Buch ist, dass die Autorin Misshandlung, Vernachlässigung und sexualisierte Gewalt in erster Linie aus der Perspektive der betroffenen Kinder betrachtet. Anhand der Geschichten ihrer »Therapiekinder« eröffnet sie uns Einblicke, welche zum Teil widersprüchlichen und ambivalenten Gefühle das Erlebte bei den Kindern auslösen kann. Sie zeigt auf, mit welchen emotionalen, sozialen und körperlichen Folgen die Kinder oft ihr Leben lang zu kämpfen haben und wie Misshandlung und Vernachlässigung über Generationen hinweg weitergegeben werden können. Darüber hinaus führt sie uns vor Augen, wie Kinder Kinderschutz, also das Handeln der Jugendämter, der Familien- und Strafgerichtsbarkeit, der Kinderschutzeinrichtungen und der Polizei erleben. Eine Perspektive, die aus meiner Sicht so oft fehlt.

Wir diskutieren in der Fachwelt Kinderschutz vor allem aus der Perspektive der gesetzlichen Vorgaben: Wer muss wann, was tun? Wer ist wofür verantwortlich? Wer darf wann, was? Natürlich alles mit dem Ziel, zum Wohle der Kinder zu handeln und sie vor weiteren Schädigungen zu bewahren. Aber gelingt uns das auch und sehen wir wirklich alles, was Kinder in solchen Situationen bewegt und was sie brauchen? Sehen wir, wie existenziell wichtig aber auch wie belastend oder gar bedrohlich Entscheidungen und Handlungen im Kinderschutz für Kinder sein können?

Dieses Buch ist eine Pflichtlektüre für Fachkräfte im Kinderschutz. Es stellt die Kinder in den Mittelpunkt des Kinderschutzes. Es macht die Komplexität guter, individueller Hilfekonzepte für Kinder und ihre Eltern deutlich, die notwendig sind, nicht nur um die Vernachlässigung und Misshandlung eines Kindes zu beenden, sondern auch, um die Kinder bei der Bewältigung der Folgen zu unterstützen.

Abschließend wünsche ich mir, dass es mehr Therapeutinnen und Therapeuten gibt, denen es gelingt, eine gute Beziehung zu den Kindern aufzubauen, ohne dabei die notwendige professionelle Distanz zu verlieren und auf die sie auch in ihrem späteren Leben immer wieder als Stütze zurückgreifen können.

München, im Juni 2022
Christine Gerber, Deutsches Jugendinstitut, München

Inhalt

Geleitwort 5

Dankesworte 11

I   Kinderschutz und Kindeswohlgefährdung – Grundlagen und Hintergründe

Einleitung 15

II   Therapiegeschichten von Kindern und Jugendlichen

1   Leila... Die sich selbst befreite
       Im Flüchtlingsheim gibt es keine Schlüssel 25

2   Ben... Der Mutige erzittert
       Eine unglaubliche innerdeutsche Flucht 29

3   Jessica... Die Wartende
       Meine Mutter war ein Straßenkind 34

4   Mara... Die orientalische Prinzessin
       Prostitution und Elternschaft 41

5   Joana... Die Sanftmütige
       Die erste Liebe endet im Fiasko 46

6   Clara... Die Sehnsüchtige
       Wenn die Nähe fehlt 50

7   Ella... Die schlagende Fee überlebt
       Inzest und Kinderprostitution oder die Gerichte sind
       unabhängig 57

8	Max... Der Maler mit der Kacke Die Penispumpe	63
9	Dana... Die Verlorene Das Leid von Generationen	69
10	Dunja... Die Kämpferin Wenn es kein Mitgefühl mehr gibt	75
11	Amir... Der Ausgestoßene Integration ist Würde	82
12	Doro... Das Königskind Eine schöne Mutter will eine gute Mutter werden	86
13	Yasha... Der Gnädige Die Liebe höret nimmer auf, hoffentlich!	92
14	Greta... Die Duldsame Prüfet die Akten	97
15	Marco... Der Schöne Gewalt kommt von Gewalt	103
16	Olympia... Die Übersehene Wer trägt die Schuld	106
17	Caesar... Der Überfallene Ein Hoch auf die Gemütlichkeit	112
18	Amal... Der mit den Augen spricht Der Papa hat mir Aua gemacht	116
19	Sofia und Athene... Die im Treibsand wandern Wenn die Mutter ihre Kinder verlässt	122
20	Shadi... Der Gaukler Der Vater, der nichts wollte	131
21	Shirin... Sterntaler Die Mutter als Assistentin des Missbrauchers	137
22	Penny... Die kleine Hexe Enttäuschung tut weh oder wie ich meine Eltern in die Therapie brachte	144

23	Chiara und Bella... Die sich vor dem Lehrer fürchteten	
	Es ist ja zum Glück nichts passiert	152
24	Justus... Wenn Eltern immer streiten	
	Das verzeihe ich dir nie	156
25	Lotti... Ein Kriegskind	
	Trauer und Schmerz bleiben	160

III Therapiegeschichten von Erwachsenen

26	Helga... Die Verleugnende	
	Mein Mann hat unsere Tochter geschändet	167
27	Heinz... Der Besserwisser	
	Von nichts kommt nichts	173
28	Linda... Die Einsame	
	Ich liebe meine Kinder	178
29	Erich... Der Quäler	
	Sag den Kindern nichts	183
30	Wolfgang... Der Narzisst	
	Ich bin ein Kinderversteher	192

IV Handlungsempfehlungen

Erste Hilfe im Kinderschutz ... 201

V Anhang

Literatur ... 205

Kinderzeichnungen ... 207

Dankesworte

Wenn ich an all die Kinder denke, mit denen ich therapeutisch verbunden war, empfinde ich große Freude, tiefe Demut und eine unbedingte Zuversicht, dass sich ihr Leben – aufgrund ihres Mutes, ihrer Berührbarkeit und ihrer Bereitschaft immer wieder neu zu vertrauen – in eine für sie Glück bringende Weise verändern wird.

Ich denke an meine einst große Familie mit all den Menschen, die mich berührten und deren Lebensschicksale mich einfühlsam werden ließen.

Ich denke an meinen Vater, dem moralisches Handeln wichtig war und der es liebte, kleine Kinder mit seinen Scherzen zu erfreuen und an meine Großmutter, die mir Hingabe für kindliche Bedürfnisse vorlebte. Mein Großvater beeindruckte mich mit seiner Ruhe und seinem geduldigen Suchen nach Lösungen oder nach verloren gegangenen Spielsachen. Meine Onkel und Tanten verwöhnten uns Kinder oder wollten uns strenger erziehen. Aber am Ende korrigierten sie einander, so dass ihre guten Absichten uns moderat trafen. Sie halfen einander und stritten um das rechte Maß von Lebenshaltungen.

Von meiner Mutter erfuhr ich, wieviel Kraft und Disziplin es kostet, eine Familie jeden einzelnen Tag zu versorgen, um den Kindern den nötigen Halt zu geben. Das Schicksal meiner Mutter lehrte mich, dass gute Absichten nur bedingt umgesetzt werden können, wenn belastende Erfahrungen von Krieg, Flucht und Verlust ihre Spuren traumatisierend hinterließen und in Folge täglich die Tatkraft sowie die Hoffnungen auf eine bessere Zukunft eintrüben.

Ich danke meinem lieben Mann, der mich bereits jahrelang drängte, meine Erfahrungen im fachlichen Diskurs zum Kindeswohl zu veröffentlichen. Mit großer Freude blicke ich auf unseren gemeinsamen 30-jährigen privaten und beruflichen, von regem und diskussionsfreudigem Austausch geprägten, Lebensweg zurück.

Ich danke meiner Schwester für ihre Begleitung im Leben, für ihre Bereitschaft zur kritischen Reflexion unserer gemeinsamen Erfahrungen und für ihre Liebe zur Familie. Sie war mir viele Male hilfreiche Unterstützung im Werdensprozess dieses Buches.

Meinem lieben Sohn danke ich für all die Freude und das Glück, dass ich als seine Mutter erlebe. Und Kathi, Rosanna und Ben danke ich für Ihr herzliches Vertrauen und all die schönen gemeinsamen Erfahrungen, die uns als Familie bereichern.

Ich denke auch an die Menschen meines Heimatdorfes, die sich für alle Kinder verantwortlich fühlten, die einander beistanden und uns eine schönere Welt errichten wollten als die, die sie als Kriegskinder erlebt hatten. Ich danke allen FreundInnen, die sich für meine Arbeit im Kinderschutz interessieren und mein Engagement teilen.

Besonderer Dank gilt meinen Kolleginnen und Kollegen aus den Kinderschutzteams, deren Fachwissen und Diskursbereitschaft mich immer wieder zum Nachdenken und Umdenken bewegten. Außerdem möchte ich meiner früheren Chefin Helene Nemetschek danken, die meine Ideen und mein Talent mit ihrem Interesse und ihrer Großzügigkeit förderte. Ebenso möchte ich unsere Vorständin Hanna Prausnitz vom Kinderschutzbund München für ihre unermüdliche Ernsthaftigkeit und ihren Kampfgeist im Kinderschutz ehren und Maria Terhürne, unser aller Chefin im alltäglichen Bemühen um Effizienz und Ordnung, möchte ich Dank sagen.

Ich danke Christine Gerber vom Deutschen Jugendinstitut für ihre kraftvollen und engagierten Worte. Mit großer Freude denke ich an unsere intensiven und gewinnbringenden Fachdiskussionen zurück. Steven Hohn danke ich für seine graphische Unterstützung und gestalterische Beratung ganz besonders am Beginn meines Schreibens.

Schließlich möchte ich allen Kindern und ihren Familien, die ich im Kinderschutz-Zentrum München kennenlernen durfte, für ihr Vertrauen und ihre Zuneigung danken.

München, im Sommer 2022
Carmen Osten

I Kinderschutz und Kindeswohlgefährdung – Grundlagen und Hintergründe

Einleitung

Das wahre und interessante Leben eines menschlichen Wesens spielt sich im Verborgenen wie unter dem Schleier der Nacht ab; jede persönliche Existenz ist ein Geheimnis.
Anton Tschechow

Kinderschutz und Kindeswohl haben in unserer Gesellschaft eine hohe Bedeutung. Wir wollen, dass die Lebensbedingungen und Entwicklungschancen unserer Kinder gut ausfallen. Unsere Kinder sollen fröhliche, widerstandsfähige, soziale und erfolgreiche Menschen werden können.

Gefährdungen früh erkennen und Ressourcen nutzen

Für ihr Gedeihen benötigen Kinder umfassende Fürsorge und Einfühlung. In der Regel wollen Eltern ihren Kindern gute Eltern sein und die erzieherischen Anforderungen erfüllen. Allerdings spüren alle Eltern auch, wie viel Kraft der Marathon des Familienlebens ihnen abverlangt. Eltern, die sich in einem Kreis von guten Freunden und Verwandten aufgehoben und umgeben fühlen, werden um eine helfende Hand bitten, wenn sie Überlastung erfahren oder sich wechselseitig mit anderen Familien unterstützen. Manchmal hilft schon ein tröstendes »Das verstehe ich«, um nicht überzureagieren.

Auch öffentliche Angebote wie Sportvereine, Pfadfindergruppen oder Horte übernehmen erzieherische Aufgaben und können Eltern entlastende Ressourcen sein. Festzustellen ist ohnehin, dass der Großteil aller Erziehenden meistens intuitiv richtig reagiert und bei anhaltender Belastung Unterstützung sucht.

Schwierig wird eine belastende Familiensituation nur für diejenigen Eltern, die ihre Überforderung weder bemerken noch wissen, dass sie Hilfe beanspruchen dürfen, oder für die, die nicht über ihre Misere nachdenken oder eben auch keine Hilfe in Anspruch nehmen wollen. Erst dann wird der Staat eingreifen: Die Notsituation der Kinder soll beendet werden. Und Eltern sollen lernen, eine bessere Beziehung zu ihren Kindern zu gestalten und Verantwortung für die familiären Probleme zu übernehmen.

Gleiches gilt für Schulen und öffentliche Einrichtungen: Manche Institutionen suchen nach Fachberatung, wenn sie in Sorge um ein Kind sind, andere fühlen sich nicht zuständig. Dabei kann sich jeder Aufsichtspflichtige vertraulich an eine Beratungseinrichtung oder das Jugendamt wenden.

Ganz neue Herausforderungen ergaben sich durch die digitale Entwicklung und den damit verbundenen Einzug der technischen Medien ins Kinder- oder Jugendzimmer. Kinder sollten auch hier Schutz und Begrenzung erfahren. Die unzähligen

Kontaktmöglichkeiten über die digitalen Plattformen und die Möglichkeiten des Live-Streaming bieten teilweise große Vorteile wie z.B. beim Homeschooling, können aber genauso gravierenden Gefahren – wie sie bei Verlust der Intimsphäre und bei sexueller Ausbeutung auftreten – Tür und Tor öffnen. So mancher Missbraucher kommt nicht mehr durch die Haustür, sondern über das Netz zu unseren Kindern (BMFSFJ, 2014)

Kinder haben Rechte

Das Wohlergehen unserer Kinder ist auch ein gesetzlicher Gegenstand. So schützt das Grundgesetz die Würde und die Unversehrtheit des Kindes und garantiert ein Aufwachsen in der eigenen Familie. Das Bürgerliche Gesetzbuch regelt das Recht des Kindes auf Förderung und auf eine gewaltfreie Erziehung. Ebenso sprechen sich die Vertragsstaaten der UN-Kinderrechtskonvention für 41 Kinderrechte aus und verpflichten sich gleichfalls, Familien Schutz und Beistand zu gewähren. Das Kinder- und Jugendstärkungsgesetz will das Kindeswohl hüten, indem es Kindern Recht und Stimme verschafft und den Staat zu besonderen Hilfen verpflichtet (Wiesner, 2006).

Allen Gesetzen gemein ist: Sie wollen ausschließlich das Leben der Familie zum Guten wenden und die Entwicklungschancen unserer Kinder sichern (BMFSFJ, 2014).

Risikofaktoren kennen – Kindeswohl beurteilen

Das Kindeswohl zu beurteilen ist allerdings nicht einfach, wirken doch eine Vielzahl von persönlichen, familialen, gesellschaftlichen, wirtschaftlichen und generationalen Faktoren an den Lebensbedingungen eines Kindes mit.

Seit langem sind spezifische Umstände und Bedingungen bekannt, die auf jeden Fall als bedeutsame Risikofaktoren ausgemacht werden konnten. Diese sind Armut, psychische Erkrankungen der Eltern, eine nicht gewünschte Schwangerschaft, frühe Elternschaft, häufige Umzüge mit folgender Entwurzelung, zahlreiche Beziehungsabbrüche, Arbeitslosigkeit, Suchterkrankungen, Zukunftsangst und Kriminalität sowie hohe Stressbelastungen mit gleichzeitigem Fehlen von Bewältigungsstrategien (Egle et al.2015)

Des Weiteren können eine schnelle Geburtenfolge, ein sogenanntes schwieriges Kind mit erhöhtem Versorgungsbedarf, zu hohe Gehorsamserwartungen sowie bereits fremduntergebrachte Kinder als Hinweise für Überforderungen gelten. Auch die Vernachlässigung von Kindern, häufige Unfälle der Kinder oder fehlende Unfallverhütungsmaßnahmen können die Überlastung anzeigen.

Auch der direkte Hinweise von Eltern, nämlich, dass bereits Überlastung bestünde, sollte als ein Warnzeichen ernst genommen und Hilfen eingeleitet werden. Nicht zu vergessen ist der Umstand, dass viele Erziehende grundsätzlich mit Bangen auf die lebenslange Verantwortung, die die Elternschaft ihnen abverlangen wird, blicken (Schmid & Meysen, 2006).

Kinderschutzprinzipien – Verstehen statt Verurteilen und Hilfe statt Strafe

Bei Bestehen einer Krisensituation sollte das Prinzip des Verstehenwollens der multiplen Wirkfaktoren von Gewalt erste Priorität haben und danach sollte dieses Prinzip impulsgebend für individuell angepasste Hilfeangebote und Interventionen angewendet werden.

Bereits in den 80er Jahren wurde diese Fachdebatte zum Kinderschutz angestoßen, deren Erkenntnis darin bestand, dass Hilfe im Vergleich zur Strafe als die angemessenere und effektivere Konsequenz gilt. Bis heute heißt die gültige Maxime des modernen Kinderschutzes: Hilfe statt Strafe. Die ersten Kinderschutzfachambulanzen, die sogenannten Kinderschutz-Zentren, wurden ins Leben gerufen. Häufig verdanken wir deren Gründung der Initiative Ehrenamtlicher. Motiv und Ziel waren unkompliziertere, unbürokratische und niederschwellige Hilfen für Familien bereitzustellen.

Schon damals war bekannt, dass sich hilfsbedürftige Eltern nicht aus eigener Initiative an das Jugendamt wenden. Zu schlecht war das Image des Amtes und zu groß die Angst, Vorwürfe und negative Konsequenzen wie Kindesentzug einkalkulieren zu müssen. Dieses Risiko schien Familien zu hoch (Schlüter, 2009).

Ein Politikum – zu viele tote und missbrauchte Kinder

Auch die Politik stand und steht immer wieder unter großem Druck angesichts vieler Tausend Kinder, die in unserem Land verschiedene Formen von Gewalt erleben. Über 100 Kinder sterben jährlich sogar an den Folgen. Außerdem ist bekannt, dass 50 Prozent aller Todesfälle sich im ersten Lebensjahr ereignen und dass 90 Prozent aller Misshandlungen in den ersten drei Lebensjahren eines Kindes stattfinden (Bundeskriminalamt, 2020).

Ebenso erschreckend ist die von der Weltgesundheitsorganisation (WHO) angegebene Zahl der Kinder, die sexuell missbraucht und damit seelisch schwer beschädigt wurden. Derzeit leben in Deutschland mindestens eine Million Kinder, die dies erleiden mussten.

Welche Schlüsse und Konsequenzen waren aus diesem Faktenwissen nun zu ziehen?
Bestimmte gesellschaftliche Gruppen benötigen unbedingt früh einsetzende staatliche und institutionelle Hilfen, um möglichen Schaden bereits präventiv abzuwenden. Die stets glücklich lächelnden Eltern auf Werbeplakaten zeichnen ein verzerrtes und damit falsches Bild des Elternseins. Unsere Werbung erzeugt Ansprüche und verrückt die Realität. Elternsein bedeutet eben nicht ewiges Glück, sondern fordert Eltern in täglicher Disziplin verlässliches Funktionieren ab. Glück hat darüber hinaus, wer Unterstützung durch Familie oder Freunde hat.

Die Kinderschutzpraxis bezeugt: Eltern benötigen für ihre Rolle als Sorgende Vorbereitung und sie brauchen ganz besonders in den ersten Lebensmonaten mit ihrem Kleinkind Unterstützung. Aus Kenntnis eben dieses Bedarfes entstand in den ersten 2000er Jahren ein spezifisches bundesweit angelegtes Versorgungsangebot der sogenannten »Frühen Hilfen« für Familien. Dieses Kooperationsprojekt bestehend aus Hebammen, Gynäkologen, Kinderärzten, Krankenschwestern und Jugendhilfe stellt ein niedrigschwelliges Präventionsangebot dar. Hausbesuche erleichtern das frühzeitige Erkennen von Überforderungen und Gefährdungen und machen unbürokratisches Versorgen möglich.

Bereits bestehende und fehlende Hilfsangebote

In unserem reichen Land gibt es seit langem Institutionen, die als gelungene Anpassungen an soziale Gegebenheiten gelten. Beispielsweise stellen Mutter-Kind-Heime eine unbestrittene gesellschaftliche Notwendigkeit dar. Wir wollen die Erkenntnis, dass junge Mütter eine Risikogruppe beschreiben, berücksichtigt sehen. Junge, nicht abgesicherte Mütter benötigen ebenso unsere besondere Fürsorge, um auch ihren Kindern ein liebevolles Aufwachsen und Behütetsein zu gestatten.

Eine weitere, schützenwerte Gruppe unserer Gesellschaft stellen Kinder aus Familien dar, deren Ursprungsland nicht Deutschland ist. Noch immer leben 90 Prozent unserer Einwandererkinder, das sind ein Drittel aller Kinder in Deutschland, in prekären Lebensverhältnissen und leiden besonders unter Armut und Ausgrenzung. Alle diese Kinder warten seit langem schon auf entsprechende Teilhabe garantierende sozialpolitische Veränderungen. Auch ihnen ständen angemessenere und ihre Würde berücksichtigende Bildungs- und Lebenschancen selbstverständlich zu.

Seit Kenntnis dieser Zahlen und angesichts der entwürdigenden Lebensbedingungen für viele ausländische Kinder schäme ich mich für unseren reichen Staat und hoffe auf Verbesserungen, die sodann allen Kindern unseres Landes den gleichen Respekt zusichern. Kinder mit anderen ethnischen Wurzeln verdienen unser aller Solidarität, weil auch ihre Eltern für uns und unseren Reichtum arbeiten und Steuern zahlen.

Besondere Fürsorge für traumatisierte Menschen

Während der letzten 30 Jahre kamen Menschen mit ihren Kindern aus allen Kriegsgebieten der Erde als Flüchtlinge oder Asylsuchende nach Deutschland. Wir empfingen Familien und unbegleitete Minderjährige, weil sich das Leben dieser Menschen in Tragödien verwandelt hatte. Viele trugen die Hoffnung auf ein besseres und sichereres Leben mit sich. Im Gepäck trugen sie aber oft auch schwer an ihren unzähligen Gewalterfahrungen. Diese Menschen kamen aus den Ländern Jugoslawien, Afghanistan, Irak, Syrien, Ghana und Nigeria in unsere verschiedenen Fachstellen und Kinderschutzeinrichtungen.

Aus der Traumaforschung wissen wir seit langem, dass Gewalterfahrungen sowie Kriegshandlungen Menschen zu Opfern machen und diese Opferschaft vielfältige Persönlichkeitsveränderungen nach sich ziehen kann. Die lange Liste der dokumentierten Leiden umfasst beispielsweise Angststörungen, anhaltende Alpträume, Depressionen, die Verflachung des Gefühlslebens als auch eine erhöhte Impulshaftigkeit (ICD-11-GM, 2022; Ehring & Ehlers, 2019).

Deshalb dürfen wir uns nicht wundern, wenn sich die, aus eigenen Gewalt- oder sogar Foltererfahrungen angestauten, Aggressionsgefühle gegenüber den eigenen

Kindern oder anderen Mitmenschen entladen. Auch Erfahrungen von Verfolgung, Heimatverlust und Entwurzelung finden nicht selten im späteren Leben Ausdruck in seelischen und psychosomatischen Erkrankungen.

In mindestens der Hälfte der Fälle unserer Beratungen im Kinderschutz-Zentrum München haben wir es mit deutschen Eltern zu tun, deren Väter und Großväter im Zweiten Weltkrieg Soldaten waren und als psychisch schwer verletzte Menschen ihre Kinder hochgradig misshandelten und so ihre erfahrene Gewalt und Fühllosigkeit an die nächsten Generationen weitergaben. Unsere Zahlen belegen: Die Hälfte aller Gewaltdelikte werden von deutschen Eltern ausgeübt (Kinderschutz-Zentrum München, 2020).

Fazit und Ziele für den Kinderschutz

Um den Kinderschutz in Deutschland stetig zu verbessern, bleibt eine kontinuierliche öffentliche Diskussion dringend erforderlich und im Weiteren braucht es eine umfassende Investition in den Kinderschutz (Nationaler Rat, 2021).

Mit großer Freude nahm ich die Rede des Bundespräsidenten Frank-Walter Steinmeier vor dem Nationalen Rat im Sommer 2021 zur Kenntnis. Darin bezieht er Stellung zur Situation der sexuellen Ausbeutung von Kindern in unserem Land. Er verurteilt die missbräuchlichen und pornographischen Darstellungen von Kindern im weltweiten Netz und fordert moralische Verantwortung und politische Pflicht ein, um den Schutz von Kindern in kirchlichen, staatlichen und gesellschaftlichen Institutionen sicherzustellen. Er warnt vor falsch verstandener Loyalität und Schuldumkehr. Er fordert die Gesellschaft auf, hinzuschauen, zuzuhören, nachzufragen und einzuschreiten, wenn die Not eines Kindes offenbar wird. Der Bundespräsident bittet eindringlich darum, Verschweigen und Verharmlosung nicht den Vorrang zu geben (Steinmeier, 2021).

Johannes-Wilhelm Rörig, der ehemalige Missbrauchsbeauftragte der Bundesregierung, spricht von einer bestehenden Kinderschutzkatastrophe angesichts des Wissens, dass laut WHO in Deutschland eine Million Kinder von sexuellem Missbrauch betroffen sind und dass Schutzkonzepte in Schulen, Sportverbänden und Internaten häufig noch fehlen. Er beklagt ebenso das Fehlen von Gesetzen und Masterplänen zur Prävention von sexuellem Missbrauch an Kindern und die Zunahme an Kinderpornographie, wie sie die Kriminalstatistik mit über 65 % Nachfragesteigerung im Netz während der Corona-Pandemie dokumentiert. Rörig weist darauf hin, dass Cybergrooming noch nicht unter Strafe gestellt wurde und Internetplattformbetreiber noch immer nicht verpflichtet wurden, selbst nach kinderpornographischen Material zu suchen, um es hernach zu vernichten. Der ehemalige Unabhängige Beauftragte Rörig prangert zudem die Verzögerungstaktiken im Rahmen der Aufklärung der kirchlichen Vorfälle an (Großbongardt & Müller, 2021).

Rörig fordert, dass es Landesmissbrauchsbeauftragte und eine europaweite Behörde zur Bekämpfung von sexuellem Missbrauch an Kindern bräuchte. Außerdem fordert er nationale Aufklärungskampagnen sowie einen Fond für Ausgleichszahlungen an Betroffene. Ebenso benötigt würden Kooperationen mit den Sozial-,

Bildungs-, Gesundheits- und Familienministerien. Es bräuchte darüber hinaus sogenannte Cybercrimeteams, die auch im Darknet ermitteln könnten (ZDF heute, 2021).

Grundsätzlich resümiert Rörig, fiele das Interesse und der dezidierte Einsatz bezüglich des Themas sexueller Kindesmissbrauch bei Parteien und Regierungen, kurz der Politik, nur äußerst mäßig aus. Rörig scheint mit der Aufzählung konkreter Zahlen nochmal auf die absolute Dringlichkeit von Schutzkonzepten für 32.000 Schulen, 54.000 Kindertageseinrichtungen und 88.000 Sportvereine hinweisen zu wollen.

Rörigs Nachfolgerin, Kerstin Claus, betonte bei Ihrem Amtsantritt, wie wichtig es sei, das Thema Missbrauch gesellschaftlich und politisch wahrzunehmen und dabei ausdrücklich die Perspektive Betroffener zu berücksichtigen (Casdorff, 2022).

Eindeutige Positionierungen für den Kinderschutz

Mit Freude stellte ich fest, dass die von Staatsoberhaupt Steinmeier als auch vom ehemaligen Unabhängigen Beauftragten Rörig genannten Forderungen sich mit denen der Kinderschutzeinrichtungen decken. Nachfolgend seien noch einige im Detail ergänzt:

- Die zusätzlich zu schaffenden Kinderschutzkapazitäten müssen dringend dem Bedarf angeglichen werden. Das bedeutet eine zahlenmäßige Erweiterung wie auch eine flächendeckende Installation von Kinderschutz-Knowhow. Bislang verfügt unser Land über gerade mal 32 Kinderschutz-Zentren für zwölf Millionen Familien.
- In Bayern kommen zwei Kinderschutz-Zentren auf 1,9 Millionen Familien. In Berlin kommen immerhin auf 500.000 Familien zwei Kinderschutz-Zentren, in vier Bundesländern gibt es keine Kinderschutzeinrichtungen und in Nordrhein-Westfalen fallen auf 2,5 Millionen Familien immerhin zehn Kinderschutz-Zentren.
- Es bedarf vermehrter, dezidierter Forschungskapazitäten zu Dynamiken von Gewalt und Kindeswohlgefährdung sowie zu adäquaten Interventionsmaßnahmen.
- Aus der Analyse kritischer Hilfeverläufe lernten wir, dass es eine bessere Vernetzung interdisziplinärer Austauschgremien geben sollte und Erziehende an deren Überlegungen partizipieren sollten.
- Die Methoden zur Einbeziehung der Kinder und die Vernehmung in Gerichtsprozessen müssen kindgerechter ausgestaltet werden.

Meine Motivation zu diesem Buch

In den vergangenen 30 Jahren traf ich mit vielen Kindern, Jugendlichen und Familien zusammen und kooperierte mit Erziehern, Lehrern, Kinderärzten und Therapeuten sowie mit Fachkräften der Jugendämter und zuständigen Familiengerichten. Manchmal brachten mir auch Großeltern, Nachbarn oder andere für eine

Kind engagierte Personen ihre Sorge zum Ausdruck. Allen war eines gemeinsam: Sie wollten, dass es dem jeweiligen Kind besser geht. Dieses Ziel zu erreichen, prägt meinen täglichen Arbeitsauftrag sowie den meiner Kolleginnen und Kollegen.

Dieses Buch entstand, weil mich so viele Lebensverläufe tief bewegten und diese einen wesentlichen Teil unserer Gesellschaft abbilden. In mir entwickelte sich der Wunsch, viele Menschen über das Lesen am Leben und an der gesellschaftlichen Realität meiner Therapiekinder teilhaben zu lassen. Auch die Kraftanstrengungen ihrer Familien möchte ich würdigen.

Mein Buch richtet sich an junge als auch erfahrene Kolleginnen und Kollegen aus den Fachbereichen der Psychologie, der Pädagogik, der Juristik und der Medizin.

Charakteristisches der familialen Konstellationen

In den nachfolgenden Therapiegeschichten habe ich die Daten anonymisiert, ähnliche Lebensgeschichten zu einer verwoben, Geschwister- und Familienkonstellationen verändert und Handlungen dazu erfunden oder neu konstruiert, so dass sie keinem realen Menschen gleichen. Alle Ähnlichkeiten mit lebenden und verstorbenen Personen sind rein zufällig und nicht beabsichtigt. Die Therapiegeschichten sind in zwei Teile gegliedert: Der erste, deutlich umfangreichere Teil enthält die Therapiegeschichten von Kindern und Jugendlichen. Der zweite Teil der Therapiegeschichten fokussiert die Persönlichkeit von Erwachsenen und zeigt auf, wie die erfahrenen eigenen Misshandlungen ihr Verhalten prägen.

Meine Therapiekinder – und auch die Erwachsenen – kamen aus allen Gesellschaftsbereichen und erlebten in einigen wesentlichen Bereichen ihres Lebens unglaublich ähnliche Problematiken: Der Großteil hatte den gravierenden Verlust eines Elternteils zu beklagen. Das bedeutete, dass sich viele Kinder und Jugendliche gleichzeitig in einem Trauerprozess befanden, der in der Regel kaum wahrgenommen wurde. Über zwei Drittel der Kinder und Elternteile erlebten massive körperliche, seelische und sexuelle Gewalt. Ebenso viele Kinder kamen aus Familien, in denen sie schlimme elterliche Streitigkeiten und dramatische Eskalationen miterlebten, die sie in Angst und Schrecken versetzten. Nicht selten musste in diesen Fällen die Polizei zum Schutz der Kinder und eines Elternteils gerufen werden.

Ein Plädoyer

Wenn all diese Kinder gekonnt hätten, hätten sie sich zusammengetan, um gemeinsam zu mahnen und um auf Besseres hinzuwirken. Als ihre Zeugin habe ich es für sie getan.

Ich möchte Sie, die Leser, gern am therapeutischen Prozess teilhaben lassen. Deshalb lasse ich Sie in die sich entwickelnde Krise miteintreten und erläutere hernach mein professionelles Vorgehen.

Ich wünsche mir, dass jedes Kind in der ersten Reihe seines Lebens sitzen kann und die Therapie ihm hilft, seine Würde zurückzuerlangen. Außerdem wünsche ich mir, dass noch viele Menschen sich des Kinderschutzes annehmen, vielleicht Mitglied in einem Kinderschutzverein werden oder einen solchen ins Leben rufen. Denn: Kinderschutz geht alle an!

II Therapiegeschichten von Kindern und Jugendlichen

1 Leila ... Die sich selbst befreite
Im Flüchtlingsheim gibt es keine Schlüssel

Leilas Familie war bereits fünf Jahre auf der Flucht gewesen, als ich sie kennenlernte. Und Leila wurde in dieser Zeit geboren. Deutschland sollte das Ende ihrer familiären Odyssee sein, alle wähnten sich endlich in Sicherheit in dem neuen Asylheim. Sie waren erschöpft und für jede Hilfe und Unterstützung dankbar. Im Heim wohnten sie mit vielen Nationen Tür an Tür und unter ihnen weilten auch einige unbegleitete minderjährige junge Männer. Einer von ihnen brachte Leila immer wieder mit seinen Scherzen und Neckereien zum Lachen. Der freundliche Unbekannte bot manchmal an, auf Leila aufzupassen. Na ja, es würde ihn auch ablenken, fanden die Eltern. Er befand sich ohne Familie in einem fremden Land mit ungewisser Zukunft. Der junge Fremde und Leila schienen viel Freude aneinander zu haben. Einmal überraschte Leilas Mutter ihn jedoch am Bett ihrer schlafenden Tochter sitzend. Das gefiel ihr nicht. Bedauerlicherweise fehlen in einer Flüchtlingsunterkunft meistens die Schlüssel, sodass jeder bei jedem Zutritt hat. Ein anderes Mal kam sie dazu, als er dabei war, das Kind zu wecken, um mit ihm zu spielen. Jetzt reichte es! Leilas Vater sprach ein Machtwort. In der nächsten Zeit wollten sie ihn nicht mehr sehen. Er sollte sich fernhalten von ihrem Kind!

Nur wenige Tage nach diesem Vorfall wurde Leilas Mutter während des Kochens in der Gemeinschaftsküche von einem Schrei aufgeschreckt. Was für ein Schrei! Lautes Weinen! Das Kind rannte tränenerstickt über den Flur des Asylheims und brüllte: »Auaaaa! Auaaaa! Wo bist Du, Mama? Wo bist du?«

Der Fremde hatte Leila heimlich mit in sein Zimmer genommen, sie ausgezogen und versucht, mit einem Finger in Leilas Scheide einzudringen. Es war zu einem sexuellen Übergriff gekommen und dabei hatte er Leila beschimpft und geohrfeigt. Leila konnte sich befreien. Leilas Eltern erstarrten im Schock, versuchten Hilfe zu erhalten, aber man folgte dem Wunsch der Eltern, ihr Kind einem Arzt zuzuführen, erst nach Tagen.

Der Fremde wurde verlegt, in ein anderes Heim. Das Kind beruhigte sich langsam, wirkte aber verändert. Die Eltern wollten keine Anzeige. Wer wusste schon, was diese für ihren Aufenthaltsstatus für Konsequenzen hätte. Alle litten. Der Täter tauchte immer wieder auf dem Gelände der Unterkunft auf, um Landsleute zu besuchen. Er schien kein Unrechtsbewusstsein zu haben. Ich telefonierte mit der Leitung des Asylheims und erfuhr, dass man ihm einen anderen Grund für seine Verlegung mitgeteilt hatte. Es war Zeit, das Jugendamt zu informieren und um eine Dolmetscherin zu bitten.

Leila kam am Rockzipfel ihrer Mutter hängend in die erste Therapiestunde. Der Vater war auch dabei. Er war ein freundlicher, älterer Mann und ich erfuhr, dass die sechsköpfige Familie bereits in vier Ländern gelebt hatte. Seine Frau war noch keine

40 Jahre alt, trug ein Kopftuch und hatte eigentlich keine Mimik mehr. Leila war begeistert von so vielen Spielsachen. Sie wollte, dass ihre Mutter mit ihr spielte. Diese folgte den Aufforderungen ihrer Tochter liebevoll. Leila schien nichts und niemanden außer sich und die Mutter im Spieltherapiezimmer wahrzunehmen. Meine Fragen konnte ich mit Vater und Dolmetscherin klären. So ähnlich verliefen einige Stunden. Ich ließ Leila in ihren zwei Quadratmetern bei der Mutter spielen, hielt Abstand und erwartete nicht, dass sie mit mir in Kontakt trat. Leila benötigte Sicherheit und die konnte ihr im Moment die Mutter mehr geben als ich (intego, 2020).

Nach einigen Therapiestunden bat ich die Mutter, Leilas Aufmerksamkeit auf mich zu lenken. Ich hatte eine Idee für eine kleine Intervention: Ich durchquerte bedacht das Spieltherapiezimmer, setzte mich auf eine kleine Kante und steckte eine schwarze männliche Figur in den alten hölzernen Gefängniswagen. Leila konnte aus sicherer Distanz dieser Szene folgen. Im nächsten Moment erhob sich das kleine Mädchen, ging schnurstracks auf den Gefängniswagen zu, ließ sich nieder und streifte ihre Hände mehrmals aneinander, als würde sie sagen: »So, das geschieht ihm recht und ich kann den Schmutz endlich von meinen Händen wischen.« Die Eltern konnten kaum glauben, was sie beobachtet hatten.

Von diesem Moment an traute sich Leila mit mir direkt in Interaktion zu treten. Im Verstehensprozess half uns eine Dolmetscherin, bis Leilas Deutsch gut genug war. Diese wunderbare junge Frau sollte noch oft die Lücken zwischen der europäischen und arabischen Welt überbrücken. Immer wieder blieben auch Vater oder Mutter mit im Therapiezimmer, damit Leila sich sicher fühlen konnte. Leila wurde immer mutiger und bald begann sie das Spieltherapiezimmer Stück für Stück zu erkunden. Ihr angeborenes Neugierverhalten war zurückgekehrt. Ein gutes Zeichen! Dieses Verhalten bezeugte eine Belebung und wies darauf hin, dass der erlittene traumatische Schockzustand überstanden war. Ich freute mich so sehr und erklärte den Eltern diesen großen Genesungsschritt. Beide mussten vor Erleichterung und Freude weinen.

Der Übergriff hatte Leila in ihrem Selbstvertrauen und ihrem Sicherheitsempfinden verletzt. Sie hatte massive Ängste vor allem Neuen. Und jede kleine Trennung von ihrer Mutter erschütterte ihre kleine Persönlichkeit. Noch oft warf Leila ihrer Mutter fragend vor, warum sie sie nicht beschützt hatte.

Die Eltern sagten mir nach fast jeder Stunde, wie sehr sie sich wünschten, dass ihre Tochter alles Schlimme vergessen möge. Aber das würde ja niemals geschehen. In den Therapiestunden durchlebte Leila mit mir viele unterschiedliche Gefühlslagen. Das, was ihr half, war die eigene Selbstwirksamkeit immer und immer wieder zu erfahren. Deswegen wollte Leila wie fast alle Therapiekinder die gleichen Abläufe ihrer Therapiestunde erleben und immer wieder die gleichen Spiele spielen. Für den Außenstehenden können Therapiestunden wie ewige Wiederholungen des Gleichen aussehen: Wir malen mit Fingerfarben, wir spielen Mutter und Kind, wir basteln Sterne und Kronen, wir spielen mit dem Kaufmannsladen, wir verkleiden uns, wir kämpfen, wir tanzen oder wir spielen Kicker.

Die Krone wird häufig im vorangeschrittenen Therapieprozess wesentlich. Es gibt verschiedene im Therapiezimmer. Aber häufig soll ich sie dem Kind aus Goldpapier anfertigen. Manchmal klebe ich noch kleine bunte »Edelsteine« darauf. Die sich anschließende Zeremonie des Aufsetzens der Krone wird zu einem feierlichen Akt. Das Tragen dieses heiligen Gegenstandes auf dem erhobenen Haupt wirkt wie die Inthronisation der eigenen rehabilitierten Würde.

Im Lauf der Zeit hatten wir oft Grund, uns gemeinsam an Leilas Entwicklungsfortschritten und an ihren Erfolgen zu freuen. Eines liebte Leila besonders, nämlich, wenn sie als Siegerin aus unseren Spielen hervorging. Gewinnen heißt eine unberechenbare Situation kontrollieren, und das war genau das, was Leila brauchte. Deshalb erfüllte ich ihr selbstverständlich diesen Wunsch. Ich wusste: Nichts heilt Wunden besser als das Gefühl, Gewinnerin zu sein.

In den Therapiestunden darf ein Kind in der Regel den Inhalt und Verlauf der Stunde bestimmen, ich folge ihm – mit Wachheit, Präsens und Reflexion über das, was gerade passiert. Immer wieder verbalisiere ich die Geschehnisse unseres Tuns, äußere meine Gefühle und Gedanken oder biete vorsichtig eine Deutung an. Manchmal sage ich auch, dass ich mich wohl geirrt hätte oder dass das Kind die Bedeutung ja viel besser kenne als ich. Ich möchte meine Therapiekinder ermutigen, über sich nachzudenken und eine Meinung über sich zu entwickeln. Dieses Tun beinhaltet die Arbeit an der Identität des kleinen Menschen: Was sehe ich in mir, was sehen die anderen in mir und was meine ich, wie die anderen mich wohl betrachten?

Nach jeder Stunde dokumentiere ich meine Eindrücke, vorläufigen Erkenntnisse und Hypothesen zum Therapiegeschehen. Viele Gespräche führte ich natürlich auch mit Leilas Eltern. Unzählige Male berichteten sie von ihren Ängsten, ob mit Leila je alles wieder gut werden würde, und sie fragten mich nach beinahe jeder Stunde, ob ihre Tochter schon wieder ein wenig mehr gesundet wäre. Ich antwortete stets mit Ja, weil ich davon fest überzeugt war.

Nach einem Jahr teilte mir Leilas Mutter mit, dass sie erfahren hätte, dass es in Deutschland auch Kindergynäkologinnen gäbe. Sie bat mich, ihr Adressen zu besorgen. Das erste Mal im Verlauf der Therapie war ich richtig unsicher und konnte meine Ambivalenz kaum zurückhalten. Ich war besorgt, wie Leila eine Untersuchung ihrer entblößten Genitalien hinnehmen würde. Dennoch folgte ich dem Wunsch der Mutter. Schließlich entschieden die Eltern über die medizinische Versorgung.

Leilas Mutter ließ sich von der Dolmetscherin begleiten. Später erfuhr ich von beiden, dass die zwei Ärztinnen ihre Sache gut machten und die Mutter die erlösende Mitteilung von der Unversehrtheit ihrer Tochter erhielt. Ab diesem Zeitpunkt war Leilas Mutter eine andere. Sie konnte wieder lächeln und ihre Mimik kehrte zurück. Leilas Mutter umarmte mich herzlich und dankte mir vielmals für meine Unterstützung. Sie sagte, sie könne die ganze Welt umarmen, sie lebe wieder, tausend Ängste und Schuldgefühle seien von ihr abgefallen.

Bald darauf besuchte ich Leila in ihrem heilpädagogischen Kindergarten und in ihrem Zuhause. Das war der ausdrückliche Wunsch ihrer Eltern. In der neuen Wohnung wartete ein köstliches Mahl im Kreise der ganzen Familie auf mich. Leila zeigte mir stolz, dass sie inzwischen Fahrradfahren gelernt hatte. Ich konnte sehen und fühlen, wie stolz sie auf ihr Zuhause und ihre Familie war. Sie hatte unglaubliche Schritte gemacht und ihre Familie hatte sie dabei intensiv unterstützt. Ihr Lebensgefühl enthielt wieder Sicherheit.

Bald würde Leila eingeschult werden. Das wäre der Moment, in dem vielen Kindern gesagt würde, dass ab jetzt dann »der Ernst des Lebens« für sie begänne. Leila hatte davon bedauerlicherweise schon genug erlebt.

Eineinhalb Jahre später: Leila war tüchtig gewachsen und gereift und wirkte sehr sportlich. Sie trug ihre schönen braunen Locken offen und war wieder ein absolut fröhliches Mädchen geworden. Sie war stolz auf all ihre Fähigkeiten, wirkte selbstbewusst und war sich der Unterstützung ihrer liebevollen Eltern und ihrer drei großen Geschwister sicher. Bei ihrem letzten Besuch berichtete mir Leila mit strahlenden Augen von ihrem Berufswunsch. Sie möchte Polizistin werden. Vielleicht aber auch Kinderärztin.

2   Ben... Der Mutige erzittert
Eine unglaubliche innerdeutsche Flucht

Ben hatte eine Zeitlang bei seinem Vater gelebt. So hatten es die Eltern vereinbart. Damit die Mutter ihre Ausbildung fertig machen konnte, sollte Ben zwei Jahre beim Vater bleiben. Ben war natürlich traurig gewesen, weil er die Mutter nicht mehr täglich sehen würde, aber es gab ja die Aussicht auf die Besuchswochenenden und Ferien. Er hatte sich aber auch auf die Zeit mit seiner väterlichen Familie in Meeresnähe gefreut, denn es erwarteten ihn viele Tiere auf dem Bauernhof der Großeltern. Dorthin wollte er oft gehen und die Tiere besuchen und füttern. Er sollte auch einen eigenen Hund zum zehnten Geburtstag bekommen.

Anfänglich war alles wie besprochen gelaufen: Unter der Woche lebte Ben beim Vater und 14-tägig am Wochenende fuhr er zu seiner Mutter. Der neue Freund der Mutter war »echt nett« und der neue Stiefbruder war auch »cool«. Mit beiden konnte Ben stundenlang Fußball spielen. Oder sie zockten. Die Zukunft schien vielversprechend, auch wenn die Eltern sich getrennt hatten.

Der Vater hatte recht viel arbeiten und manchmal tagelang auf Dienstreise gehen müssen. Anfangs machte es Ben nicht so viel aus, hatte er doch auch noch zwei nette Cousins in der Familie. Einzig die Hausaufgaben waren immer schwieriger und schwieriger geworden. Oma und Opa hatten versucht Ben zu helfen, aber mit der Zeit hatten sie zunehmend ungeduldiger und unbeherrschter reagiert: »Warum passt du in der Schule nicht besser auf?! Du bist so dumm wie Bohnenstroh!« Wenn Ben seinen Vater bat, nicht mehr so oft fortzufahren, hatte dieser nur gesagt: »Tut mir leid, aber ich muss doch arbeiten.« Und wenn der Vater sehr genervt war, sagte er zu Ben: »Das ist alles die Schuld deiner Mutter. Warum hat sie nicht besser mit dir gelernt?«

Ja, wie denn? Die Mutter hatte Ben immer seltener gesehen, und manchmal kam es Ben so vor, als versage der Vater ihm ein Wochenende bei der Mutter. Besonders wenn Ben keine guten Noten heimbrachte, durfte er nicht mit seiner Mutter telefonieren. Immer wieder erzählte ihm der Vater, dass die Mutter ihn gebeten hätte, sie bei Ben zu entschuldigen, weil sie angeblich arbeiten oder lernen musste. Ben war dem Vater gegenüber immer misstrauischer geworden. Der Vater hatte ihm ein Handy versprochen, mit dem er abends noch eine Stunde spielen oder telefonieren dürfe. Aber meistens blieb dieses Gerät eingeschlossen. Und einen Hund hatte Ben auch nicht bekommen, angeblich wegen der vielen Dienstreisen des Vaters. Ben hatte sich vorgenommen, beim nächsten Besuch in Ruhe mit der Mutter über alles zu sprechen und Vaters Aussagen zu überprüfen.

Es sollte außerdem eine weitere Veränderung in Bens Leben kommen. Der Vater fand eine neue Freundin und bald zog sie zu ihnen. Olga war anfangs eigentlich recht nett zu Ben gewesen und der Vater war immerhin des Öfteren wieder besserer

Laune. Nur wenn der Vater auf Geschäftsreise weilte, wollte es die Freundin nicht, dass Ben bei ihr blieb. Also musste er seine Sachen zurücklassen und zu den Großeltern ziehen. Mit dem Großvater war es immer toll, aber dieser war häufig nicht da, weil er noch arbeitete oder anderweitig beschäftigt war. Die Großmutter hingegen schimpfte ihn ständig, genauso wie sein Vater es tat. Zwar kochte die Oma gut, aber sie tadelte ihn zu oft, angeblich wegen seiner schlechten Tischmanieren. Eigentlich hatte Ben das Gefühl, dass er es niemandem recht machen könne und das fühlte sich scheußlich an. Manchmal sagte die Oma in Anwesenheit Bens zu Verwandten: »Ich glaube, der Junge ist behindert.« Das tat weh! Ben fühlte sich ganz allein, es reichte ihm. Er wollte zur Mutter zurück.

Bens Mutter hatte schon mehrfach mit dem Vater gesprochen, um Ben wieder früher zu sich zurückzuholen. Aber der Vater hatte es nicht gewollt. Ben versuchte mit dem Vater zu verhandeln. Er bot ihm an, auf Geschenke zum Geburtstag und zu Weihnachten zu verzichten, wenn er dafür zur Mutter zurückkehren dürfe. Aber der Vater blieb unbeeindruckt! Stattdessen wurde er noch strenger, erhöhte die Zahl der Verbote und manchmal hatte er Ben sogar geschlagen. Das war echt gemein! Das würde er dem Vater nicht verzeihen! Ben wurde immer unglücklicher und seine Schulleistungen verschlechterten sich zusehends. Alles, was dem Vater dazu einfiel, war, dass er seinen Sohn des Öfteren einen Versager schimpfte. Und Bens Handy blieb meist verschlossen im Wohnzimmerschrank.

Die Mutter hatte das Jugendamt um Unterstützung gebeten und einen Antrag auf Veränderung des Aufenthaltsortes beim Familiengericht gestellt. Ben wurde von der Richterin befragt, was er sich wünschte. »Zur Mama zurück«, sagte er. Die Richterin wollte Ben jedoch nicht glauben, wie sehr er litt und unterstellte seiner Mutter, dass sie sich alles ausgedacht hätte. Außerdem beschloss sie, Ben sollte beim Vater bleiben, weil häufige Wechsel Kindern nicht guttäten. Also blieb alles beim Alten.

Bens Schulleistungen sanken in den Keller und man riet den Eltern, Ben auf die Sonderschule zu geben. Hinzu kam, dass Ben immer dann, wenn er sehr unter Spannung stand, im Unterricht zittern musste. Das fanden zunächst alle komisch und es kam vor, dass seine Mitschüler ihn deswegen auslachten. Zu Kindergeburtstagen wurde Ben auch immer seltener eingeladen. Wenn Ben sehr viel Angst oder Wut in sich trug, dann wurde sein Körperzittern so stark, dass er sich auf den Boden legen musste. Die Umstehenden fürchteten sich ein wenig vor ihm und ein Mitschüler nannte ihn Epileptiker. Jetzt hatte er noch einen Stempel: krank oder schlimmer noch: verrückt! Sein Leben war aus seiner Sicht nicht mehr zum Aushalten.

Ich holte Ben und seine Mutter aus dem Wartezimmer zum Erstgespräch und fragte zum Einstieg: »Warum bist Du heute hier? »Weil ich nicht mehr bei meinem Vater leben will. Und weil ich in den Zug von Kiel nach München gestiegen bin und mir das niemand glauben will!«, sagte Ben. »Warum will das niemand glauben?«, fragte ich nach. »Das trauen die mir alle nicht zu, weil ich oft zittere und schlechte Noten habe«, berichtete Ben. »Wer sind denn alle«, wollte ich wissen. »Der Papa, die Oma, die Richterin und das Jugendamt«, erzählte Ben. Ich erfuhr, dass Ben heimlich sein Handy aufgeladen hatte, die Abfahrtszeiten der Züge nach München auswendig lernte und dass er einen Tag vor Ferienbeginn seine Flucht angetreten hatte. Ben hatte inzwischen bereits über zwei Jahre beim Vater gelebt, aber die ursprüngliche Abmachung wollte dieser nicht mehr einhalten.

Ben versteckte sich vor den Schaffnern und versuchte auf der Fahrt, die Mutter zu erreichen. Er erreichte seinen Stiefvater und erfuhr, dass die Mutter gerade ihre Verwandten auf einem anderen Kontinent besuchte. Aber Ben war zu allem bereit. Um keine Unannehmlichkeiten zu bekommen, unterrichtete der Stiefvater Bens leiblichen Vater. Eigentlich hätte Ben zurückgebracht werden müssen, aber da Ben das nicht wollte, ging der Stiefvater mit Ben zur Polizei. Ben wurde für eine Woche in einer Inobhutnahmestelle untergebracht, weil die erziehungsberechtige Mutter nicht anwesend war. Auch das nahm Ben in Kauf, wenn er nur nicht zum Vater zurückgeschickt wurde. Ich empfand großen Respekt vor dem Mut dieses Jungen.

Die hiesige Familienrichterin hatte sich nach Bens Flucht alles genau erzählen lassen und hatte dann entschieden, dass Ben wieder bei seiner Mutter leben durfte. Bens Eltern kamen zur Beratung in unsere Einrichtung und Ben zu mir in Psychotherapie. Der Vater verstand nach wie vor nicht, warum Ben geflohen war. Er war Manager einer Firma und daran gewöhnt, dass alle taten, was er anordnete. Er hatte wieder geheiratet und mit seiner Frau Olga eine kleine Tochter bekommen. Ben wollte diese nicht kennenlernen und seinen Vater nicht sehen. Auch dann nicht, als der Vater mit seiner neuen kleinen Familie wieder in München wohnte.

Bens Mutter heiratete auch noch einmal und über sie bekam Ben einen kleinen Bruder. Ben liebte diesen sehr, überhaupt fühlte er sich wunderbar und genoss das neue Familienleben. Bens Mutter berichtete mir, dass sich Ben langsam erholte, sein Zittern zurückginge und er auch nicht an Epilepsie litt, wie ihr die Klinikärzte versicherten. In seine Therapiestunden kam Ben bald eigenständig. Anfangs hatte ihn seine Mutter bringen müssen, weil Ben von vielen Ängsten geplagt wurde und weil er fürchtete, zufällig auf seinen Vater treffen zu können. In erster Linie spürte ich Bens große Erleichterung darüber, dass er wieder bei seiner Mutter leben durfte und dass ich ihm seine Fluchtgeschichte glaubte.

In seinen Therapiestunden malte Ben gern und häufig Raumschiffe oder Ufos, die stets weit weg in den Weltraum flogen – dorthin wo sein Vater ihn nicht erreichen konnte. Ben sprach nicht viel. Deshalb ermutigte ich ihn, mir Geschichten über seine Reisen in den Weltraum zu erzählen. Meistens flog er allein mit einem Hund und viel Proviant durch die Galaxien. In Wirklichkeit bräuchte es ja Tausende von Jahren, um das zu tun. Aber in der Phantasie war Ben ja allmächtig.

Manchmal erfanden wir auch gemeinsam Geschichten und ich durfte mitfliegen auf eine weite Reise ins Universum. Erst nach Monaten landeten wir dann wieder auf der Erde, aber nur, um neue Reserven für den nächsten Flug einzuladen. Ben brauchte die Sicherheit, dass er Einfluss auf sein Leben nehmen konnte. Er musste spüren, dass er selbstwirksam war und sich wieder selbst schützen konnte. Dabei stellten die Phantasiereisen einen ersten Schritt in Richtung Autonomie und neuer Souveränität dar. Sie waren quasi ein Vehikel zu seinen Zielen.

Ich freute mich sehr, dass in Ben wieder Bewegung entstanden war. Es gab erste Impulse nach langen Wochen, in denen Ben wie in einer Starre verharrt hatte. Seine Ausstrahlung drohte auch mich zu lähmen. Manchmal wurde ich in seiner Gegenwart schlagartig müde oder mich überkam eine große Langeweile. Dann schämte ich mich, wollte ich doch als engagierte Kindertherapeutin Wachheit und geduldige Präsenz ausstrahlen. Was hatte das alles zu bedeuten?

Es gab noch einen anderen Impuls, der sich in Bens Nähe in mir bemerkbar machte. Ich spürte mein Bemühen, Ben die Therapiestunden »angenehm« machen zu wollen. Meine Begründung für mich lautete: Der Junge hatte es doch lange so schwer gehabt. Aber diese Begründung war nur eine Rationalisierung, weil ich den Sinn meines Aktivwerdens noch nicht verstanden hatte. Mit der Zeit begriff ich jedoch, dass ich auf Bens Unlebendigkeit reagierte. Von Ben ging eine Atmosphäre aus, in der sich nichts bewegte; daraus entstand die Langeweile und danach kam die Müdigkeit. Und um nicht von allem »verschluckt« zu werden, aktivierte ich mich selbst. Endlich hatte ich die Dynamik der Stunde entdeckt. Das war meine diagnostische Aufgabe gewesen.

Nach über einem Jahr wurden die Reisen ins Universum weniger. Stattdessen begann Ben, sich wieder für die Lebewesen auf der Erde zu interessieren. Ben war in tiefster Seele Tierschützer. Wochenlang befassten wir uns mit bedrohten Tierarten, wie z. B. den Bienen. Deshalb erklärte mir Ben die Sinnhaftigkeit von Insektenhotels. Er selbst hatte sich belesen und mit Hilfe seines Stiefvaters eines gebaut. Er animierte mich, es ihm gleichzutun.

Unsere gemeinsamen Stunden sollten mit der Zeit einen immer vielfältigeren Charakter bekommen: Wir spielten Billard, malten zusammen oder lösten Rätsel. Oft lachten wir miteinander. In solchen Momenten fiel mir auf, dass ich Ben zu Beginn unseres Kennenlernens niemals hatte lachen hören. Meistens war sein Gesichtsausdruck ernst und traurig gewesen und er besaß kaum eine Mimik. So erloschen wirken Kinder nach lang anhaltenden Stressphasen ohne emotionalen Halt. Sie können in eine umfassende Erschöpfung oder Depression geraten.

Die therapeutische Beziehung stellt eine Übungsbeziehung dar, in welcher Kinder als auch Erwachsene ihre Kontaktwünsche, ihre Ängste, ihre Wut sowie viele andere Themen platzieren können. Ich gebe meinen Therapiekindern manchmal meine private Telefonnummer, damit sie mir ohne Hilfe ihrer Eltern eigenständig eine Nachricht hinterlassen können. Selbstverständlich gibt es auch hier begrenzte Sprechzeiten und Ruhepausen. Ben war mir unendlich dankbar, dass er selbständig Kontakt zu mir aufnehmen konnte. Viele Male dankte er mir für meine Hilfe und Unterstützung. Es verging kein Feiertag, an dem er mir nicht einen Gruß oder seinen Dank schickte.

Glücklicherweise respektierte Bens Vater den Wunsch seines Sohnes nach Abstand. Er vertraute mir und meinem Kollegen. Er konnte spüren, dass wir ihn nicht für seine Erziehungsfehler verurteilten. Es wurde deutlich, wie wenig Bens Vater in der Lage war, sich in einen anderen Menschen, also auch in Ben, einzufühlen. Er verstand es nicht, mit seinem Kind in Beziehung oder Dialog zu treten, sondern Bens Vater manövrierte sich stattdessen mit rigiden Verhaltensmaßregeln durch seine Erziehungsaufgabe.

Alle um Ben herum merkten: Ben hatte Fortschritte auf ganzer Linie gemacht. Seine sozialen Ängste waren weniger geworden, er konnte endlich einem Sportverein beitreten und einen Kampfsport erlernen. Das hatte er sich schon lange gewünscht. Ben konnte sogar eine höhere Schule besuchen. Sein Leben war so geworden, wie er es sich immer gewünscht hatte. Nun fehlten ihm nur noch ein oder zwei Freunde, wie er mir kürzlich mitteilte.

Früher hatte mich Ben manchmal gefragt, ob ich ihn für krank hielte. Darauf hatte ich immer Folgendes geantwortet: »Nein, du bist ein ganz normaler Junge! Du wirst noch viel Spaß im Leben haben. Und ich kenne keinen mutigeren!«

Etwa zwei Jahre nach Therapieende war aus Ben ein cooler Youtuber geworden. In seinen Spots wirbelt er nur so mit seinen Armen herum, nutzt den Resonanzraum seiner Stimme und genießt seinen Auftritt im Welt umspannenden Netz. Seine Anfälle sind längst Geschichte.

3 Jessica … Die Wartende
Meine Mutter war ein Straßenkind

Jessica und ihre Mutter wollten wieder zueinanderfinden. Über ein Jahr hatte Jessica bei ihrer Tante und deren Familie gelebt, weil ihre Mutter gravierende gesundheitliche Probleme hatte und operiert werden musste. Die Tante hatte auch kleine Kinder, leider aber auch Geldsorgen und wechselnde Partnerschaften. Es wurde viel gefeiert und viel getrunken. Bald hatte die Schwester ihrer Mutter es nicht mehr geschafft, für die Familie zu sorgen. Es gab nur unregelmäßig etwas zu essen, viel Geschrei und manchmal Schläge. Irgendwann war dem Kindergarten aufgefallen, dass Jessica und ihre Cousinen immer seltener und dazu ungepflegt in die Einrichtung kamen. Man sprach mit ihrer Tante und erkundigte sich danach, ob diese Hilfe benötigte. Aber die Tante wollte keine Einmischung, wie sie immer sagte.

Schließlich hatte es bei Jessicas Tante einen Hausbesuch der Behörde gegeben und Jessica war in Obhut genommen worden. In dem kleinen Heim hatte es ihr dann eigentlich ganz gut gefallen, schade nur, dass die Mama sie noch nicht besuchen konnte. Sie wäre noch sehr schwach, hieß es.

Die Zeit war vergangen und Jessica war inzwischen sieben Jahre alt. Sie musste fast zwei Jahre warten, bis sich ihre Mutter im Heim zum Besuch angekündigte. Jessica konnte die Nacht davor kaum schlafen. Die Mutter begrüßte ihre Tochter kurz, unsicher und fremd und wendete sich dann wieder dem neuen Baby zu. Es war ein Bruder, er war wirklich süß, das fand auch Jessica. Jedoch war die Mutter hauptsächlich mit diesem neuen Kind beschäftigt. Es musste getragen, gefüttert, gewindelt und geherzt werden. Die Mutter schien ganz begeistert von dem kleinen Blondschopf. Das schmerzte Jessica. Sie hatte die Mutter in all den langen Monaten so sehr vermisst. Nun kündigte die Mutter ihrer Tochter an, dass sie eine neue Bleibe gefunden hätte und sie bald alle zusammen wohnen könnten. Bis es soweit war, würde die Mutter sie jetzt wieder häufiger besuchen kommen. Jessica konnte ihr Glück kaum fassen und freute sich auf ihre neue Zukunft.

Ich konnte nicht so unbeschwert in die Zukunft der kleinen Familie blicken wie Jessica, denn eine so lange Beziehungsunterbrechung ohne Besuchskontakte verletzt die Bindung zwischen Kind und Eltern erheblich. Vertrauen und Sicherheit zerfallen. Verschiedenste Gefühle drängen sich auf, Wut und Trauer wechseln sich ab, Misstrauen und Verlassensängste lassen Unruhe und nicht selten provokatives Verhalten entstehen. Den Eltern kommt ihr Kind manchmal merkwürdig verändert vor. Sie wundern sich, dass ihr Kind sie nicht mehr als Garant für Verlässlichkeit und Halt wahrnimmt.

Vier weitere Monate vergingen, bis Jessica endlich mit Mutter und Bruder zusammen in ein Mutter-Kind-Heim ziehen konnte. Das Jugendamt wünschte sich für Jessica eine Kindertherapie und eine familientherapeutische Begleitung für ihre

Mutter als flankierende Maßnahme. Außerdem stand der kleinen Familie im Heim eine pädagogische Fachkraft zur Verfügung.

Jessica gefiel es, zu mir in »ihre« Kindertherapiestunde zu kommen, sicher, weil ihr die ungeteilte Aufmerksamkeit einer Erwachsenen guttat. Allmählich fasste auch ihre Mutter ein wenig Vertrauen zu mir. Elterngespräche sind für das Gelingen einer Kindertherapie unverzichtbar. Die Bereitschaft, sich in das eigene Kind und seine Problematik einzufühlen, bedeutet, sich mit den Entstehungsbedingungen dieser Problematik, deren Folgen für das Kind und den Erfordernissen für Veränderungen auseinanderzusetzen. Dabei benötigen Eltern Erziehungsempfehlungen und mitfühlenden Beistand, um dann wiederum dem eigenen Kind Unterstützung anbieten zu können. Erfahrungsgemäß fällt es Eltern schwer, ihr Kind leiden zu sehen. Nicht selten leiden Eltern ihrerseits an Überforderungs- und Hilflosigkeitsgefühlen, die sich aber auch in Wut und Ärgerreaktionen gegen das Kind entladen können.

Es zeigte sich schnell, dass Jessica in allen Lebensbereichen überfordert war, weil sie schon früh ohne die fürsorgende Begleitung ihrer Eltern aufwachsen musste. Sie war dadurch vernachlässigt und wurde noch dazu von ihrer Tante misshandelt. Ihren Vater kannte sie gar nicht. Jessica litt unter der Beziehungslosigkeit, der Gewalt und der Vernachlässigung. Sie hatte deswegen Verzögerungen in fast allen Bereichen ihrer altersgemäßen Entwicklung und befand sich in seelischer Verwahrlosung, weil sie schon seit früher Kindheit Sicherheit und verlässliche Zuwendung entbehren musste. Ihre Mutter hatte sich zwar über ihr Mädchen freuen können, sie hatte Jessica allerdings aufgrund ihrer eigenen Gewaltbiographie und ihrer sozialen Entwurzelung nur wenig Fürsorge und Förderung geben können. So wurde Jessica wenig gehalten und getragen. Und während ihres Aufenthalts bei ihrer Tante hatte das Mädchen niemanden gehabt, der sie beschützte oder tröstete. Auch später war niemand verlässlich für sie da, der ihr Orientierung im Leben geben konnte. Jessica schien mutterseelenallein.

Zu allem Überfluss musste Jessica bei einem Besuch ihrer Großmutter einen sexuellen Übergriff durch deren Partner ertragen. Die Polizei wurde eingeschaltet und eine Anzeige gestellt. Bedauerlicherweise konnte ich Jessica nicht auf die polizeiliche Befragung vorbereiten, was jedoch sehr wichtig gewesen wäre, weil eine Vernehmung ganz besonders für ein Kind eine große seelische wie auch sachliche Herausforderung darstellt. Der Polizei geht es ausschließlich um die Erfassung objektiver Daten und nicht um eine einfühlende, altersentsprechende Zugehensweise. Jessica verfügte trotz ihres Alters über keinen Zeitbegriff und konnte weder lesen noch schreiben. Ihr fehlte die geistige Kapazität, um so ein juristisches Vorgehen zu verstehen. Von außen wirkte Jessica wie eine normale Achtjährige, was zur Folge hatte, dass man sie in ihren Fähigkeiten überschätzte. Ihre Angaben zum erfahrenen sexuellen Übergriff genügten den anspruchsvollen Kriterien zur Glaubhaftigkeitsprüfung nicht, weswegen es auch zu keiner Strafverfolgung kommen konnte. Jessica schien als Lügnerin dazustehen.

Das Jugendamt hatte für Jessica eine Schule für geistig behinderte Kinder ausgesucht, um Jessica schnelle Lernerfolge zu ermöglichen, die wiederum ihr Selbstbewusstsein stärken sollten. Aber Jessica fühlte sich dort schon bald am falschen Ort. Das konnte ich gut nachvollziehen. Sie hatte zwar eine seelische Beeinträchtigung und deutliche Verzögerungen in ihrem schulischen Können, aber sie verfügte über entwickelbare geistige Kapazitäten.

Ich erkundigte mich bei Jessica, was sie am liebsten in ihrer Therapiestunde machen wollte, und sie antwortete: »Essen.« Um Jessicas Mutter nicht vor den Kopf zu stoßen, fragte ich diese um Erlaubnis, ihrem Kind zu essen geben zu dürfen. Sie erlaubte Joghurt. Ob sie das Essen mitbringen wollte, was Jessica dann in ihrer Therapiestunde verzehren könnte, wollte ich herausfinden. Die Mutter schien meine einladende Geste nicht zu verstehen. Sie schien auch keine Rivalitätsgefühle mir gegenüber zu empfinden, obwohl ich in ihr ureigenes mütterliches Terrain des Fütterns einbrach. Im Gegenteil: Sie schien dabei vielleicht sogar eine Entlastung zu erleben. Also kaufte ich wöchentlich Joghurt, Müsli und bald auch Kekse, Brot oder Käse und Himbeeren für Jessicas Therapiestunde ein. All das hatte sich Jessica gewünscht. Manchmal »fütterte« ich sie sogar heimlich mit Schokolade. Ich fühlte mich schlecht und hatte dennoch immer wieder den Impuls, etwas bei diesem Kind nachholen zu müssen. Solche kritischen Therapiesituationen besprach ich später mit meinen Kollegen. Dabei wurde mir klar, dass ich das Defizit, das Nicht-Sattwerden, dieses Kindes spürte und dass ich dieses kleine Mädchen nachnähren wollte. Dieses Bedürfnis wäre ja eigentlich eines, dass die eigene Mutter haben sollte.

Jessica hatte normales Gewicht und sie sah süß aus mit ihren dunklen Augen und den schönen Frisuren, die ihr ihre Mutter kämmte. Auch ihre Kleidung war modisch und gepflegt. Von außen sah man dem Kind nichts an. Aber Jessica war durch die früh erfahrene Vernachlässigung und die verschiedenen Gewalterfahrungen gezeichnet.

Lange Zeit begann jede Therapiestunde mit der genüsslichen Vorbereitung ihres Mahls: Der Joghurt wurde sorgfältig auf einem Teller verrührt, die Müslistückchen sortiert und die Himbeeren drapiert. In der letzten Viertelstunde spielten wir noch ein wenig. Jessicas Hunger war immens und so wurde das Essen die wichtigste Sache der Therapie. Die Vorfreude, die Zubereitung, der genussvolle Verzehr und meine Gesellschaft ließen das Essen zu einer großen Freude für sie werden. Und ich freute mich an ihrer Freude.

Ich hatte mich schon oft gefragt, welche Lebensgeschichte Jessicas Mutter wohl gehabt hatte. War sie wohl auch so ein »verhungertes« Kind gewesen? Welche Versorgung und Fürsorge hatte sie genossen? Es fiel der Mutter nicht leicht, mir etwas über ihr eigenes Leben zu erzählen. Am liebsten berichtete sie mir, wie schön es für sie wäre, mit ihren Kindern zusammenzuleben, wie schön sie die Bettchen der Kinder ausgestattet hatte und wie gern sie für die Kinder bastelte. Schließlich erfuhr ich aber auch, dass sie selbst bereits mit elf Jahren ihr Elternhaus verlassen hätte, weil die eigene Mutter sie viel geschlagen und immer verschiedene Männer mit in die Wohnung gebracht hätte. Sie hätte es einfach nicht mehr ausgehalten. Ihr Vater wäre zu schwach gewesen und hätte ihr nicht helfen können. Immer wieder hätte man sie ins Heim gesteckt, immer wieder wäre sie weggelaufen, auch nach Hause. Die Mutter hätte sie stets weggeschickt, der Vater hätte ihr manchmal eine Decke rausgeworfen, mit der sie sich dann im Keller oder Schuppen zudecken konnte. Sie hätte wie ein Hund auf der Straße gelebt. Wer sie denn auf der Straße beschützt hätte, wollte ich wissen. Sie antwortete mir kurz: »Die Punks.« Diese hätten sie versorgt und auf sie Acht gegeben. Später wäre sie dann jedoch von Alkohol und verschiedenen Drogen abhängig geworden.

Inzwischen ginge sie wöchentlich in die Substitutionsambulanz, um sich ihre Medikamente für den Drogenersatz abzuholen. Nein, die Schule hätte sie nicht beendet, sie hätte auch keine Ausbildung gemacht. Heute würde sie gern etwas nachholen, aber wegen ihrer Drogengeschichte hätte sie in beruflicher Hinsicht keine Chance mehr. Inzwischen wären ihre Kinder ihr Sinn und ihre Aufgabe im Leben, für sie wollte sie gesund bleiben.

Man sah Jessicas Mutter ihr hartes Leben an. Ihr Gesichtsausdruck war hart, ihr Gesicht gegerbt. Sie wirkte unendlich traurig und freudlos. An ihren Händen war ihre Haut rötlich gezeichnet, so wie man sie bei alkoholabhängigen Menschen häufig vorfindet. Und sie war stark tätowiert. Eigentlich war sie immer zu dünn angezogen. Ihre einfache Kleidung war ausgewaschen, deshalb würde sie sie einfach immer wieder schwarz nachfärben. Im Vergleich zu ihren hübschen Kindern wirkte die Mutter erbarmungswürdig. Man wollte sie einkleiden, versorgen und aufpäppeln. Aber sie wirkte auch irgendwie drahtig, immer ein wenig trotzig und jederzeit bereit, einen Kampf zu kämpfen. Früher musste sie ein sehr hübsches blondes Mädchen gewesen sein. Ich empfand großen Respekt und viel Mitgefühl für den ausweglosen und unwürdigen Lebensweg dieser jungen Frau. An ihr war die Gesellschaft schuldig geworden. Dieses Kind hatte keinen Schutz erfahren.

Lange Zeit bekundete mir Jessicas Mutter, dass alles gut liefe und dass sie für sich keine weiteren Termine bräuchte. Dazu fielen mir eine ganze Reihe von Überlegungen ein. Vermutlich fühlte sich der regelmäßige Kontakt zu mir für Jessicas Mutter sehr ungewohnt und vielleicht sogar einengend an. Sie schien weder über sich noch über ihr Muttersein sprechen zu wollen. All die Erwartungen, die man an sie als Mutter stellte, mochten sie sehr anstrengen, vielleicht wäre sie lieber so etwas wie die große Schwester ihrer Kinder. Dass das Kontaktangebot nicht nur für ihre Tochter, sondern auch für sie galt, schien ihr vielleicht unglaublich. Da sie selbst niemals ein vertrauensvolles Beziehungsverhältnis mit ihrer Mutter erlebt hatte, war sie nicht geübt darin, sich anzuvertrauen. Möglicherweise fürchtete sie, dass man sie bei etwaigen Schwierigkeiten kritisieren und sie wieder von ihren Kindern trennen könnte. Das könnte ich gut nachvollziehen. Also blieb ich in meiner Haltung geduldig, fürsorglich und anerkennend für all das, was sie für ihre Kinder tat. Es lief wirklich alles gut und Jessica machte so gute Fortschritte in ihrer Kommunikationsfähigkeit und entwickelte Freude fürs Lernen und Malen. Ich freute mich, beglückwünschte Jessica für ihr Interesse und ihren Fleiß und vergaß nicht, auch Jessicas Mutter für all ihre Arbeit und Unterstützung zu würdigen.

Es bleibt stets ungewiss, inwiefern ich mit all meinen liebevollen und fachlichen Bemühungen vermag, gute Entwicklungen in den Familien anzustoßen. Ich spreche von einem erfolgreichen Therapieprozess, wenn ich spüre, dass Kinder und Eltern ein wenig an Vertrauen und Zuversicht gewinnen konnten.

Trotz aller guten Fortschritte sorgte ich mich um Jessica, da ich zunehmend erlebte, wie stur und unflexibel sie sich in Konfliktsituationen verhielt. Sie schien wieder etwas von ihrer Kompromissbereitschaft eingebüßt zu haben. Im häuslichen Umfeld erwartete ich jede Menge Konflikte zwischen Mutter und Kind. Von Jessica, nicht von ihrer Mutter, erfuhr ich schließlich auch davon. Sie berichtete mir, dass ihre Mutter oft nicht nett zu ihr wäre. Sie würde sie viel schimpfen. Jessica dürfte nicht essen, wenn sie hungrig wäre und sie sollte immer das machen, was die Mutter ihr vorschrieb. Daraufhin sprach ich mit Jessicas Mutter und fragte sie ganz direkt nach ihrer Sicht der Dinge.

Mit der Zeit vertraute mir Jessicas Mutter an, dass ihre Tochter nicht einfach zu führen wäre. Sie widerspräche der Mutter regelmäßig, wollte mitreden und immer länger aufbleiben. Manchmal nässte sie auch wieder ein und verhielt sich wie eine Zweijährige. Jessica wollte manchmal sogar ein Nuckelfläschchen wie der kleine Bruder trinken. Das verstünde sie nicht. Sie wäre doch schon acht Jahre alt. Jessica würde viele Dinge kaputtmachen und auf ihren kleinen Bruder richtig aufpassen könnte sie auch nicht.

Manchmal würde ihre Tochter ohne erkennbaren Grund einfach eine Viertelstunde schreien. Und das von ihr liebevoll zubereitete Schulbrot fände ihre Tochter meistens ekelig. Es wäre immer wieder wirklich schwierig mit Jessica und sie als Mutter fühlte sich häufig ohnmächtig und überlastet. Zum Glück wäre ihr Sohn ein echter Sonnenschein.

Es wurde deutlich, dass Jessicas Mutter kaum Einfühlung noch Verständnis für die regressiven Bedürfnisse ihrer Tochter hatte. Jessica hingegen wollte manchmal auch ein wenig vom Kleinkindalter und seinen Vergnügungen mit der Mutter nachholen, eben weil sie schon zu früh auf ihre Bedürfnisbefriedigungen hatte verzichten müssen. Das versuchte ich Jessicas Mutter zu erklären. Jessica hingegen versuchte ich zu sagen, dass ihre Mutter sie erst wieder besser kennenlernen müsste. Ich setzte fort, dass auch ihre Mutter als Kind viele Probleme gehabt hätte, von denen sie ihr noch nicht erzählt hätte. Jessica kannte die schwere Lebensgeschichte ihrer Mutter nicht.

Jessicas Mutter berichtete weiter, dass eine der schwierigsten Herausforderungen für sie jene Momente darstellten, in denen Jessica von ihren Misshandlungen bei der Tante und vom erlebten sexuellen Missbrauch sprechen wollte. Sie sähe sich außer Stande, sich das alles anzuhören. Mir wurde deutlich, wie umfänglich das Dilemma zwischen Mutter und Tochter sein musste. Das Kind wollte sich anvertrauen und erleichtern, aber die Mutter war nicht im Stande, sondern völlig überfordert, Herz und Ohren für sie zu öffnen. Natürlich weiß ich, dass solche Schilderungen für alle Eltern belastend sind, aber die meisten lernen mit Hilfe von Beratung, damit umzugehen.

Auf das Essensthema folgte im Therapiegeschehen das Bindungsthema. Jessica inszenierte eine Zeitlang immer wieder eine Szene aus ihrer Zeit im Heim: Es war Besuchstag und sie erwartete den Besuch der Mutter. Ihrem Wunsch folgend spiele ich sie, die Tochter, und Jessica schlüpfte in die Rolle ihrer Mutter.

Die Mutter wäre angeblich schon auf dem Gelände. Ich wartete geduldig in meinem Zimmer, fragte eine Erzieherin, wann die Mutter käme. »Gleich«, beruhigte mich die Pädagogin, aber die Mutter erschien noch lange nicht. Schließlich stand sie in der Tür, ich lief ihr entgegen. Noch bevor ich meine Mutter erreichte, wandte sie sich ab. Sie stand steif da und schien keinen klaren Impuls im Kontakt zu mir, ihrem Kind, zu finden. Bereits nach wenigen Minuten musste die Mutter nochmal weg und sie kam nicht zurück. Ich nahm es hin, protestierte und blieb mit meinen Bedürfnissen nach Nähe, Zuwendung und Zärtlichkeit allein zurück.

Nichts von allem erfüllte sich. Ich verstand nicht, wurde traurig, frustriert, ärgerlich. Ich sprach meinen dumpfen Schmerz in mich hinein: »Mama, wo bist du? Warum lässt du mich warten? Warum freust du dich nicht, wenn du mich siehst? Warum nimmst du mich nicht in den Arm? Warum bringst du mir nicht meine Lieblingssüßigkeiten mit? Warum gehst du so aus dem Kontakt? Ich wünsche mir, dass du sagst, dass ich dein Schatz bin, dass du mich vermisst hast und dass du mich endlich in deine Arme schließen möchtest.«

Solch ähnliche Szenen durchlebten wir immer wieder in der Therapiestunde. Jessica war in beeindruckender Weise in der Lage, mir im Spiel die Störung in der Mutter-Kind-Beziehung, nämlich den Bindungsabbruch, mitzuteilen. Dieses Drama wurde offenbar: Die Mutter ließ ihr Kind warten, wusste den Kontakt nicht zu gestalten und vermied ihn schließlich ganz. Das Kind blieb unbefriedigt zurück und ging leer aus. Schließlich bat mich Jessica, die Frau vom Jugendamt anzurufen. Sie wollte ins Kinderheim zurück. Sie wusste, dass sie sich im Heim besser versorgt fühlen könnte. Ich folgte ihrem Wunsch und nahm Kontakt zum Jugendamt auf.

Außerdem erfuhr ich von den Betreuern des Mutter-Kind-Hauses, dass Jessica dort erzählt hätte, dass die Mutter sie mit Essensentzug strafte und dass die Mutter wieder tränke. Man fand keinen Alkohol, Jessica stand wieder mal als Lügnerin dar. Dann berichtete mir Jessica davon, dass die Mutter dem Orangensaft Alkohol beimischte oder Bier in Malzbierflaschen umfüllte. Es folgten unangekündigte Kontrollen im Heim und Jessicas Beobachtungen bewahrheiteten sich. Von der Mutter erfuhr ich danach, dass sie sich von Jessicas ständiger Kritik gekränkt gefühlt hätte und sie hätte all ihre guten Absichten und Ziele sich in Luft auflösen sehen.

Dazu kam, dass die Ärzte der Substitutionsambulanz entschieden, dass ein Beikonsum von Alkohol während der Substitution nicht toleriert werden könne. Jessicas Mutter berichtete mir, dass ihre Tochter in letzter Zeit immer aggressiver geworden wäre, Spielsachen, auch ihre Puppe, zerstörte und den kleinen Bruder oft provozierte. Da hätte sie sich, wenn die Kinder schliefen, mit Alkohol zu beruhigen versucht. Sie fühlte sich sehr erschöpft und traurig.

Das konnte ich verstehen, hatte die Mutter nicht über Monate Jessica regelmäßig in die Therapie gebracht und für die Kinder alles zu tun versucht. Ich würdigte ihren Einsatz für ihre Kinder. Ich hatte erlebt, wie sehr sie gekämpft hatte, zum Beispiel bei der Umschulung Jessicas in eine Schule für lernbehinderte Kinder, um dem Wunsch ihrer Tochter nach anspruchsvollerem Unterricht nachzukommen. Sie hatte wirklich ganz vieles sehr gut gemacht. Aber Jessica hätte eben einen sehr hohen Förderbedarf, erklärte ich der Mutter. Ich versicherte Jessicas Mutter, dass sie als Mutter immer wichtig für ihre Tochter bliebe, auch wenn Jessica nicht bei ihr leben würde. Eines Tages könnte sie ihrer Tochter von ihrem schweren Leben erzählen und Jessica würde erkennen, um wie viel besser ihr Leben gegenüber dem ihrer Mutter verlaufen konnte, weil ihre Mutter Hilfe zugelassen hatte.

Ob und inwieweit Jessicas Mutter in der Lage wäre, ihren Sohn zu versorgen, würde ein Erziehungsfähigkeitsgutachten prüfen. Es könnte durchaus sein, dass sie ihren Sohn besser versorgen könnte, weil ihre Bindung zu ihm eng war und nicht unterbrochen wurde. Außerdem könnte es sein, dass sie in einer betreuten Wohnsituation mit Hilfe und Kontrolle es schaffen könnte, auf den Alkohol zu verzichten. Das Trinken von Alkohol bewirkte bei Jessicas Mutter sicher eine vorübergehende

Beruhigung und ein Auflösen von Ängsten. Der Alkoholkonsum stellte in ihrem Leben eine Problemlösungsstrategie dar, der sie sich, wann immer sie in Überforderung und Stress geriet, bediente.

Am nächsten Tag sollte Jessicas Mutter schweren Herzens der Heimunterbringung ihrer Tochter zustimmen. Das Schluchzen der Mutter war herzergreifend. Es hallte laut in den langen Gängen des Amtes und noch länger in meinen Ohren nach. Zukünftig würde man die Besuchskontakte im Heim zwischen Mutter und Kind begleiten, um den Kontakt und die Verständigung zwischen beiden zu verbessern.

Das Wichtigste für die Zukunft wird sein, die Mutter für Jessica zu erhalten, um einen erneuten Beziehungsabbruch und Verlust der Mutter zu vermeiden. Auch wenn Jessica nicht mit ihrer Mutter leben kann, braucht sie die Gewissheit, dass ihre Mutter sie liebt, an ihr Interesse behält und stolz auf sie ist. Damit das gelingen möge, werden sich die Heimpädagogen sehr anstrengen und sicher noch oft um die Mutter werben. Die Mutter bleibt auch in Zukunft für das Wohl ihrer Tochter unentbehrlich.

4   Mara ... Die orientalische Prinzessin
Prostitution und Elternschaft

Eine Kollegin bat mich Mara kennenzulernen. Mara erschien zum ersten Termin in Begleitung zweier »Nannys«. Der Vater wäre verhindert, er würde mich kontaktieren. Mara wusste nicht so recht, was sie mit mir anfangen sollte. Ich erläuterte ihr, dass ich wüsste, dass sie bei ihrem Vater lebte und meine Kollegin, die ihre Mutter beriet, nicht sicher wäre, ob Mara ihre Mutter häufiger sehen wollte.

Daraufhin kommandierte Mara ihre Nannys ins Spieltherapiezimmer. Ich folgte beeindruckt dieser Zeremonie. Mara entschied sich sogleich den Kaufmannsladen zu bespielen und verteilte die einzunehmenden Rollen. Nein, viel reden wolle sie nicht. Ich könnte ja mit ihrem Vater telefonieren. Der könnte mir die familiäre Situation erläutern.

Dennoch erfuhr ich von Mara, dass der Vater mit seiner Firma immer viel zu tun hätte, aber in den Ferien hätte er viel Zeit für sie. Dann würden sie häufig weite Reisen unternehmen. Da wären dann auch die Großeltern und Cousinen oder Tanten dabei. Kürzlich wären sie auf den Malediven gewesen und sie hätte schnorcheln gelernt. Ob ihre Nannys sie auch im Urlaub begleiteten, wollte ich wissen. Nein, natürlich nicht! Der Urlaub wäre eine ausschließlich private Angelegenheit, sagte der Vater immer. Er wollte, dass sie die Nannys als Angestellte betrachtete und kein allzu privates Verhältnis mit ihnen pflegte. »Dieses kleine Mädchen ist erst acht Jahre alt, muss die meiste Zeit auf beide Eltern verzichten und soll möglichst keinerlei kindliche Bedürfnisse an ihre Kindermädchen richten, dachte ich. Aber sie wollte, dass beide Zeugen unserer Therapiestunden würden.

Wie sollte ich diese ganze Situation verstehen?
Von den Betreuerinnen erfuhr ich, dass es schon einige Vorgängerinnen gegeben hätte. Mara wäre ein sehr eigenwilliges aber auch anhängliches Kind. Sie wollte häufig auf dem Schoß sitzen und gefüttert werden. Der Vater käme oft später als verabredet heim. Mara würde dann häufig schon schlafen. Manchmal wirkte sie ganz verloren. Mir schien Maras Verhalten sehr angemessen für ihre Lebenssituation. Es schien eine große emotionale Vernachlässigung, wenn nicht sogar Leere, zu geben.

Mit der Zeit gewöhnte sich Mara an den Rhythmus der Therapiestunden. Sie malte, verkleidete sich, regierte die Stunden und begann schließlich spontan zu erzählen: Sie hätte noch einen kleinen Bruder, der bei der Mutter lebte. Sie machte sich immer wieder ein wenig Sorgen um ihn, fragte sich manchmal, ob die Mutter wirklich gut auf ihn aufpassen könnte, da ihr Bruder sehr wild wäre und oft nicht auf ihre Mutter hörte. Früher hätten sie im Ruhrgebiet gelebt bei der Oma. Da hätte es oft Streit mit einem von Mamas Brüdern gegeben. Einmal wäre dieser so wütend geworden, dass sie mit ihrer Mutter ein Versteck im Wald aufgesucht hätte. Und einer von Mamas Brüdern wäre schon tot. Ob dieser Onkel krank gewesen wäre, fragte ich nach. »Nein!«, sagte Mara. Sie glaubte, er wäre erschossen worden. »Oh je!«, seufzte ich und drückte ihr mein Bedauern aus.

Immer wieder fiel unsere Stunde aus, weil sie den Vater gebeten hatte, abzusagen. Daraufhin bat ich Maras Vater zu einem Gespräch und hoffte, dass er die Therapie nicht abbrechen wollte. Ich erläuterte ihm meine ersten Eindrücke von seiner Tochter und er berichtete mir, dass es Ärger in der Schule gegeben hätte, weil Mara zwei Mädchen auf der Toilette genötigt hätte, sich von ihr an der Scheide berühren zu lassen. Und das gegen deren Willen! Das hätte ihn schockiert, aber es wäre ihm gelungen, dennoch ruhig mit seiner Tochter zu sprechen. Er hätte sie erneut aufgeklärt und über Grenzen und Selbstbestimmung mit Mara gesprochen. Auch eine der Nannys hätte noch einmal mit Mara über die Vorgänge gesprochen. Mara wäre alles sehr peinlich und sie schämte sich sehr. Nie wieder wollte sie so etwas tun. Sie wüsste auch nicht, warum das geschehen wäre.

Dann fragte ich Maras Vater danach, was ihm zu diesen Vorfällen einfallen würde. Er deutete an, dass Mara vielleicht mal erlebt hätte, wie Maras Mutter von einem Mann unsittlich berührt worden wäre. Aber er wollte der Mutter nichts Böses. Ich bat ihn, Mara zu berichten, dass wir über alles geredet hätten und sie es mir nicht nochmal erzählen müsste. Ich würde sie auch auf keinen Fall rügen. Sie sollte einfach wieder in ihre Stunde kommen und ließ ihr liebe Grüße ausrichten.

Mara kam in ihre nächste Stunde und ich sagte ihr, dass ich Bescheid wüsste über die Vorkommnisse in der Schule. In solchen Situationen erzähle ich den Kindern häufig eine Geschichte von einem anderen Kind, das in einer ganz ähnlichen Situation steckte. Ich berichtete ihr, dass Kinder manchmal hässliche Dinge sehen würden und ihnen diese als Erinnerungen im Kopf herumspuken könnten. Einmal hätte ein kleiner Junge zu mir gesagt: »Frau Osten, mach, dass diese Filme in meinem Kopf aufhören!« Mara schien über meine Schilderungen sehr überrascht. Dass ich solche Geschichten kannte und dass anderen Kindern so etwas auch passierte!

Als nächstes sollte ich auf Wunsch des Jugendamtes ein gemeinsames Treffen mit Mara und ihrer Mutter anberaumen, um zu erleben, wie die beiden miteinander umgingen. Ich besprach das mit Mara und sie schien froh darüber zu sein, dass ich bei dem Zusammentreffen dabei sein würde.

Maras Mutter kam pünktlich, war freundlich und begann gleich viel zu reden. Sie brachte den kleinen vierjährigen Halbbruder entgegen unserer Vereinbarung mit. Ich ließ es geschehen. So saßen wir zu viert im Spieltherapiezimmer. Der kleine Bruder freute sich sehr, seine Schwester zu sehen und die Mutter begrüßte ihre Tochter herzlich. Die Kinder begannen sofort zu spielen. Mara forderte ihre Mutter auf, mit ihr mit den Puppen in verteilten Rollen zu spielen. Danach sollte die Mutter mit dem Kaufladen mit ihr spielen. Maras Mutter mühte sich redlich die gewünschten Rollen einzunehmen. Schließlich platzte es aus ihr heraus: »Nicht wahr, Mara, du möchtest doch auch endlich wieder bei der Mama wohnen?! Oh, das wird so schön. Dein Bruder wünscht sich das auch so sehr. Wir vermissen Dich jeden Tag!« Ich sollte ihr dabei schnellstmöglich helfen, wendete sie sich an mich. Ich versuchte diesen Schwall der Mutter zu unterbrechen und sie daran zu erinnern, dass eine Diskussion zu diesem Zeitpunkt mit ihrer Tochter gegen die Vereinbarung wäre. Heute wäre ein erstes Treffen. Mara ging auf das Ansinnen ihrer Mutter gar nicht ein. Stattdessen animierte sie ihren Bruder noch dieses und jenes zu spielen bzw. immer wieder neues Spielmaterial aus den Regalen zu zerren. Innerhalb weniger Minuten saßen wir alle in einem Spielzeugchaos. Auch mir schien eine strukturierte Moderation kaum möglich.

Die Kinder verließen eigenmächtig den Raum und waren nur noch schwer zu erreichen. Zurück im Raum sperrte Mara mich ins »Gefängnis« und der Kleine bereitete mir im Laden einen Toast mit Spiegelei und Gurke zu, damit ich in der Gefangenschaft nicht auch noch Hunger leiden müsste. Wieder fragte ich mich, was das alles zu bedeuten hatte.

Ich vereinbarte ein Treffen mit meiner Kollegin. Der Zeitpunkt schien reif, um weitere Informationen über die allgemeine Familiensituation zu erhalten und Kenntnisse über Trennungsumstände des Paares zu gewinnen. So erfuhr ich, dass Maras Mutter schon früh in die Prostitution geraten war und dass auch die Brüder und Maras Oma in diesem Gewerbe verortet wären. Und dass Maras Mutter immer wieder Gewaltsituationen erlebt hätte und es nicht klar wäre, was Mara bereits als kleines Kind miterlebt hatte.

Ich versuchte mich bei Maras Mutter zu erkundigen, ob sie Ideen hätte, warum sich Mara so übergriffig verhalten würde. Das mache ich grundsätzlich, um Eltern an ihre Erziehungsverantwortung zu erinnern und um sie in die gefühlsmäßige und inhaltliche Gedankenarbeit einzubinden. Maras Mutter war nicht in der Lage, sich in ihre Tochter einzufühlen. Sie deutete mir an, dass sie keinerlei Ideen hätte, wie und warum Mara zu den Übergriffen fähig gewesen war. Maras Übergriffe könnten sicher nichts mit ihrem, dem mütterlichen, Leben zu tun haben. Davon wäre sie überzeugt.

Meine Kollegin hatte mir in unserem gemeinsamen Gespräch ihr Leid bezüglich der schwierigen beraterischen Zusammenarbeit mit Maras Mutter geklagt. Diese bagatellisierte alle erlebte Gewalt und wäre überzeugt, dass Mara früher noch gar nichts verstanden haben könne. Andererseits erinnerte sich Maras Mutter immer wieder daran, dass sie Mara – sobald sie sich prostituierte – aus den Augen verlor, auch wenn Mara im gleichen Raum wie sie wäre. Da war zum Beispiel eine Situation, in der sie oralen Sex mit einem Kunden praktizierte und sie sich später nicht erinnern konnte, ob Mara während dessen geschlafen oder vertieft gespielt hatte.

Ich recherchierte zum Thema Prostitution und fand enorm variierende Zahlen: Es gibt 40.000 angemeldete Prostituierte – gemäß Prostituiertenschutzgesetz (Destatis, 2021) –, aber eigentlich arbeiten geschätzte 400.000 Prostituierte in Deutschland (Götz, 2015). Diese sind zum größten Teil im Alter zwischen 21 und 44 Jahren. Bedauerlicherweise gelangen auch schon Kinder und Jugendliche in die Prostitution (Taylor, 2021).

Ich war zutiefst über die zur Schau getragene Unbescholtenheit von Maras Mutter erschüttert. Andererseits hatte ich aber auch großes Mitgefühl mit Mara und ihrer Mutter. Ich verstand nun, warum Mara nicht auf die Fragen ihrer Mutter eingegangen war. Maras Mutter war nicht in der Lage, die Bedrohlichkeit einschlägiger Situationen, in denen Mara Zeuge war, einzuschätzen, und sie erkannte nicht das Sicherheits- und Schutzbedürfnis, das ihr Kind für sich selbst und ihre Mutter besaß. Ihr Einfühlungsvermögen in ihre Tochter war nicht ausgebildet, vielleicht weil sie vor sich selbst verleugnen musste, dass sie sich selbst auch immer wieder gefährlichen und ekelerregenden Situationen aussetzte.

In den folgenden Therapiestunden spielte Mara eine Mutter, die Freundinnen mit ihren Kindern einlädt und ein rauschendes Fest feiert. Mara animierte mich, mich ebenfalls ausgelassen zu geben, zu rauchen und Alkohol zu konsumieren. Sie verhielt sich kumpelhaft mir gegenüber und schließlich auch rüpelhaft, provozierte mich. Während einiger Therapiestunden gingen wir als Mütter mit unseren Kindern spazieren und ließen unsere Puppenkinder sich am Spielplatz vergnügen. Manchmal wurde ich Zeuge einer Gewaltszene: Mara nahm eines ihrer Puppenkinder und vergrub es im Sand. Wenn ich sie daran hindern wollte oder versuchte an ihre Vernunft und ihr Mitgefühl zu appellieren, schrie sie mich an, bagatellisierte oder lachte hämisch. Es gelang mir auch nicht, ihren gepeinigten Kindern zu helfen, sie wehrte mich ab. Im Spiel rief ich die Polizei und sagte ihr, dass sie ihre Puppenkinder nicht behalten dürfte, wenn sie sie so misshandelte. Mara jedoch gab sich überlegen, wehrte mich erneut ab. Sobald die herbeigerufene Polizei die Situation kontrollieren wollte, hatte sie ihre Kinder wieder aus dem Sand gebuddelt. Ihr war nicht beizukommen, sie schwelgte in Überlegenheit.

In den nächsten Stunden wiederholten sich solche oder ähnliche Inszenierungen. Es ist wahr, was Jean-Jacques Rousseau feststellte: »Ein Kind macht die ernsthaftesten Sachen, indem es spielt.« Inzwischen schien es Mara ganz selbstverständlich, dass sie mich in alle, auch abgründige, Szenen einsetzen konnte. Während einer ihrer üblichen Mütter-Kinder-Gesellschaften bat sie mich komplizenhaft, dass wir, sie und ich, uns heimlich hinausschleichen könnten, mit dem Ziel in einen großen Supermarkt einzubrechen und große Mengen von Alkohol und Zigaretten zu stehlen. Danach kehrten wir – als wäre nichts passiert – in den Freundinnenkreis zurück und animierten alle ausgiebig zu konsumieren. Als Mutter sollte ich mich betrinken und erlag, wie befohlen, ganz dem Alkohol. Nicht selten stieg Maras Aggressionspegel in der Rolle einer süchtigen Freundin. Bald flogen Zigarettenschachteln durch die Luft und manchmal griff sie in ihre Handtasche, um ein Bündel Geld – aus dem Kaufmannsladen – wie einen warmen Regen über sich zu werfen. In solchen Momenten verschwammen vermutlich für Mara die Rollen.

Langsam bekam ich ein klareres Bild: Immer wieder wünschte Mara ihren Vater oder eine Nanny als Zeugen in unsere Therapiestunde. Die Erwachsenen schienen ziemlich schockiert, glaubten manchmal ihren Augen nicht trauen zu können. Was lernten wir? Mara war voll im Bilde: Alkoholexzesse, Stehlen, Aggressionen, Heimlichkeiten, große Geldmengen, der Wunsch nach Geselligkeit, So-tun-als-ob, Drohungen, Gewalttätigkeiten gegen die eigenen Kinder, fehlende Aufsichtspflichten. All das waren Themen, die Mara vertraut schienen. Und sie wollte, dass der Vater und ihre Bezugspersonen davon Kenntnis hatten und wussten, dass sie Kenntnis hatte.

Wieder sprach ich mit meiner Kollegin und brachte sie auf den neuesten Stand. Sie bestätigte das Alkoholproblem der Mutter. Maras Mutter hatte meiner Kollegin bereits anvertraut, dass sie meistens vor und nach den Prostitutionssituationen Alkohol trank. Und sie hatte betont, dass es eine Ausnahme gegeben hatte: bei Maras Vater! In den hätte sie sich sofort verliebt. Auch er hätte eine große Zuneigung zu ihr verspürt. Und schließlich hätten sie versucht, eine Beziehung zu führen. Dann hätte sich Mara angekündigt und Maras Vater hatte versprochen, Verantwortung zu übernehmen. Allerdings hätte er sich schon bald wieder von ihr getrennt, auch wegen ihrer Alkoholabhängigkeit.

Wir entschlossen uns, ein Gespräch mit beiden Eltern anzuberaumen. Die Mutter erfuhr, dass Mara all die vermeintlichen Geheimnisse der Mutter kannte und sich nicht sicher bei ihr fühlte. Mara würde beim Vater bleiben und die Mutter könnte Mara in Begleitung einer Fachperson sehen.

Das Familiengericht wurde informiert. Maras Vater entschloss sich auf meine ausdrückliche Empfehlung hin, mehr Zeit mit seiner Tochter zu verbringen. Ich teilte Mara mit, dass wir verstanden hätten, dass sie nicht sicher bei ihrer Mutter wäre und dass geprüft würde, wo ihr Bruder leben könnte. Maras Mutter kehrte bedauerlicherweise in den Kreis ihrer Familie in ein anderes Bundesland zurück. Wir baten das dortige Jugendamt um Fürsorge für Mutter und Bruder.

5   Joana... Die Sanftmütige
Die erste Liebe endet im Fiasko

Eine junge Liebe ist wie ein neues Leben. Ja, so ähnlich hatte es sich für Gerd angefühlt, als er sich in Joana im Tennisclub verliebte. Er war dort seit Jahren Geschäftsführer, ehrenamtlich versteht sich, und sehr beliebt bei den Vereinsmitgliedern. In seinem Hauptberuf war er auch sehr erfolgreich geworden, seine Kinder waren inzwischen beinah erwachsen, lebten aber noch daheim und mit seiner Frau verstand er sich im Alltag prima. Die ganze Familie war in diesem Tennissport aktiv und immer wieder hatten die Kinder auch an Wettkämpfen teilgenommen. Genau wie Joana. Deren Familie war ebenso tennisbegeistert. Die Familien hatten vor zwei Jahren gemeinsam einen Spanienurlaub verbracht. Und mit Joanas Vater hatte Gerd schon öfter über Neuerungen im Verein nachgedacht. So war es ihm auch ganz naheliegend erschienen, Johanna zu ihrem 17. Geburtstag zu gratulieren. Und dann hatte es bei ihm gefunkt, denn so schön und ausgelassen hatte er diese junge Frau zuvor noch nie erlebt. Er beglückwünschte sie überschwänglich und lud sie in der kommenden Woche auf ein Eis ein.

Joana schmeichelten die liebenswürdigen Glückwünsche. Das tat ihr gut. Zuhause war es in letzter Zeit oft stressig gewesen: Die Mutter hatte mit sich zu tun, der Vater hatte wieder mal wahnsinnig viel Arbeit und der kleine Bruder war immer so anhänglich. Eigentlich hatte niemand Zeit für sie und einfühlen konnten sie sich auch nicht richtig. Wenn Joana von ihrem Liebeskummer nach der Trennung von ihrem ersten Freund erzählen wollte, hörte eigentlich nur die Oma kurz hin. Die Anforderungen in ihrem Studium waren für Joana auch neu und ihre beste Freundin war gerade weggezogen.

Gerd war ein guter Zuhörer und bot Joana immer öfter an, sie aus der Stadt im Auto mitzunehmen. Wenn das Wetter schön war, unternahmen sie noch einen Spaziergang und setzten sich an den Fluss, um zu reden. Das alles tat Joana unheimlich gut. Außerdem machte Gerd ihr außergewöhnliche Komplimente und eigentlich sah er für sein Alter noch sehr attraktiv aus. Joana wunderte sich über sich selbst, dass ihr derlei Gedanken durch den Kopf zogen. Ein bisschen schämte sie sich vor sich selbst. Gerd war etwa so alt wie ihr Vater.

Mit der Zeit wurden ihre Treffen ganz selbstverständlich und ihre Gesprächsthemen immer intimer. Gerd gestand ihr, dass er sich in sie verliebt hatte. Einmal als sie wieder auf ihrer Bank saßen, zog er eine kleine Überraschung aus seiner Manteltasche und ließ sie das Päckchen öffnen. Da stand auf einem kleinen Messingschild: Joana und Gerd. Er hatte sogar einen Schraubenzieher mitgebracht und befestigte das Schild im Nu an der Banklehne! Joana wusste gar nicht so recht, was sie dazu sagen sollte. Nun stand es fest: Sie waren ein Paar, jedenfalls bezeugte dies die Gravur.

Zuhause erfuhr natürlich niemand irgendetwas von den Entwicklungen. Joana hatte sich in der letzten Zeit ziemlich zurückgezogen, verbrachte ihre freie Zeit meistens in ihrem Zimmer und beantwortete Nachfragen ihrer Familie nur kurz und abweisend.

Ein wenig schwärmte sie für Gerd. Er warb um sie, so wie sie es in den Kinofilmen gesehen hatte. Demnächst wollten die Eltern mit dem Bruder übers Wochenende Verwandte besuchen. Joana hatte kein Interesse, mitzufahren. Gerd hatte schon lange ein wenig gedrängt, ob sie nicht mal einen Ausflug mit Übernachtung unternehmen könnten. Joana war sich nicht sicher. Aber das Wetter schien vielversprechend und eine Städtereise wünschte sie sich seit langem. Sie würde sagen, dass sie mit einer Freundin ins Kino ginge und dort übernachten würde.

Natürlich schliefen sie miteinander und verbrachten ein tolles Wochenende mit Stadtbummel, Einkaufen und Essengehen. Gerd schenkte ihr wunderschöne Unterwäsche und ein traumhaftes Sommerkleid. Sie fühlte sich wohl in ihrem Körper, attraktiv und sehr erwachsen. Ein wenig schwebte sie und erlebte alles wie in einem Traum. Wie das alles weitergehen sollte, daran mochte sie noch nicht denken. Erst einmal musste sie ein Versteck in ihrem Zimmer für die intimen Geschenke finden, um »blöde« Fragen von ihrer Mutter zu vermeiden. Ein wenig gefielen Joana all die Heimlichkeiten und kleinen Notlügen, um Gerd treffen zu können. Inzwischen hatte sie auch alle Zweifel und Bedenken hinter sich gelassen. Ein halbes Jahr waren sie jetzt schon ein heimliches Liebespaar. Im Tennisverein mussten sie natürlich vorsichtig sein, um nicht aufzufallen.

Daheim gab es jetzt immer häufiger Stress mit ihren Eltern, weil sie die zunehmende Distanzierung ihrer Tochter mit Sorge betrachteten. Gerd wollte sie immer häufiger sehen und manchmal machte er schon Zukunftspläne für ihre Beziehung. Joana geriet dadurch zusehends in Bedrängnis und wusste bald selbst nicht mehr, was sie selbst eigentlich wollte. Im Rücken hatte sie ihre Eltern, die doch endlich kapieren mussten, dass sie sich abnabeln wollte und vor sich hatte sie Gerd, der immer öfter erotische Anforderungen an sie stellte. Grundsätzlich gefiel ihr der Sex mit ihm ja, aber sie brauchte auch mal Abstand von ihm. Das würde sie ihm beim nächsten Treffen sagen.

Aber Gerd verstand das nicht. Er verlangte nach Erklärungen. Und mit der Zeit empfand Joana es als extrem schwierig, sich von ihm abzugrenzen. Manchmal begann er sogar zu weinen und bat sie innig, kein Treffen abzusagen. Mit der Zeit wurde Joana gereizter und trauriger. Die Verliebtheitsgefühle schienen verflogen. Gerd hatte sich immer mehr verändert. Er hing wie eine Klette an ihr, fand sie. Einmal sprach er von seinen Todesphantasien, wenn sie ihn so allein ließ. Das machte Joana allmählich Angst.

»Ich bringe mich um, wenn wir uns am Wochenende nicht sehen können«, schrieb er ihr eines Tages. So konnte es nicht weitergehen. Joana hatte häufig spontane Weinanfälle. Ihre Eltern machten sich Sorgen und nötigten sie zu ihrer Hausärztin zu gehen, wenn sie nicht mit ihnen sprechen wollte. Da konnte sie nicht mehr an sich halten und vertraute sich der Ärztin an. Es war ihr alles so peinlich, aber die Aussprache erleichterte sie. Die Ärztin bestellte sie für den nächsten Tag erneut ein und sagte ihr, dass sie mit ihren Eltern sprechen und therapeutische Hilfe in Anspruch nehmen sollte.

In dieser Situation lernte ich Joana kennen: Joana wollte sich trennen, aber Gerd wollte es nicht akzeptieren. Er weigerte sich, ihren Entschluss anzuerkennen. Er unterstellte, Joanas Eltern hätten die Trennung diktiert. Gerd rief Joana ständig an, schrieb seitenlange Briefe, schickte Geschenke, machte ihr einen Heiratsantrag, fing sie vor der Universität ab, betonte, wie sinnlos sein Leben geworden wäre ohne sie und versuchte, über ihre Freundinnen und ihren Chef mit ihr in Kontakt zu treten. Für ihn existierten Grenzen nicht, das wäre schon immer so gewesen, erklärte mir Joana.

Auch Joanas Eltern begaben sich in Beratung. Sie fühlten sich mitschuldig an der Misere. Angst um ihre Tochter und Wut gegen Gerd waren ihre vorherrschenden Gestimmtheiten. Sie befanden sich wie in eine Art Schockzustand. Wie konnte der Freund sie so hintergehen, wieso hatte Joana sich Ihnen nicht früher anvertraut? Fragen über Fragen, Schlaflosigkeit und Grübeleien. Wie würden die Vereinsmitglieder auf sie als Familie künftig reagieren? Sie mussten Gerds Frau über die Situation unterrichten und diese in Gerds Suizidbekundungen einweihen.

Joana erhielt schließlich umfassende Unterstützung: Die Eltern zeigten Mitgefühl und verzichteten auf Vorwürfe, Joanas Chef begrenzte Gerd strikt, drohte ihm mit Anzeige, Joanas Freundin stoppte ihre Einflussnahme und Joanas Vater informierte den Vereinsvorstand und einen Teil der Mitglieder, schrieb Gerd einen langen Brief und kündigte ihm seine Freundschaft. Joana kam regelmäßig einige Monate lang in die Beratung. Sie litt unter Schlafstörungen, Hautausschlag und an stressbedingten Atemproblemen. Sie fühlte sich von Gerd bedrängt, traute sich keinen Schritt nach draußen allein zu und wurde jeden Weg vom Vater chauffiert.

Die Eltern lasen alle Liebesbriefe, boten ihre Hilfe an, stritten viel miteinander, wollten, dass Joana keine Entscheidung ohne sie träfe. Ich erklärte den Eltern, dass Joana trotz allem eine Intimsphäre und eine Entscheidungsgewalt benötigte, um nicht einen totalen Kontrollverlust zu erleben. Die Krise würde sie reifen lassen und ihre Tochter müsste außerdem noch eine normale Trauerarbeit leisten, da sie zu Gerd anfangs eine frei gewählte Beziehung eingegangen wäre.

Mit Unterstützung gelang es, Joana vor Gerds Übergriffen abzuschirmen. Sie kam langsam zur Ruhe und zum Nachdenken und beschloss, Gerd einen Abschiedsbrief zu schreiben und ihre Sicht der Dinge zu formulieren. Mit der Zeit fasste Joana wieder Vertrauen in ihre eigenen Impulse und entwickelte Wünsche und Absichten. Gerd konnte trotz vielfacher Grenzen nicht klein beigeben.

Joana und ihre Eltern konsultierten einen Juristen und danach wurden eine Anzeige und ein Näherungsverbot vorbereitet. Joana fürchtete vorwurfsvolle Fragen der Polizei, des Jugendamts und letztlich des Richters. Das war ein guter Moment, um sich mit der eingegangenen Beziehung zu diesem älteren Mann, das hieß auch mit den eigenen Beweggründen, auseinanderzusetzen. Wir führten intensive Gespräche. Joana war keine Konfrontation meinerseits zu viel. Sie wollte es so, weil sie sich selbst besser kennenlernen und verstehen wollte. Ich bereitete sie auf mögliche Fragen der Behörden vor.

In allen drei Autoritätsinstitutionen traf Joana auf ältere Männer. Grund genug, um sich zu fürchten. Dennoch: Es gab nichts zu rechtfertigen, niemand durfte sie verurteilen, sie musste sich nicht klein fühlen noch sich entblößen, musste sich nicht in die Defensive drängen lassen. Es war Zeit für die ganz eigene Offensive. »Wir schaffen es, Joana! Du schaffst es! Beantworte nur die Fragen, die für dich Sinn machen. Diese Männer sollen ihrer Fürsorgepflicht nachkommen. Konfrontiere Sie mit deinen Forderungen. Mein Bericht wird dein Netz bei diesem Trapezakt sein!«, so schwor ich sie ein.

Joana siegte. Wir arbeiteten noch eine Weile weiter. Dann trat ein netter junger Mann in Joanas Leben. Nun schien alles so zu werden, wie es sich eigentlich gehörte.

6   Clara ... Die Sehnsüchtige
Wenn die Nähe fehlt

Als Natascha Kampusch entführt wurde, war Clara acht Jahre alt. Natascha war von einem fremden Mann auf ihrem morgendlichen Schulweg in einen Kleintransporter gezerrt worden. Dieses alptraumhafte Ereignis hatte Claras Mutter immer wieder in große Angst und Sorge um ihre beiden Kinder versetzt. Sie waren etwa im gleichen Alter wie dieses Wiener Schulkind.

Clara wurde von ihrer Dozentin geschickt. Sie studierte Journalistik und recherchierte zum Thema Prävention gegen Kindesmissbrauch. Da sich an manchen Tagen die Raumkapazitäten in unserer Beratungseinrichtung erschöpfen, saßen wir in einem hinteren Büroraum am Ende eines langen Ganges. Clara schien mir eine interessierte, freundliche junge Frau zu sein, die sich auf unser Treffen freute. Sie schien sich jedoch nicht wohl zu fühlen. Das Gespräch wurde immer wieder von langem Schweigen ihrerseits unterbrochen und schließlich sprang sie wortlos auf und lief davon.

Am nächsten Morgen meldete sich Clara mit einer Entschuldigung und wir vereinbarten einen zweiten Termin. Ich bat sie, in Ruhe ein wenig aus ihrem Leben zu erzählen. Clara berichtete, dass die Dozentin eine unglaublich sympathische Frau wäre, die sich für ihre Motive ihrer Abschlussarbeit interessierte. Clara hätte sich im Gespräch mit ihrer Lehrenden kaum konzentrieren können, da die Herzlichkeit und Wärme dieser Frau sie so fesselten. Diese hatte sie beim letzten Treffen sogar flüchtig umarmt, als sie sich bei Clara für ihre Verspätung entschuldigte. So, genauso fröhlich und unbeschwert, hätte sich Clara ihre eigene Mutter oft gewünscht.

Clara berichtete, dass sie Skrupel hatte, der Dozentin aufrichtig zu antworten. Auf meine vorsichtigen Nachfragen offenbarte sie mir, dass sie von einer Frau Übergriffe erlebt hätte. Das wäre alles kurz vor ihrem 18. Geburtstag passiert. Während Clara erzählte, schien sie in höchster Anspannung. Sie rang um jedes Wort und die roten Stressflecken an ihrem Hals mehrten sich. Danach floh sie wieder von unserem Gesprächsort.

Für die folgende Woche vereinbarten wir weitere Treffen. Clara war ihr Verhalten sehr peinlich. Ich antwortete ihr, dass ich wüsste, dass ihr Sprechen Schwerstarbeit wäre und sie sich nicht um mich kümmern müsste. Die Kinder, mit denen ich arbeitete, würden mir ihre Geschichte manchmal ins Ohr flüstern. Manche würden mir diese aufschreiben oder für immer für sich behalten.

Wir besprachen, was genau ihr Anliegen an mich war. War es ein theoretischer Input oder wollte sie über die Folgen des erlebten Übergriffs mit mir sprechen. Sie entschied sich für Letzteres. Ihre Abschlussarbeit war ohnehin fast fertig und ich bot ihr an, sie zu lesen. Die Dozentin hätte sie zu mir geschickt, weil sie sich nicht in eine therapeutische Beziehung mit Clara begeben wollte. Clara erlebte die Distanzierung ihrer Dozentin als schmerzliche Zurückweisung. Sie schwärmte für diese einfühlsame Frau und hatte sich direkt ein wenig in sie verliebt. Sie schrieben sich E-Mails. Clara hätte ihre Dozentin gern öfter getroffen und sich dabei ein paar Zuwendungen erhofft.

Natürlich wusste Clara, dass ihre Phantasien Purzelbäume schlugen. Und sie spürte, dass es Zeit war, sich mit den tieferen Beweggründen ihrer Sehnsüchte zu befassen. Clara war mit einem jüngeren Bruder, ihren Eltern und Großeltern in einem Haus am Stadtrand behütet aufgewachsen. Allerdings wüsste sie nicht, wie sie behütet verstehen sollte. Die Mutter wäre zwar zuhause gewesen und hätte ihre Kinder auch gut versorgt, aber Clara hätte sich stets so unverbunden gefühlt. Ich fragte nach. Sie berichtete, dass die Mutter sie eigentlich nie berührt hätte.

Sie hätte die meiste Zeit nach der Schule in ihrem Zimmer verbracht, Fernsehserien angeschaut oder sich für die Schule engagiert. Das Verhältnis zum Bruder wäre bis heute von Konkurrenz geprägt. Der Vater hätte sie schon umarmt, aber das wäre nicht das Gleiche. Erst in der letzten Zeit wäre ihr aufgefallen, dass es kein inniges Foto von ihr und ihrer Mutter gab. Auch heute fände kaum ein Körperkontakt zwischen ihnen statt. Wenn sie selbst die Mutter zur Begrüßung umarmte, hatte sie das Gefühl, ein Stück Holz zu umarmen. Es entstünde kein zärtlicher Kontakt. Früher hätte sie das gar nicht so bemerkt, es wäre ganz normal für sie gewesen. Heute wüsste sie, dass die Filme, die sie angeschaut hätte, das Vermisste zum Inhalt gehabt hätten: ein vertrauliches, intimes Verhältnis zur Mutter, Austausch, Ausgelassenheit, Gemeinsamkeiten, im Arm der Mutter einschlafen, Trost und Zuspruch, Gespräche über Ziele, Wünsche und Hoffnungen fürs eigene Leben oder über Enttäuschungen. Auch Erzählungen aus dem Leben der Mutter fehlten. Ich ermutigte Clara, über den langen Zeitraum der Therapie immer wieder, die Mutter nach deren Leben zu befragen. Die erhaltenen Informationen waren unbefriedigend. Ich bot zu einem späteren Zeitpunkt sogar an, die Mutter zu einem Termin einzuladen. Dazu kam es nicht.

Clara hatte einen Freund, den sie später auch heiratete. Die Liebe und die Vertrautheit waren groß. Das freute mich sehr für sie. Auch mit ihren Großmüttern suchte sie das Gespräch, um ein wenig mehr über Familienthemen und Schicksalsereignisse der Familie zu erfahren. Der eine noch lebende Großvater war ihr sehr zugetan. Für die Großeltern war ein Traum in Erfüllung gegangen, dass sie noch auf der Hochzeit ihrer Enkelin tanzen durften. Immer wieder machte ich Clara auf die Fülle ihrer eigenen wie familiären Ressourcen aufmerksam, weil sie diese gar nicht im Blick hatte.

Immer wieder ermutigte ich sie etwas Neues auszuprobieren, um überhaupt die Gelegenheit zu bekommen, neue Erfahrungen mit anderen Menschen machen zu können. Und ich hielt oft ihre Hand oder ließ sie ihren Kopf an meine Schulter legen, wenn sie sehr verzweifelt und von Einsamkeitsgefühlen überwältigt wurde. Ich erklärte Clara, dass es natürlich wäre, sich Zuwendung und Trost über körperliche Nähe zu wünschen. Jede Berührung, die ich Clara anbot, kündigte ich jedoch ausnahmslos an oder fragte sie dazu, da ich Berührungen nur selten und sehr gezielt als Intervention einsetze.

Manchmal erzählte ich Clara Geschichten von Tieren oder von Therapiekindern, um ihre Scham ein wenig zu mildern, wenn sie mit ihrem verhungerten inneren

Kind in Kontakt kam. Ich berichtete ihr einmal von einem Fohlen, das nach einer Operation in einer Tierklinik auf den Hänger verladen werden sollte, um es zurück auf den Reiterhof zu bringen. Da es sich vor dem Hänger fürchtete, stellte man eine Stute zu ihm. Auf diese Weise konnte das Jungtier die Stresssituation durchstehen.

Oft empfinden Menschen in Therapiesituationen Schamgefühle. Und zwar meistens dann, wenn bestimmte Gefühle oder moralische Verfehlungen aus ihrer Verhüllung ans Tageslicht kommen. Beim Erinnern von Situationen aus der Kindheit treten neben den sachlichen Inhalten eben auch die als Kind in der jeweiligen Situation empfundenen Gefühle von Eifersucht, Wut, Kränkung, Unversorgtsein oder Einsamkeit auf. Häufig schämen sich Menschen ihrer – konservierten – Empfindungen. Diese regelhaft in einer Psychotherapie auftretenden Prozesse verlangen nach Erläuterung und Ermutigung.

Unsere gemeinsame Bewusstseinsarbeit zog sich über Jahre hin. Immer wieder machten wir Pausen. Schöne Lebensereignisse wie Studienende, Heirat und Familiengründung verlangten eine Pause und Clara konnte spüren, wie ihre Persönlichkeit mit jedem neuen Lebensschritt reifte. Ich freute mich mit Clara über das schöne Gelingen ihres Lebens. Wir blieben in losem Kontakt.

Eines Tages rief Clara mich erneut an. Sie wollte mir endlich erzählen, was ihr damals genau passiert wäre. Da kannten wir uns bereits einige Jahre. Wieder tauchten an ihrem Hals die roten Stressflecken auf. Sie rang mit sich. Verstummte, drehte sich weg und schien abwesend, dissoziiert, und gleichzeitig hoch konzentriert. Sie hätte sich damals gynäkologisch untersuchen lassen wollen, jedoch immer große Angst vor der bevorstehenden vaginalen Untersuchung gehabt. Sie hätte sich schon im Vorfeld verkrampft und sich über sich selbst geärgert, weil dann die Untersuchung für die Ärztin quasi unmöglich wurde. Schon mehrere Male hätte sie Untersuchungen abgebrochen und in Folge die Praxis gewechselt – aus Scham.

Clara setzte ihren Bericht fort. Die neue jüngere Ärztin wäre sehr nett und geduldig mit ihr gewesen. Sie hätte sich für sie interessiert und ihr viel Physiologisches erklärt. So wäre sie zum zweiten Termin etwas entspannter gegangen. Aber als sie dann auf dem Behandlungsstuhl gelegen hätte, hätte sie sich wieder eng und verspannt gefühlt. Die Ärztin hätte sie gefragt, ob sie sie zur Entspannung ein bisschen streicheln dürfte. Clara hätte die Frage komisch gefunden, aber wenn es ihr helfen konnte, hätte sie es probieren wollen. Sie hätte die wohltuende Berührung genossen und sich ein wenig entspannen können. Dann wäre die Verkrampfung jedoch schnell zurückgekehrt. Daraufhin wäre die Ärztin ungeduldiger geworden. Sie hätte demonstrativ tief durchgeatmet und hätte sie angeherrscht: Sie sollte endlich loslassen, damit sie die Untersuchung durchführen könnte.

Clara erinnerte sich, dass sie in dem Moment aufstehen und aus der Situation – wie so oft vorher schon – fliehen wollte. Da hätte sie die warmen Hände der Ärztin an den Innenflächen ihrer Oberschenkel gespürt. Sie hätte sich gewundert und nicht fassen können, was sich im nächsten Moment ereignete: Die Hand der Behandelnden wanderte an ihre Scheide und massierte sie. Dann drang die Ärztin mit dem Finger ein. Mit der anderen Hand streichelte sie Claras Bauch und begann, Clara mit sexuell gefärbten Abwertungen zu beschimpfen, entblößte sich und verlangte von Clara, sie auch vaginal zu berühren. Clara glaubte sich in einem Alptraum, tat jedoch wie ihr befohlen. Schließlich hätte sie bitterlich geweint und geschluchzt und weitere brutale Übergriffe und verbale Herabwürdigungen erfahren. An dieser Stelle begann ich nochmal nach Literatur zum sexuellen Missbrauch von Frauen zu recherchieren und fand eine Broschüre mit dem Titel »An eine Frau hätte ich nie gedacht...!« (Braun, 2008) So wird es Clara wohl auch ergangen sein.

Nach unendlichen Minuten wäre sie aus der Gemeinschaftspraxis geflohen. Draußen auf der Straße wäre sie wie benommen gewesen und hätte einen Weinkrampf bekommen. Wie sie an diesem Tag heim gekommen wäre, wüsste sie nicht mehr. Am nächsten Morgen wäre sie zur Schule gegangen, als wäre nichts geschehen. Sie hätte sich niemandem anvertraut. Clara hätte sich unendlich schmutzig und mitschuldig gefühlt.

Clara hielt durch, sie schaffte es, mir die Geschichte in einem Durchgang zu erzählen, lief nicht fort, aber schämte sich abgrundtief. Sie konnte mich nicht anschauen. Ich fühlte mit ihr. Natürlich wusste ich, dass auch Frauen missbrauchen, aber so eine Geschichte hatte ich auch noch nicht gehört. Meistens hatte ich während all der Jahre Lehrer, Manager, Trainer, Chorleiter und Geistliche als Täter kennengelernt. Und nun eine Gynäkologin.

Bis Clara über das Unsagbare sprechen konnte, waren Jahre vergangen. Ich spürte, dass sie von mir nicht gleich etwas hören wollte. Mir hatte es ohnehin die Sprache verschlagen. Ich sagte nichts, schwieg mit ihr. Sie fühlte sich als Mitmacherin. Lange erlaubte sie mir nicht, über die Ärztin und deren gemeine Übergriffe zu urteilen. Clara hegte die Überzeugung der Mittäterschaft. Das hieß, sie sah sich als Aktive. Das barg einen Vorteil. So ersparte sie sich, sich ganz und gar als Ausgelieferte, als Opfer, zu begreifen. Auf gar keinen Fall! Lieber wertete sie sich als Widerling ab, der bestraft gehörte. Deshalb hatte sie begonnen, sich selbst zu verletzen, wenn ihre Einsamkeit oder ihr Selbsthass eine unerträgliche Spannung in ihr aufbauten. Ein weiteres Tabu, das zu ihr gehörte und das sie vor aller Augen verbarg. Weil sie sich durch ihr Mittun schuldig fühlte, brach sie den Stab über sich selbst. Sie richtete sich selbst und konnte kein Mitgefühl ertragen. Damit saß sie in der moralischen Seelenklemme.

Es vergingen Jahre intensiven therapeutischen Handelns. Mit der Zeit wurde ihre Abwehr kleiner, ihr innerer Richter gnädiger und ich durfte ihre Hand zum Trost halten. Ich spürte ihr großes Bedürfnis nach Gehaltenwerden und körperlicher Nähe. Aber ich wollte unbedingt klare und unverrückbare Grenzen halten und benennen. Sie dürfte sich Nähe wünschen, ich jedoch wäre dafür verantwortlich, dass es zu keinerlei Verführungen oder Übergriffen kommen konnte. Ich spürte ihre Hingabebereitschaft. So wie man sie bei kleinen Kindern erlebt, die sich wohlfühlen und sich auf die Körper ihrer Eltern werfen, in der Gewissheit, dass es bei einem leiblichen Vergnügen bliebe.

Clara lernte mit der Zeit, sich zu spüren, ihre verschiedensten Bedürfnisse wahrzunehmen, zu äußern und zu teilen. Sie lernte auch, Enttäuschungen hinzunehmen und zu verarbeiten, ohne sich zu bestrafen oder sich etwas anzutun. Und sie verstand, wie sehr ihr seelischer Mangel sie schließlich bis zu dem Übergriff geführt hatte. Diese Erkenntnis war für sie sehr schmerzlich, aber auch befreiend.

Über ihre Selbstverletzungen wollte Clara nie sprechen. Ich durfte das Wort nicht aussprechen und mich nicht danach erkundigen. Aber ab und an berichtete sie selbst schamvoll davon, wie sie, wenn sie nicht schlafen könnte, ins Bad ginge, sich schnitt oder anders wehtat, weil sie sich so allein fühlte. Und dass sich ihr dabei immer und immer wieder die inneren Bilder von den Missbrauchsszenen auf dem Gynäkologenstuhl aufdrängten. In solchen Momenten konnte sie dem Identitäts- und Selbstkontrollverlust nur mit einem weiteren Kontrollverlust, nämlich der Selbstschädigung, Herr werden. In diesen Zuständen schien sich ihr eigenes Ich quasi aufzulösen, es wurde von Ängsten überflutet und suchte Halt. Die Selbstverletzung stellte eine Art »Selbstheilung« eines seelischen Ausnahmezustandes dar, so wie das Alkoholtrinken einen Problemlöseversuch für den Alkoholiker darstellt.

Zur Therapie gehört selbstverständlich auch das Sprechen über Claras ganz normalen Alltag, über gesellschaftliche Ereignisse oder Urlaubserfahrungen. So verankerten wir uns in der Jetzt-Realität und die Atmosphäre unserer gemeinsamen Stunden wurde dann manchmal auch leicht, humorvoll und unverfänglich. Manchmal schien sich Clara nur mit größter Mühe in die Stunde zu schleppen oder sie kam bereits in einem dissoziierten Zustand, konnte dann kaum sprechen. Immerhin konnte jeder Weg in die Therapiestunde ein Stressauslöser und Trigger für den erfahrenen Missbrauch sein: Therapiestunde gleich Missbrauch. Manchmal verhielt es sich in ihrem Empfinden genau andersherum: Therapiestunde gleich Hilfe und Trost. Dann bat mich Clara vielleicht darum, ihr etwas aus meinem Leben zu erzählen. Es ging darum, sich im Augenblick sicher zu fühlen. Sie fürchtete, immer wieder von einer Traumaerinnerung in die große Hilflosigkeit weggerissen zu werden. Manchmal half es ihr, einfach das Thema zu wechseln. In schwierigen Momenten – bevor eine Dissoziation drohte – leitete ich sie an, aufzustehen, aus dem Fenster zu sehen, einen Schluck Wasser zu trinken oder meinen Händedruck zu spüren.

Eines Tages war es soweit! Ganz entschlossen und kraftvoll forderte mich Clara auf: »Heute machen wir das, was sie mir einmal vorschlugen: Wir führen ein Gespräch mit verteilten Rollen. Ich übernehme den Part der Ärztin und Sie, Frau Osten, sprechen für mich.« Oft schon, sehr oft, hatte sie in sich die hämisch triumphierende Stimme der Ärztin gehört und hatte in ihrem inneren Zwiegespräch keine rechte Antwort finden können. So wirkte der fiese Übergriff in ewigen Wiederholungen in ihren Gedanken und Gefühlen weiter. Clara konnte sich nicht verteidigen, weil sie sich eine Mitschuld gab.

Die Ärztin, deren Part Clara übernahm, begann:
> »Sie wissen schon, dass Sie selbst an allem schuld sind. Hätten Sie sich nicht so albern angestellt, hätte ich keine Entspannungsübungen mit Ihnen machen müssen.«

Ich antwortete als Clara mit kraftvoller Stimme:
> »Sie sind ja wohl ganz perfide, mir die Verantwortung für ihre brutalen Übergriffe zuschieben zu wollen. Sie sind keine Ärztin, Sie sind eine Peinigerin.«

Die Ärztin überheblich:
> »Jetzt übertreiben Sie mal nicht, Sie haben auf mich einen Übergriff gestartet, während ich noch versuchte über Entspannungsmaßnahmen sie zu beruhigen.«

Ich sprach noch entschlossener:
»Ihnen müsste man die Approbation entziehen und Sie anzeigen! Sie können Ihre Maske ablegen. Sicher war ich nicht das erste Opfer, das Sie überwältigt haben. Ich empfinde nur Abscheu vor Ihnen.«
Die Ärztin schon etwas kleinlauter:
»Ach, was weißt du denn schon. Du weißt gar nichts. Was regst du dich auf, du kleines Arschloch. Du kannst mir gar nichts!«
Ich als Clara:
»Ich vermute, Sie sind vermutlich selbst missbraucht worden. Aber das ist noch lange kein Grund, Patienten zu vergewaltigen. Ich habe bereits alles haarklein für eine Anzeige aufgeschrieben und habe mich anwaltlich beraten lassen. Ich weiß jetzt, dass ich noch zehn Jahre Zeit habe, Sie ins Gefängnis zu bringen.«
Die Ärztin machte eine abwertende Handbewegung und rief aus:
»Ach!«
Ich: »Ich lasse mir die Realität nicht mehr von Ihnen verdrehen. Mir reicht es, ich erinnere mich genau an das, was geschehen ist. Und hiermit ist unser Gespräch zu Ende.«

Clara lächelte erschöpft und zufrieden. Mich beeindruckte, dass Clara es zuließ, dass ich die Ärztin wirklich für alles Geschehene ganz verantwortlich machen durfte. Damit hatte sie zugelassen, dass die Verantwortung nicht bei ihr lag und sie sich somit weniger hassen musste. Das war ein großer Durchbruch, nach über sieben Jahren. Clara hatte meine Autorität neben die übermächtige Autorität der Ärztin gestellt. Wenn sie nun nächstens aufwachte, fielen ihr meine Argumente und meine Stimme ein und sie könnte einen anderen als den unterlegenen Dialog führen.

Nun blieb uns noch das Thema der Selbstverletzung. Ich bat sie, ein Codewort zu finden. Sie sagte: »SV« Ich explorierte gemeinsam mit Clara, welche Auslöser oder Anlässe sie von sich kannte, bevor sie zur Tat schritt. Ich holte ein großes Blatt Papier, schrieb ins Zentrum SV und wartete auf ihre Antworten. Ihr fielen zahlreiche Situationen ein: wenn sie sich ganz allein und verlassen fühlte, wenn ich im Urlaub war, wenn sie nachts an die Ärztin dachte und aus dem Grübeln nicht mehr rauskam, wenn sie sich in unlösbaren Konflikten wähnte, nach der Zurückweisung der Dozentin.

Angefangen hatte es bereits in ihrer Jugend. Ihrer Mutter hatte sie sich nie anvertraut, sie hatte es einfach nicht gelernt, Gefühle zu teilen und sich in Bedrängnis Unterstützung zu holen. Auch wenn ihr Bruder sie aus einer pubertären Laune heraus herabwürdigte, wusste sie sich nicht zu helfen. Sie fürchtete, ihr Bruder könnte richtig liegen, nämlich damit, dass sie nicht liebenswert wäre, weil sie weder eine gute Schülerin noch eine gute Sportlerin war. Clara fehlte es an Verteidigungs- und Selbstbehauptungsimpulsen.

Inzwischen hatte Clara eine kleine Tochter bekommen. An ihr konnte sie gut beobachten und spüren, was kindliche Bedürfnisse sind und wie sehr Kinder versuchen, diese durchzusetzen. Das gleiche gilt auch für Abgrenzungsimpulse, die Kinder zeigen: Sie wollen nicht mehr trinken, sie wollen etwas allein durchführen oder die Eltern sollen sich entfernen.

Inzwischen kannte ich Clara schon fast acht Jahre. Es wurde Zeit, sich zu verabschieden. Clara sah das genauso. Es ging ihr viel besser. Wir vereinbarten noch einige Termine in großen Abständen. Einzig die Lebensgeschichte ihrer Mutter blieb unangetastet. Sie mochte sie nicht befragen. Während all der Jahre fragte ich mich, welche Formen von Grenzverletzungen wohl Claras Mutter erlebt haben mochte. Durch was sie so »verkapselte«, was Claras Mutter wohl für nächtliche Kommentare oder Szenen wälzte. Warum konnte sie nicht in eine Gefühlsbeziehung zu ihren Kindern gehen?

Auf jeden Fall hatte das Thema der Verfügungsgewalt an Natascha Kampusch Claras Mutter berührt. Statt mit ihren Kindern und ihrem Mann über ihre Ängste und mögliche Vorsichtsmaßnahmen für ihr Kinder zu sprechen, hatte sie eine wortlose Variante gewählt und ihre Kinder wie Gegenstände in ihren Kinderzimmern in eine vermeintliche Sicherheit gebracht. Sie war nicht in der Lage gewesen, ihren Töchtern mütterliche Bindung und Zärtlichkeit zu schenken und ihnen Sicherheit und Selbstvertrauen zu geben. Dennoch: Für Clara war das Leben viel heller und auch spannender geworden. Und bald würde sie ihr zweites Kind erwarten. Ihre Vorfreude war groß.

7 Ella … Die schlagende Fee überlebt Inzest und Kinderprostitution oder die Gerichte sind unabhängig

Das gefährlichste Tier im Kindertherapiezimmer ist der graue Wolf. Mit seinem zerrupften Fell, den listigen Augen und seinen großen Eckzähnen schaut er angsteinflößend aus. Ella schlüpft mit einer Hand in diese große Handpuppe und attackiert mich. Der Überraschungsangriff ist ihr gelungen in unserer ersten Stunde. Sie kann gar nicht aufhören mich zu verfolgen, zu beißen, anzubrüllen, mich zu bedrohen und zu bestürmen. Sie lässt mich nicht aus, sie akzeptiert kein Stopp. Ich schaffe mir mit Not ein kleines sicheres Eck im Raum. Aber nur für kurze Zeit, dann folgen weitere Angriffswellen, bis ich atemlos ein lautes Ende und Aus einfordere. So könnte ich unsere erste Begegnung zusammenfassen.

Nie war ich in der ersten Therapiestunde so angegangen worden. Nie erlebte ich solch einen heftigen Übergriff auf mich. Ich hatte mich Ella weder vorstellen noch hatte ich ihr die Spielregeln erklären können. Unser Beziehungsbeginn war eine Sturzgeburt. Als würde mein neues Therapiekind sagen: »Also, ich hab's eilig, ich hab's nötig und im Übrigen bin ich Ella!«

Ella war eine blonde Pippi Langstrumpf – blitzgescheit, schnell wie der Wind, ein tanzender Derwisch und ein zarter Flamingo zugleich. Diese Erstklässlerin hatte es in sich. Sie malte, schrieb und rechnete fast schon wie eine Zweitklässlerin. Eigentlich wollte Ella nicht viel sprechen, eher toben, kämpfen, mich in die Enge treiben. Ich zeigte ihr mein Leid, weinte, kämpfte, zappelte und kündigte an, dass ich nicht mehr mitmachte, wenn ich getötet werden sollte. Sie versprach, der Wolf würde freundlicher sein. Nichts da! Wieder folgten Angriffe. Ich rief die Polizei und sperrte den Wolf in ein Verlies. Aber ich hatte keine Chance. Viele Stunden versuchte ich zu überleben. »Der Wolf braucht einen Tierarzt und der soll dann entscheiden, ob es eine Medizin gibt oder ob das wilde, gefährliche Tier eingeschläfert werden muss«, versuchte ich aufzutrumpfen.

Natürlich konnte diese Intervention, die Idee der Einschläferung, für das Kind eine Bedrohung darstellen. Manchmal muss ich eine therapeutische Intervention wagen, um die Reaktion des Kindes als Orientierung zu nutzen oder um meinen Kurs zu korrigieren oder um mich zu entschuldigen. Ella versuchte als Tierärztin den Wolf mit Medizin zu heilen und versicherte mir, dass sich das Raubtier sicher bessern würde. Schließlich wurde jedoch auch die Tierärztin von ihrem Patienten gebissen. Das Tier hatte seine Chance nicht genutzt. Jetzt reichte es auch der Ärztin. Der Wolf bekam Wäscheklammern ins Fell, damit er spürte, was Schmerzen sind. Schließlich schlug Ella auf ihn ein, warf ihn auf den Boden und trat nach ihm. Sie befahl mir, gemeinsam mit ihr aus voller Kraft auf den bösen Wolff zu springen. Immer wieder. Er sollte seinen »Garaus« bekommen.

Hatte ich ihr mit meiner Erwägung der »Einschläferung« die »Lizenz zum Töten« gegeben? Handelte Ellas Geschichte von einem Tyrannen, dessen Ermordung aufgrund seiner Gräueltaten legitim war? Wochenlang wiederholten sich diese Angriffs- und Befreiungsszenarien. Zwischendrin malten und spielten wir. Um die Weihnachtszeit bot ich Ella Fingerfarben an. Sie wollte, dass wir beide am Boden sitzend gemeinsam malten. Ella genoss es, alle Farben auf ihren Händen zu vermischen und zwischen ihre Finger zu quetschen. Momente der Ruhe und Erholung.

In der zweiten Stunde ließ ich sie ein Selbstbildnis von sich anfertigen: ein liebes kleines Mädchen mit einer kleinen Sprechblase am Mund. In der stand ein kleines »bee«, also »Bääh«. Auf meine Frage, wie es dem Mädchen ginge, antwortete Ella: »Gut«. Ich sagte ihr, dass das Mädchen »Bääh« sagt und »Bääh« hieße, dass es irgendetwas wohl nicht mochte. Ella antwortete nur mit Ja. Nichts weiter.

Ich hatte von meinem Kollegen erfahren, dass es um das Thema sexueller Übergriffe ginge. Dafür war das kleine »Bääh«' nur eine sehr vorsichtige Andeutung. Aber es war da. Ich fragte sie, ob sie mir mal das »Bääh« vorsprechen würde. Sie tat es ganz leise. Ich machte ihr ein paar andere »Bäähs« oder »Bääääähhhs« in unterschiedlichen Lautstärken vor. Ella musste lachen und probierte es auch mal. Sollte das eine Therapie und die Frau eine Therapeutin sein, wenn es um »Bäähs« ging?

Ich hatte erfahren, dass Ella von Ihrem Vater und zwei ihr unbekannten Männern missbraucht worden war. Der Vater hatte nach der Trennung im Rahmen seines Umgangs begonnen, Ella seelisch, körperlich und sexuell auszubeuten. Beispielsweise forderte er sie auf, nackt zu tanzen oder sich selbst an ihrer Scheide zu berühren. Diese Situationen filmte er oder machte Fotos davon. Er zwang sie zu oralen und genitalen Handlungen. Ellas Bruder erhielt ein Schlafmittel, damit er nicht Zeuge werden konnte. Über ein Jahr hatten die Kinder geschwiegen, weil der Vater ihnen gedroht hatte, sie und die Mutter zu töten. Der Bruder wurde körperlich misshandelt und eingeschüchtert. Es blieb offen, ob der Vater zu einem Pädophilenring gehörte und das Filmmaterial verkaufte. Immerhin brauchte er viel Geld zur Begleichung seiner Schulden, die er beim Glücksspiel machte.

Die Kinder hatten sich in dem Jahr Stück für Stück verändert. Sie waren schreckhafter und ängstlicher geworden und beide wollten bei Licht oder bei der Mutter schlafen. Ella war fürchterlich dünn geworden und hatte jeglichen Appetit verloren. Oft bedrängte sie ihren älteren Bruder mit erotischen Tanzszenen oder masturbierte vor ihm. Er ekelte sich sehr vor den Übergriffen seiner Schwester. Gelegentlich zog Ella sich aus und schmierte ihr Scheidensekret an Türrahmen oder versuchte es der Mutter in die Haare zu wischen. Diese grauenhaften Szenen waren Zeichen und Zeugen völliger Entgrenzung und zeigten, dass alle gelernten Regeln zu Intimität und Anstand sich angesichts erlebter Vergewaltigungen auflösten, einfach nicht mehr bestanden. All diese Entgrenzungen traten häufig gepaart mit Schreien und Um-sich-Schlagen auf und belasteten die ganze Familie sehr. Ich verstand Ellas Verhalten als ein in Szenesetzen von Erlebtem – ein Wiederholen, also eine Reinszenierung.

Die Mutter hatte den Vater und die unbekannten Männer angezeigt und das Jugendamt in Kenntnis gesetzt. Und sie hatte einen Antrag auf Umgangsaussetzung für den Vater beim Familiengericht gestellt. Ella wurde daraufhin mehrfach befragt. Sie dürfte keinesfalls lügen, hatten die Fragenden sie stets belehrt. Sie sollte sich gut überlegen, ob sie ihren Vater belasten wollte. Ob sie auch ganz sicher wäre, schärften die Befragenden ihr ein.

In den folgenden zwei Jahren wurde Ella von zwei Polizistinnen, drei Gutachterinnen und zwei Richtern befragt und beurteilt. Sie gab ihr Bestes, versuchte sich zu erinnern und schämte sich sehr. Manchmal verstand sie die Fragen gar nicht, schließlich war sie ja anfänglich erst fünf Jahre alt. Ella kannte noch kein Datum und ihr fehlte noch ein verlässliches Verhältnis zurzeit. Die fragenden Erwachsenen schauten manchmal ungläubig und Ella verstand nicht, warum sie alles immer wieder erzählen sollte. Es war schrecklich mit anzuschauen.

Am meisten Angst hatte sie davor, dass sie wieder zum Vater, den sie nur noch beim Vornamen nannte, gehen müsste oder dass der Vater seine Drohungen umsetzen könnte. Ella wollte keine Freundinnen mehr besuchen, sie lebte in ständiger Angst. Am sichersten fühlte sie sich bei ihrer Mutter. Die brachte sie bis zur Schule und holte sie wieder ab.

Bedauerlicherweise lernte ich Ella erst nach all den Prozeduren kennen. Deswegen hatte ich sie auch nicht emotional unterstützen und nicht auf die Befragungen vorbereiten können. Ich hatte Ella nie nach den Übergriffen gefragt. Ich sagte ihr lediglich, dass ich von ihrer Mutter und einem Kollegen wüsste, warum sie zu mir käme. Später erzählte sie mir immer wieder spontan von einzelnen Details. Es blieb ein Kraftakt über das Schlimme zu sprechen. Jedes Mal musste sie dabei ihre abgrundtiefe Scham überwinden und sich mit ihren blutenden seelischen Wunden konfrontieren.

Jedes kleine Mädchen möchte schön und stark sein und sich wie eine Prinzessin fühlen. Das ist dann möglich, wenn sich das Kind in seiner Ganzheit unversehrt erleben kann und Freude und Kraft ganz selbstverständlich zirkulieren. Bei Ella war das nicht der Fall. Als sie das schöne Prinzessinnenkleid in der Verkleidungskiste entdeckte, sagte sie nur: »Bäh!« Stattdessen wählte sie die Polizeiuniform und steckte sich ein Schwert hinter den Gürtel. Sie wollte wehrhaft sein. Demonstrativ schlug Ella einige Male aufs Sofa. Es waren heftige Hiebe.

Nach einem halben Jahr Therapie sollte ich auf Wunsch des Jugendamts einen ausführlichen Bericht über die Ergebnisse aus der Kindertherapie fürs Familiengericht verfassen. Ellas Angelegenheiten beschäftigten zwei Gerichte: das Familiengericht und das Strafgericht. Beide Gerichte agieren in einem demokratischen Staat unabhängig voneinander. Das bedeutete in Ellas Fall eben, dass jedes Gericht seine eigenen Sachverständigen ernannte. Ellas Glaubhaftigkeit wurde zunächst von der Sachverständigen des Familiengerichts geprüft. Danach wurde die psychische Gesundheit von Ellas Eltern von einem Psychiater beurteilt. Es folgte ein familienpsychologisches Gutachten, das die Familie in Interaktionen bewerten und die allgemeine Erziehungsfähigkeit der Eltern prüfen sollte. Das Strafgericht bestellte seinerseits eine Sachverständige, um Ellas Schilderungen über den vermeintlichen Missbrauch, ihre Intelligenz, ihr Entwicklungsniveau und ihre Glaubhaftigkeit zu untersuchen. Jede einzelne Begutachtung dauert Stunden und kann sich über lange Wochen hinziehen. Und häufig müssen die Eltern Tausende von Euros für die Gutachten bezahlen.

Da Ella noch zu klein war, konnte sie die Kriterien, die an die Glaubhaftigkeit ihrer Aussagen gestellt werden, nicht erfüllen. Das schafft kein Kind. Beim letzten

Gutachten war Ella schon zwei Jahre älter und ihre Ergebnisse fielen erwartungsgemäß besser aus. Dennoch: Man halte sich nur mal vor Augen, was ein Abstand von zwei Jahren bei einem Kleinkind ausmacht. Es handelt sich im Verhältnis gesehen um die Hälfte oder ein Drittel seines Lebens. Und was kann ein Kleinkind über einen Missbrauch, den es mit vier Jahren erlebte zwei Jahre später noch aussagen? Wie gerecht kann so ein Ergebnis überhaupt sein?

Nicht selten unterstellt man den Müttern, ihre Kinder mit negativen Erzählungen über den Vater manipuliert zu haben. Denn wie sonst sollte ein Kind auf so unglaubliche Schilderungen mit pornographischem Charakter kommen. Für viele Mütter wirkt diese Annahme wie eine Unterstellung, wie ein Kurzschluss, der zusätzlich belastet. Dabei sind die Anforderungen für Elternteile in solch einer Familienkrise immens: Die schwer belasteten oder traumatisierten Kinder benötigen Halt, das materielle Überleben muss gesichert und die Manipulationsvorwürfe wollen ausgeräumt werden.

Die unzureichende Aussagequalität jüngerer Kinder ermöglicht beschuldigten Männern bei ihrer Verleugnung zu verbleiben und ihr Umgangsrecht wieder einzufordern. Manch ein beschuldigter Vater stellt den Antrag auf Kindesumgang beim Familiengericht auch nur deshalb, um sein Gesicht vor den Seinen zu wahren und sich als freigesprochen zu präsentieren.

Ella hatte »Glück«, denn die Strafrichterin wählte zur letzten Glaubhaftigkeitsprüfung eine in der Begutachtung von Kindern erfahrene Koryphäe aus. Eigentlich hatte Ella sich vorgenommen, niemandem mehr etwas von den ekligen Sachen mit dem Vater zu erzählen, aber diese Frau erwies sich als viel »netter›' als alle anderen. Die neue Sachverständige ließ Ella und ihrem Bruder viel Zeit und erzeugte keinen Druck. Zu ihr hatten sie Vertrauen. Sie durften erstmal spielen, Kinderbücher anschauen und danach absolvierten sie interessante Tests und kneteten Tiere. Schließlich antwortete Ella doch nochmal auf alle Fragen.

Die neuen Ergebnisse beeindruckten und überzeugten die Strafrichterin. Aus dem neuen Gutachten war herauszulesen, dass der Vater Ella tatsächlich missbraucht hatte und sie die Wahrheit gesagt hatte. Allerdings hatten die Angaben des kleinen Mädchens nicht für eine strafrechtliche Verurteilung des Vaters gereicht. Ich wünschte, dass auch das Familiengericht Einblick in das neue Gutachten nehmen könnte. Es dauerte Monate. Erst als die Anwälte der Mutter eine Kopie des Gutachtens in Händen hatten, konnte sie eine solche auch dem Familiengericht zuspielen.

In den Elterngesprächen mit der Mutter erkundigte ich mich nach ihrer persönlichen Sicht auf ihren Ex-Mann. Sie berichtete, dass sie sich früher nur schwer durchsetzen konnte. Schon bald nach der Hochzeit hätte sie gemerkt, dass ihr Mann viele Geheimnisse hatte und immer wieder Schulden machte. Er hätte verschiedene Kredite aufgenommen, um die Schulden zu tilgen. Darauf wäre sie zufällig gestoßen. Er hätte ihr dann endlich seine Spielsucht gebeichtet. Um ein Haar hätten sie auch ihr Elternhaus, in dem sie wohnten, verloren. Sie wüsste, dass Ihr Ex-Mann trotz seines guten Gehalts als Manager noch hohe Schulden abzutragen hätte. Sie wäre froh über die eheliche Trennung. Das Leid der Kinder machte ihr allerdings sehr zu schaffen und sie machte sich furchtbare Vorwürfe.

Ich hielt Ellas Mutter für glaubwürdig. Stets hatte sie unsere Termine verlässlich eingehalten. Sie schien eine korrekte Person und feinfühlige Mutter zu sein. Ich fühlte mich im Kontakt zu ihr nie manipuliert oder benutzt. Deshalb half ich ihr und ihren Kindern gern. Dabei versuchte ich sie durch das Labyrinth von Jugendhilfe und Justiz zu begleiten. Irgendwann meldete sich der Vater bei mir, wollte mich und unsere Einrichtung kennenlernen. Der Anruf wäre ihm nicht leicht gefallen, weil er sich durch den Bericht meiner Kollegin, die Ellas Buder unterstützte, als Kinderschänder abgestempelt empfand. Mein Bericht wäre lediglich eine Beschreibung der Themen der Kindertherapie und des Gemütszustandes seines Kindes, warf ich ein. Ja, das müsste er mir zugutehalten. Wir vereinbarten ein Treffen.

Ellas Vater kam im blauen Anzug mit weißem Hemd, ganz offiziell gekleidet, in Begleitung eines Freundes. Selbstverständlich trat ich ihm mit Respekt gegenüber und mit der inneren Haltung, dass ich nicht am Missbrauchsgeschehen zweifelte. Ich hatte mich auf einen schwierigen verbalen Schlagabtausch und Vorwürfe seinerseits eingestellt. Zum Teil passierte es auch genauso.

Aber der größere Teil unseres Gesprächs zeigte seine Nervosität und Unsicherheit. Manchmal stotterte Ellas Vater sogar und geriet in Erregung. Dann wieder rutschte er immer tiefer in den Beratungssessel, er schien fast zu liegen und rang nach Luft. Seine nonverbalen Mitteilungen offenbarten eine ganz andere, sehr unsichere Seite des sogenannten harten Kerls. Ohne Worte schien er unterlegen. Und seinen Worten misstraute ich. Meiner Einschätzung nach belog er mich. Er spürte den Widerstand, den ich ihm bot. Mich konnte er nicht einschüchtern wie zuvor die Kollegin im Jugendamt. Eigentlich war er wohl auch gekommen, um zu prüfen, mit wem er es in meiner Person zu tun hätte. Aber ich stand fest auf dem Fundament meiner Erfahrung und vor allem auf dem Fundament der evidenten Inszenierungen seiner Tochter und deren Leid.

Sein Freund blieb höflicher Beobachter. Zum Ende unseres Gesprächs berichtete ich Ellas Vater, dass es seiner Tochter nicht gutgehe. Dass sie unter starken Ängsten litt und ihn als Übeltäter erlebt hätte, den sie auf keinen Fall sehen wollte. Genauso ginge es seinem Sohn. Als Ellas Vater gegangen war, musste ich an einen eindrücklichen Ausspruch von Anton Tschechow denken: »Die Blattlaus vernichtet die Pflanzen, der Rost Metall und die Lüge die Seele.«

In seinem tiefsten Inneren musste der Vater wissen, dass es nicht gut um ihn stand, er musste sich zwei inzwischen glaubhaften Kindern gegenüber wissen. Und diese konnten ihn noch viele Jahre vor den Richter zerren. Später erfuhr ich, dass der Vater für viel Geld ein Gegengutachten zum letzten Gutachten in Auftrag gegeben hatte. Offenbar war es ihm doch mulmig geworden. Er ließ seinen Gutachter nach Formfehlern suchen und diese ausführlichst »aufblasen«.

Schon bald nach unserem Gespräch schickte Ellas Vater einen Mann zu Ella an die Schule. Trotz des mütterlichen Transports hatte sich der Unbekannte Zutritt zur Schule verschafft. Ella hatte der Mutter erst nach Tagen davon erzählt. Sie hätte den ganz in schwarz gekleideten Mann wiedererkannt. Er wäre manchmal bei den Übergriffen dabei gewesen. An der Schultür hatte er ihr gedroht, sie sollte alles zurücknehmen, sonst würde etwas Schlimmes passieren. Vielleicht würde ihre Katze überfahren werden. Ich konnte nicht glauben, was ich von Ella und ihrer Mutter in der darauf folgenden Therapiestunde hörte. Was nahmen sich diese Männer heraus!

Ellas Mutter entschied, diesen Vorfall nicht dem Jugendamt mitzuteilen. Sie fürchtete, dass man ihr ohnehin nicht glaubte. Ellas Ängste und Panikattacken hatten sich wieder verschärft. Danach entschied Ellas Mutter ihre Tochter direkt bis zum Klassenzimmer zu begleiten. Mein Mitgefühl war riesengroß für Ella und ihre Familie. Was könnte ich noch für sie tun?

Nach Wochen meldete sich Ellas Vater nochmal telefonisch. Er hätte sich dazu entschieden, dass seine Kinder nicht mehr zur Therapie in unsere Einrichtung kommen sollten. Das wäre sein Recht und er hielte uns nicht für neutral genug und deswegen für nicht kompetent genug. Die Kinder sollten neue Therapeuten bekommen. Ich bat ihn, seine Absicht nochmal zu überdenken, da ein Therapieabbruch nicht sinnvoll wäre und er könnte sicher sein, dass die nachfolgenden KollegInnen auch die Vorgeschichte berücksichtigen würden. Ich wusste, dass er aufgrund seines noch bestehenden Sorgerechts seine Therapiezusage verweigern und Ellas therapeutischen Prozess abbrechen konnte.

Diese rechtliche Situation wird so manchem absurd vorkommen, aber ein sorgeberechtigter Vater verfügt solange über sein Sorgerecht, solange man ihm nicht eine Gefährdung des Kindeswohls nachweisen kann. Ellas Vater nutzte seinen Joker, verbot die Fortsetzung der Therapie und triumphierte.

Die Monate vergingen. Ellas Vater stellte allerdings keinen Antrag auf Kindesumgang, da er wusste, dass trotz seines Gegengutachtens die Familienrichterin davon ausging, dass seine Weste nicht so weiß war, wie er alle glauben machen wollte. Deshalb bat er die Mutter zu einem außergerichtlichen Kompromissgespräch an einem öffentlichen Ort. Die Mutter nahm ihren Anwalt dorthin mit. Der Deal hätte darin bestehen sollen, dass der Vater zum Wohle der Kinder von seinen Umgang zurückträte und die Mutter im Gegenzug auf die Hälfte ihres Kindesunterhalts verzichtete. Sie hätte sich darauf eingelassen, aber schließlich war er kurzfristig von diesem Handel wieder zurückgetreten.

Nicht selten ziehen sich die Befragungen, Gutachten, Ermittlungen, Anhörungen bei Gericht, Unterhalts- und Trennungsverhandlungen, Mediationen und Gütertermine über mehrere Jahre hin. Alle Beteiligten leben während dieser Zeit in einer Ausnahmesituation. So war es auch in Ellas Familie. Häufig ist die Familienatmosphäre von Aufregungen und Ängsten geprägt. Da kann es vorkommen, dass die Kinder mit ihren Bedürfnissen und ihrem Leid aus dem Blickfeld geraten. Auch das ist ein Dilemma! Ella und ihr Bruder hatten Glück im Unglück. Sie wurden von ihrer Mutter und deren neuem Partner sowie von Tanten und Onkeln gut versorgt. Ella und ihr Bruder erhielten viel Liebe, Fürsorge und Unterstützung. Die ganze Familie versuchte, den Kindern nach den alptraumhaften Erlebnissen Sicherheit zu vermitteln. Manchmal helfen auch Haustiere, die Belastungen zu mildern. In Ellas Fall war es ihr Kater Freddy.

8 Max... Der Maler mit der Kacke
   Die Penispumpe

Wenn ich an Max denke, fallen mir Karl Valentin und Helge Schneider ein, vielleicht auch Picasso. Max liebte es zu malen. Max malte eigentlich in jeder Lebenssituation. Jeder Gedanke schien aufs Papier zu fließen. Max' erste Therapeutin wurde schwanger, mit der zweiten klappte es leider nicht. Jetzt ich! Ich ließ ihn malen: Autos, Maschinenkonstruktionen, Tiere und Schneemänner. Mit Max war es wie in einem Livestream, Max malte und ich schaute ihm, dem Künstler, beim Malen zu. Das ging die gesamte Therapiestunde so. Eine Zeitlang malte Max auch Tischsets für seine Familie. Die konnte ich ihm laminieren. Das fand er toll.

Einmal baute Max aus einem Umzugskarton ein Haus. Er schrieb den Namen der Mutter, den der Schwester und seinen oberhalb der Tür auf das Haus aus Pappe. »Der Name deines Vaters steht nicht darauf«, bemerkte ich. Max antwortete mir nicht. Er zeigte seiner Mutter begeistert sein Haus. Die sollte es mitnehmen. Wir stellten uns vor, wie die Mutter sein großes Haus in ihrem kleinen Auto verstaute und mussten lachen. Er wollte, dass sie ihn mit dem Haus im Kindergarten absetzte, sodass es dort alle sehen und bewundern könnten. Das brauchte er wohl dringend für sein angeschlagenes Selbstbewusstsein.

Maximilians Vater war vor einem Jahr einen Tag nach Max' Geburtstag gegangen. Er hatte seine Familie verlassen, weil es oft Streit gegeben hatte und er nach der Geburt von Max' kleinem Bruder in eine Depression gerutscht war. Er hatte sich sehr erschöpft und überfordert gefühlt. Nach dem Auszug des Vaters hatten die Kinder plötzlich eigenartige Dinge erzählt, aus denen sich die Mutter keinen Reim machen konnte. Der Kindergarten hatte der Mutter zur Kindertherapie geraten. Und die Therapeutin hatte den Verdacht erhoben, dass Maximilians Vater sexuelle Übergriffe an seinen beiden Kindern vorgenommen haben könnte. Max hatte manchmal in der Therapiestunde plötzlich seine Hose runtergezogen und seine Therapeutin aufgefordert, ihm seinen Penis zu streicheln. Auf die Nachfrage, wie er auf so eine Idee gekommen wäre, antwortete Max der Therapeutin: »Das hat der Papa auch mit mir gespielt.«

Max hatte verschiedene Ängste entwickelt, vor dem Keller, vor Gewitter, vor großen Hunden und manchmal hatte er Angst in den Kindergarten zu gehen. Dann wollte er bei der Mutter bleiben. Immer wieder fragte er seine Mutter, ob auch sie eines Tages die Familie verlassen würde. Max musste sich vergewissern, dass die Familie, so wie sie gerade Bestand hatte, auch überdauerte. Oft stritt er heftig mit dem kleinen Bruder, demütigte ihn und zwang ihn zu mancherlei Unsinn. Max war in der Krise, innerlich befand er sich in einem Ausnahmezustand. Die Therapeutenwechsel taten dazu das Ihrige.

Max blieb vorsichtig im Kontakt zu mir. Ich konnte es verstehen nach allem, was er erlebt hatte. Warum sollte er sich wieder auf jemand Fremdes einlassen? Andererseits hatte er nun schon Wochen zwischen Stuhl und Tischkante verbracht und gemalt. Ich entwickelte die Idee, etwas Lustiges zu machen, um ihn ein wenig aus seiner Sicherheitsposition am Tisch zu locken. Dazu lieferte mir Max eine Vorlage. Wir malten wieder einmal mit Fingerfarben, was uns gerade so in den Sinn kam. Dabei war bei Max eine braune Kugel entstanden. Er begann vor sich hin zu kichern. Was denn los wäre, wollte ich eingeweiht werden. »Das ist ein Schneeball, der von Hundekacke ganz braun geworden ist«, antwortete mir Max. Im gleichen Moment mussten wir beide laut loslachen.

Als wir uns wieder eingekriegt hatten, fragte ich Max, ob er das Katzenkloli ed von Helge Schneider kennen würde. Er kannte es nicht, aber schon der Titel belustigte ihn sehr. Ich sang es ihm vor, er sang es mir nach, wir sangen es zusammen und brachen immer wieder in Lachen aus. Ich spielte ihm die gesamte Version am Handy vor. Er liebte diesen Song sofort. Max schien aufzutauen.

So eine gezielte humorvolle Intervention mit einem Medium biete ich nur manchmal und sehr überlegt an. Ansonsten warte ich auf die Inszenierungen der Kinder. Zu diesem Zweck bietet das Spieltherapiezimmer ausreichend Spielutensilien an.

Max' Mutter berichtete mir, dass Max ihr bereits im Auto vom Katzenklosong erzählte und dass er ihn noch öfter zuhause anhören wollte. Es gibt Kinder, die ihren Eltern nichts aus der Therapiestunde erzählen wollen, aber Max erzählte der Mutter im Laufe der Zeit fast alles. Sie war sehr wichtig für ihn, denn Max brauchte unbedingt Stabilität und Sicherheit aus der Erwachsenenwelt. Ich telefonierte regelmäßig mit Max' Mutter, um mich mit ihr auszutauschen und um ein Feedback zu unseren gemeinsamen Stunden zu bekommen. Auch dieses Vorgehen variiert. Mit manchen Eltern spreche ich nur alle zwei Monate.

In einer der nächsten Stunden erzählte ich Max, dass ich von dem Verdacht gegen seinen Vater wüsste. Konkret bedeutete das, dass ich beispielsweise zum Kind sage: »Ich hab von deiner Mutter erfahren, dass du erzählt hast, dass der Papa deinen Pipi gestreichelt hat.« Ich teile dem Kind auf diese Weise ein Beispiel aus seinen geschilderten Offenbarungen mit. Das reicht in der Regel völlig aus. Ich wollte Max signalisieren, dass mir Gespräche über Geschlechtsorgane, Ausscheidungen und andere eventuell bestehende Tabuthemen vertraut wären. Ein Schneeball könnte durch Kacke braun werden und eine Katze musste auch mal Pipi machen. Damit waren wir auf der richtigen inhaltlichen Ebene angekommen. Es hatte geklappt, und zwar mit Humor.

Max war ein freundliches, äußerst kreatives Kind. Er hatte unheimlich viele Ideen im Kopf. Zu Erwachsenen verhielt er sich höflich und wohl erzogen. Aber Max war auch impulsiv und ungeduldig, besonders im Kontakt zu seinem Bruder und den Kindern im Kindergarten. Dort hatte er es offenbar nicht leicht. Sein Selbstwertgefühl war geschwächt; er konnte sich nicht gut behaupten. Die Trennung der Eltern und der damit einhergehende Verlust eines Elternteils kann den Selbstwert eines Kindes enorm schwächen. Dazu kamen bei Max die Verunsicherungen und Verwirrungen durch die komischen sexuellen Spiele mit dem Vater und einem fremden Mann

Wenn es der Mutter nicht möglich war, zu kommen, telefonierte ich mit Max. Nicht für jedes Kind stellt das Telefon ein geeignetes Medium dar. Aber Max mochte es. Eines Tages berichtete mir Max am Telefon von einer Penispumpe.

Ich hatte darüber mal etwas gelesen, kannte jedoch nicht die korrekte Indikation. Deshalb erweiterte ich mein Fachwissen um die Funktion dieses Gerätes: Es handelt sich dabei um eine Vakuumpumpe, die dem Penis zur Erektion verhelfen soll. Während meiner Recherche dazu kam eine Kollegin ins Zimmer. Schmunzelnd und verwundert verließ sie wieder den Raum. Im Netz erläuterten gerade freizügige und völlig überschminkte Damen die Funktion dieses Gerätes, dass Erektionsstörungen Abhilfe schaffen soll. »Alles beruflich«, warf ich ein.

Max hatte mir berichtet, dass der Vater in diese Pumpe seinen eigenen Penis wie auch den von Max gesteckt hatte. Das war der erste konkrete spontan geschilderte Sachverhalt, den mir Max anbot. Er berichtete mir dies nach dem ersten Elterngespräch, welches seine Eltern nach eineinhalb Jahren Kontaktabbruch in unserer Einrichtung mit meinem Kollegen und mir geführt hatten. Vermutlich hatte die Mutter ihrem Sohn erzählt, dass der Vater in diesem Gespräch versucht hatte, die Mutter als Lügnerin hinzustellen. Max wollte diese Leugnung des Vater offenbar nicht hinnehmen. Mit dem Bericht über die Penispumpe wollte er die Existenz des missbräuchlichen Geschehens bestätigen und demonstrieren, dass er nichts vergessen hatte.

Weil Max gern malte, nahm ich an, dass er mir diese Penispumpe aufmalen könnte. Ich stiftete ihn dazu an. Er wollte diese Aufgabe erfüllen und rief zu diesem Zweck sogleich nach seiner Mutter, damit sie ihm Papier und Stifte bringen sollte. Allerdings schien Max, wie ich es durchs Telefon hören konnte, ziemlich überfordert. Ich versuchte ihn zu besänftigen, weil er sich so aufgeregt und hastig anhörte. Durchs Telefon bekam ich mit, dass es ihm nicht gelingen wollte, die Pumpe zu malen. Er hätte vergessen, wie die aussah, obwohl sie doch auf dem Schoß des Vaters gelegen hatte. Immer wieder sagte ich, dass es nicht nötig wäre, sich jetzt so zu stressen. Er müsste sie nicht malen. »Doch, Frau Osten, ich versuche es«, rief er durchs Telefon. Nach etlichen vergeblichen Versuchen bot er mir schließlich an, stattdessen eine Luftpumpe zu malen. Mir war zum Lachen und Weinen gleichzeitig zumute. Zu Max sagte ich nur, dass seine Idee mit der Luftpumpe prima wäre. Max tat mir in seiner Überforderung leid und ich spürte, wie sehr er es mir offensichtlich recht machen wollte. Seine Konfliktlösung fand ich klug und gleichermaßen humorvoll. Und außerdem konnte er sich diese Aufgabe damit erleichtern. Aber auch die Gestalt der Luftpumpe vermochte er nicht aufs Papier zu bringen. Ich bat ihn, aufzuhören und sich zu entspannen. Ich hörte nur ein grantiges »Nein« am anderen Ende. »Wie sieht die nochmal aus«, fauchte er mich an. Daraufhin erklärte ich ihm die Form einer Pumpe: »Es ist ein langes Rohr, aus dem man etwas rausziehen kann und dann füllt sich der Innenraum des Rohres mit Luft.« Endlich gab er auf, aber nicht bevor er mir noch anbot, dann einfach eine Schaufel zu malen. Er wollte liefern, das hatte ich jetzt verstanden. Ja, eine Schaufel zu malen wäre eine sehr gute Idee, teilte ich ihm mit. Endlich beruhigte Max sich wieder.

Max' Vater machte Druck. Er wollte seine Kinder endlich wiedersehen. Der Vater ging davon aus, dass nach Niederschlagung der Strafanzeige doch bewiesen wäre, dass er unschuldig wäre. Mein Kollege, der ihn beriet, erklärte ihm, dass wir den

Aussagen der Kinder dennoch Wichtigkeit beimessen, auch wenn es wegen des jungen Alters und der damit einhergehenden geringen Glaubhaftigkeit der Kinder nicht zu einer Verurteilung gekommen wäre. Das ärgerte den Vater und er wurde nicht müde, uns vorzuhalten, dass er den letzten Familiengerichtsbeschluss so verstanden hätte, dass unsere Einrichtung auf dem schnellstmöglichen Wege seinen Umgang zu seinen Kindern wieder anbahnen sollte.

Wir teilten dem Vater mit, dass wir zuerst versuchen würden, herauszufinden, was der Kinderwille und was das Kindeswohl wäre. Meine zu verschiedenen Zeitpunkten vorgenommenen Nachfragen bei Max, ob er seinen Vater mit mir treffen wollte, beantwortete Max stets mit »Nein«. Wenn es nur nach unserem kinderpsychotherapeutischen Prozess gegangen wäre, hätte ich Max noch nicht gefragt, ob er seinen Vater sehen wollte, denn er hatte gerade erst begonnen, mir spontan etwas über den Vater und seine Beziehungserfahrungen mit ihm zu erzählen. Aber da in der Kinderschutzarbeit oft juristische Anliegen meine Beziehungsarbeit begleiten oder durchkreuzen, muss ich immer wieder eine Goodwill-Entscheidung treffen: Also bot ich dem Vater an, seinen Kindern einen kleinen Briefgruß zu schreiben. Das gefiel dem Vater. Er schrieb für beide Söhne Kärtchen und legte ein Foto, das alle drei zusammen zeigte, bei.

Max wollte diesen Brief eigentlich nicht haben und er wollte auch nicht hören, was in dem Brief stand. Ich fragte ihn, ob ich ihn dennoch vorlesen dürfte. Er erlaubte es mir, weil er zu Erwachsenen höflich war. Er passte sich an meinen Wunsch an und stellte seine Interessen hintan.

Es fiel mir sehr schwer, mich über die wahren Bedürfnisse meines Therapiekindes hinwegzusetzen. Das hätte ich normalerweise nicht getan, aber wir fürchteten, der Vater könnte sich wieder ans Gericht wenden, um uns Druck zu machen. Wir wollten Zeit gewinnen. Ein übliches Mittel, wenn auch meistens das einzige, um ein Kind zu schützen, und zwar immer dann, wenn die Untaten nicht beweisbar sind.

Schon nach dem ersten Satz, den ich vorlas, wollte Max zu seiner Mutter im Nebenraum gehen und hören, was sie davon hielt. Wenn es denn sein müsste, würde er zustimmen, um den Vater zu treffen, aber nur in meiner Gegenwart und nur fünf Minuten.

Gut! Ich hatte verstanden, dass es Max stresste, vom Vater zu hören und eigentlich wollte er ihn auch nicht sehen. Er wollte seine Ruhe vor ihm. Der Vater hatte ihm wehgetan und er sollte es zugeben und sich für sein Fehlverhalten entschuldigen. Dann könnte man weiter sehen, so empfand Max.

Wir vereinbarten noch keinen Termin für ein Vater-Sohn-Zusammentreffen. Es wäre zur Unzeit gekommen. Meine Nachfrage bei Max hatte mehr diagnostischen Sinn. Ich erhielt die Bestätigung meiner Hypothese, nämlich, dass es noch zu früh war, eine Begegnung zwischen Vater und Sohn vorzubereiten.

Stattdessen konnten wir den Vater beschwichtigen, indem wir seinem Wunsch nachkamen und ihm einige neue Informationen zu Max und seinem Bruder mitteilten. Ich bat die Mutter dafür zu einem weiteren Elterngespräch, um dem Vater etwas über Max' Entwicklung und seine Vorlieben zu berichten. Das tat sie dann. Außerdem teilte sie dem Vater mit, dass Max neuerdings mit den Themen Aggression und Vertrauen beschäftigt wäre. Der Vater freute sich von seinem Sohn zu hören. So fühlte er sich involviert und nicht ausgeschlossen. Ganz zaghaft schien er

Vertrauen zum Geschehen zu entwickeln. Mit der Zeit konnte er auch akzeptieren, dass es noch zu früh war für ein Treffen. Er wollte abwarten. Ich war erleichtert und hatte Zeit für Max gewonnen.

Inzwischen war ein weiteres Jahr vergangen. Max war ein Schulkind geworden. Er war tüchtig gewachsen und seine Persönlichkeit gereift. Das Sitzen am Tisch war Geschichte. Er liebte Bewegung und Sport. Am liebsten veranstaltete er sportliche Wettbewerbe mit mir: Wir flitzten die Stufen im Treppenhaus hoch und runter, versuchten mit einem Ball Ziele zu treffen, bewältigten Parcours um Stühle und über Tische oder krochen unter gespannten Seilen hindurch. Alles natürlich unter den kritischen Augen des anderen, der mit einer Stoppuhr die Zeit maß. Max wollte natürlich gewinnen. Sein kompetitives Interesse war groß. Und Gewinnen streichelt die Seele.

Immer wieder brachte Max auch ein Thema mit in die Stunde. Dann sagte er beispielsweise: »Frau Osten, ich bin zurzeit so wütend, ich möchte meinen Vater am liebsten verprügeln und ihn ins Gefängnis werfen.« Ich zeigte ihm mein Verständnis für seine Gefühle. Ob er auch noch viel Angst vorm Vater hätte, fragte ich nach. Max verneinte, er dächte manchmal schon daran, ihn zu treffen und wünschte sich, ihm mal so richtig seine Meinung zu sagen. Am liebsten wollte er ihm sagen, dass er ihn hasse und nicht verstehen könne, warum er ihnen, seinen Söhnen, so eklige Sachen angetan hätte. Das Schlimmste daran wäre, dass er die Erinnerungen einfach nicht aus seinem Kopf bekäme.

Ich freute mich, dass Max seine Wut zeigen konnte und seine Angst nicht länger seine Entwicklung lähmte. Max war erstarkt, er hatte den Mut eines Kriegers, der um sein Reich und sein Leben kämpfte. Der alte Bann aus Schrecken, Lähmung und Angst war zerschlagen. Max hatte es geschafft. Ich freute mich sehr mit ihm.

Manchmal dachte ich schon an das Ende der Therapie. Deshalb fragte ich Max kürzlich: »Was denkst du, Max, wie lange musst du wohl noch zu mir kommen?« Wie aus der Pistole geschossen antwortete er mir: »Bis ich in der fünften oder sechsten Klasse bin.« Damit überraschte er mich unglaublich. Das hätte ich nicht erwartet. Das bedeutete, dass Max sich im Moment vorstellte, noch lange zu kommen. Natürlich wusste ich, dass sich seine Einschätzung schon nach einigen Wochen oder Monaten deutlich verändern konnte. Auf jeden Fall erfuhr ich durch Max' Antwort, dass er sich noch im mittleren Fluss unseres Prozesses fühlte. Damit hatte ich eine gute Orientierung gewonnen.

Dass sich Max ein Zusammentreffen mit seinem Vater vorstellen konnte, wies auf seine neugewonnene Kraft hin. Allerdings sollte dieses Treffen gründlich vorbereitet und die daran geknüpften Erwartungen bedacht werden. Ich würde dieses Treffen mit Max antizipieren und mit ihm besprechen, wie es ihm ginge, wenn sein Vater nicht erwartungsgemäß reagierte. Was wäre, wenn der Vater sein Fehlverhalten nicht zugab? Max wünschte sich dieses Zugeständnis seines Vaters sehr und darüber hinaus, dass dieser sich bei ihm und seinem Bruder für sein Vergehen entschuldigte. Dann wäre seine Welt, in der Unrecht bestraft gehörte, wieder zurechtgerückt.

In der nächsten Therapiestunde würde ich mit Max beginnen, all diese Fragen durchzugehen. Er seinerseits hatte sich für die nächste Stunde überlegt, mit mir auf dem Handy Gefängniszellen anzuschauen. Die wollte er malen. Wir betrachteten viele Fotos von Zellen, alte gruselige Verließe wie moderne saubere kleine Zellen. Ich berichtete Max, dass ich schon einige Gefängnisse besucht hätte. Das interessierte ihn sehr. Ich erzählte ihm, dass es dort eine Werkstatt, einen Speisesaal und hohe Mauern gäbe. Und dass jede Zelle ihre eigene Toilette hätte, die aber nicht vom Wohnraum abgetrennt wäre. Das fand Max natürlich eklig. Schließlich malte Max ein Bild von einer dunklen Zelle, in der sein Vater sich unter dem Zellenbett versteckt hatte. Man konnte ihn nur an seinen Beinen erkennen, die herausschauten. Draußen vor dem Zellenfenster platzierte Max noch einen Polizisten, der den Vater bewachen sollte.

Max war mit seiner Wut, mit seinem Unrechtsbewusstsein und seinen Strafimpulsen beschäftigt. Ich bedeutete ihm, dass ich seine Gefühle und Handlungsimpulse ganz angemessen fände bezogen auf das Unrecht, das er erlebt hatte, und dass ich gut hieße, dass er seinen riesigen Ärger und Zorn auf seinen Vater endlich loswerden wollte. Ich würde ihn dabei begleiten.

9 Dana ... Die Verlorene
Das Leid von Generationen

Dana kenne ich schon über 25 Jahre. Beim ersten Treffen saß sie – nur wenige Monate alt – auf den Knien ihrer Mutter. Damals war ich noch eine junge Therapeutin, aber ich erinnere genau, dass ich mich wunderte, wie diese Mutter ihr Kind hielt. Sie platzierte ihre kleine Tochter mit ausgestreckten Armen, körperfern, vor sich auf ihren Schoß. Es sah aus, als hätte das Kind die Windel voll. Dana war ein hübsches Baby, aber sie wirkte ein wenig in sich gekehrt, fast verwelkt.

Danas Mutter war noch keine 30 Jahre alt, der Vater etwa Mitte 30. Beide Eltern erzählten von ihrer Arbeit. Sie arbeiteten als Lagerarbeiter in einer großen Halle am Großmarkt. Dort hatten sie sich auch kennengelernt. Danas Mutter wirkte trotz ihrer wunderschönen kräftigen Haare burschikos. Dabei trug sie ihre dunkle, wellige Haarpracht meistens zum Zopf zusammengebunden. Sie war nicht sehr groß, eher etwas gedrungen. Danas Mutter hatte lustige Augen und lachte manchmal wie ein Kind.

Der Vater schaute verschmitzt. Er war auch von kleinerer Gestalt, hatte aber riesige Hände. Diese sahen aus, als würde er sie nur selten waschen. Später, als wir uns schon besser kannten, bat ich ihn, seine Hände immer in einem unserer Bäder vor der Beratung zu waschen. Das nahm er mir nicht übel, weil er mich gern hatte. Beide Eltern wirkten sehr vernachlässigt und selbst vernachlässigend. Ihre Kleidung roch nicht gut. Und ich konnte mir die beiden frisch gewaschen kaum vorstellen. Ich schloss: Wenn schon die alltägliche Selbstversorgung litt, wie mochten sie überhaupt mit ihrem Leben zurechtkommen! Und wie schwer fiel ihnen wohl die Versorgung ihres Kindes?

Die Mutter berichtete, dass sie zunächst eine Hebamme gehabt und inzwischen eine sozialpädagogische Familienhelferin hätte, die ihr vieles zeigte und erklärte. Sie selbst wäre mehr bei ihrer Großmutter aufgewachsen als bei ihrer Mutter. Letztere hätte in der Gastronomie gearbeitet, wäre Alkoholikerin gewesen und schon früh verstorben. Da wäre sie erst elf Jahre alt gewesen. Nach dem frühen Tod der Mutter hätte sie die Wochenenden beim Vater verbracht und unter der Woche bei der Großmutter gelebt. Danas Mutter hatte niemand vorgelebt, wie man mit einem Säugling umging. Deshalb versuchte sie mit ihrem Kind intuitiv umzugehen.

Ich würdigte ihr Bemühen und erklärte ihr, dass das Beelterungsverhalten angeboren und in der Regel bei jedem Menschen vorhanden wäre. Darauf könnte sie sich verlassen. Danas Mutter lächelte.

Die Entwicklungspsychologen Papousek beforschten es bereits vor 40 Jahren. Merkmale dieser intuitiven elterlichen Kommunikationskompetenzen sind beispielsweise das langsame Sprechen, das Wiederholen von Gesagtem oder das Sprechen in höherer Stimmlage. In der Regel versuchen Eltern die Signale ihres Kindes zu erkennen, sie zu beschreiben und prompt zu beantworten. Empathisches Eingehen und die Steuerung des kindlichen Erregungsniveau wie im Zustand des Weinens gehören zu den wesentlichen Fähigkeiten im elterlichen Erziehungsverhalten. (Papousek, 2003)

Langsam verstand ich. Vielleicht hatte auch Danas Mutter ihre Tochter nur schwer an ihr Herz drücken können. Dieses zu tun scheint uns so selbstverständlich, es kann aber empfindliche Störungen erfahren, wenn Menschen beispielsweise Traumatisierungen erlebt haben. Die intuitive körperliche Nähe zum eigenen Kind schien wohl bei Danas Mutter nicht Teil ihres Leibgedächtnisses, sodass ihr aufgrund dieser fehlenden eigenen Erfahrungen auch nicht »einfiel', ihr Kind schützend am Körper zu tragen.

Ich war gleichermaßen aufgewühlt wie gerührt. Mein Mitgefühl war augenblicklich angesprungen. Diese junge Frau versuchte ihr Bestes, was jedoch zu Zeiten kaum oder nicht ausreichte. Und ihr Mann war ihr keine große Hilfe. Er pflegte seine eigene Unsicherheit und seine Wissenslücken mit machohaften Getue zu überspielen: Danas Vater neigte dazu, seine Frau zu kritisieren und ihr Vorwürfe zu machen oder gab an, dass er wüsste, wie man mit kleinen Kindern umginge, weil er seine kleineren Brüder mitversorgt hätte.

Auch seine Lebensgeschichte war alles andere als leichte Kost gewesen. Sie waren zwölf Kinder daheim gewesen und der Vater hatte ein hartes Regiment geführt. Mit derartigen Formulierungen verharmloste oder verkleidete man früher nicht selten gewalttätiges Erziehungsverhalten. Dieser Vater war noch eine kurze Zeit im Krieg gewesen, hatte dort das Gehorchen und Dienen gelernt, wie er immer bekundet hätte. Und angeblich hätte es ihm nicht geschadet. Dieser zynische Nachsatz durfte nicht fehlen. Danas Vater betrachtete das gewalttätige Verhalten seines Vaters allerdings realistisch. Er konnte sich gut erinnern, wie sein Vater oft aus geringstem Anlass zuschlug und seine Söhne regelmäßig misshandelte. Und die Schwestern des Vaters waren regelmäßig angeschrien oder mit groben Schimpfworten abgewertet worden. All diese Erinnerungen hatten sich äußerst schmerzlich in seiner Erinnerung und seiner Seele eingebrannt.

Eben dieser Großvater hatte nicht viel Glück gehabt mit seinen Geschäften. Deshalb hatte er eines Tages die Idee gehabt, nach Australien auszuwandern. Als Handwerker hatte man an ihm Interesse gehabt. Es war ein Abenteuer gewesen: Erst waren sie mit dem Zug gefahren und dann wochenlang mit dem Schiff unterwegs gewesen. Danas Vater hatte auch gute Erinnerungen an diese Zeit. Und ganz besonders in Erinnerung war ihm das Meer geblieben. Er hatte es geliebt, stundenlang am großen Ozean zu sitzen. Das hatte er oft getan, wenn sein Vater ihn mal wieder geschunden hatte.

Auch die Auswanderung hatte die Gewalttätigkeit des Vaters nicht verändert. Und die Mutter hatte nichts dagegen auszurichten vermocht. Schlimm war, dass sich die Gewalt als Kommunikationsmittel unter den halb erwachsenen Kindern verbreitete. Es gab schwere Schlägereien, ganz besonders, wenn sie mit dem Vater gemeinsam Alkohol getrunken hatten. Ein weiterer Aspekt, der das gewalttätige Handeln begleitete, war, dass man den Vater nur selten beschwichtigen konnte. Nur manchmal war es gelungen, und zwar dann, wenn sie ihm bei seiner Arbeit halfen.

Derartige Gewaltdurchbrüche sind impulshaftes Handeln, das aufgrund starker negativer Erregung impulsiv und ungesteuert durchbricht. Es ist entweder ein Traumafolgeverhalten oder ein Erziehungsergebnis, bei dem die Impulskontrolle nie gelernt wurde. Das Erlernen der eigenen Impulssteuerung stellt eine umfangreiche Entwicklungsaufgabe in den frühen Kinderjahren dar. Je nach Temperament und geduldiger sowie nachsichtiger liebevoller Steuerung benötigt diese Entwicklungsaufgabe einige Jahre. Bereits bei Schuleintritt sollte ein Kind sein eigenes Verhalten zum großen Teil eigenständig steuern können. Das bedeutet, dass ein Kind lernen muss, eine Schulstunde lang seine Lauf- und Hüpfimpulse unter Kontrolle zu halten, bevor es ihnen nachgeben darf. Dieser Schritt stellt eine anspruchsvolle Entwicklungsleistung dar.

Danas Vater lehnte Gewalt ab, aber er war trotzdem »infiziert«. Seiner Frau ging es nicht anders. Sie liebten beide Horrorfilme. Das war eines ihrer wenigen Hobbys. Und ihre Wohnung hatten sie dunkel gestrichen und mit Werbeplakaten von Horrorfilmen geschmückt. Außerdem interessierten sie sich für das Handwerk der Maskenbildner. Manchmal versuchten sie gestalterisch, Wunden verschiedener Genese nachzubilden: Schusswunden, Schnittwunden oder Quetschwunden. Man könnte deuten: Sie versuchten das Grauen und die Schrecken, die sie erlebt hatten, zu bannen. So konnten sie vielleicht ein wenig Kontrolle herstellen. Selbstkontrolle hatten sie in ihrem Leben oft einbüßen müssen, weil andere über sie herfielen und herrschten.

Beide Eltern waren liebenswerte und humorvolle und gleichzeitig schwer traumatisierte Menschen. Sie hatten die Schwangerschaft weder geplant noch hatten sie ein Kinderzimmer eingerichtet und noch viel weniger hatten sie besondere Wünsche für – oder auch Erwartungen an – ihr Kind. Sie lebten so dahin. Erst spät erfuhr ich, dass sie Schulden hatten. Diese waren der Grund für die spärliche Einrichtung ihrer Wohnung. Außerdem waren Fehlkäufe und der ausgiebige Konsum von Telefonsex Gründe ihrer schiefen finanziellen Lage. Dieser familiäre Belastungsfaktor kam aber erst nach einem Jahr der Beratung ans Tageslicht.

Beide Eltern waren mit der Versorgung ihres Kindes überfordert. Das kleine Mädchen litt unter Gedeihstörungen und erst nach Wochen fanden die Ärzte die Erklärung. Sie hatte Verwachsungen in der Speiseröhre, weswegen sie immer wieder erbrochen hatte und schließlich zu wenig Nahrung aufnahm. Die Ärzte hatten sich vom äußeren Erscheinungsbild der Eltern in die Irre führen lassen. Sie glaubten, dass sie dem Kind zu wenig zu essen gaben und dass deswegen vielleicht eine Kindesmisshandlung vorlag. Dank dem beherzten Eingreifen der Familienhilfe und einer ambulanten Maßnahme des Jugendamtes wurde Dana endlich nochmal untersucht. Die Helferin konnte bezeugen, dass die Mutter beim Füttern alles richtig machte.

Immer wieder war im Raum gestanden, das kleine Mädchen in die Obhut von Pflegeeltern zu geben. Aber man konnte auch die Bindung der Eltern zum Kind und ihre Freude spüren. Eine angemessene Entscheidung zu treffen schien schwierig. Schließlich kam die zweite Tochter zur Welt. Jetzt war die Belastungs- und Bewältigungsgrenze erreicht. Da die Mutter nicht mehr arbeitete, war das Geld zum Leben immer knapper geworden. Und manchmal wusste Danas Mutter nicht, wovon sie einkaufen gehen sollte. Glücklicherweise half manchmal ihr Vater aus. Auch die zweite Tochter hatte ein Gewicht, das an der unteren Normgrenze lag.

II Therapiegeschichten von Kindern und Jugendlichen

Die Situation spitzte sich zunehmend zu. Die Familienhelferin fand schließlich eine Situation vor, die auf die drastische Notlage der Familie hinwies: Im Kühlschrank stand nur noch ein einziger Liter fettarmer H-Milch. Davon kochte die Mutter den Kindern ihr Fläschchen. Das ging einfach nicht. Diese Milch war zwar billig, aber sie hatte zu wenig Nährwert für die beiden kleinen Kinder.

So eine Situation mitzuerleben tut in Anbetracht unserer Überflussgesellschaft weh. Dramatisch war, dass weder Vater noch Mutter gewagt hatten, sich an einen Helfer im Helfersystem zu wenden, um auf die Geldnot und die daraus entstandene Notsituation in der Versorgung der Kinder hinzuweisen. Eltern sollten zumindest eine drohende Gefährdung abwenden können. Nicht allen Eltern gelingt das. Viele vernachlässigte Menschen konnten schon in ihrem Kinderleben nicht die Erfahrung machen, sich mit ihren Bedürfnissen vertrauensvoll an einen Erwachsenen wenden zu dürfen. Oft war kein Verantwortlicher vorhanden. Viele erfuhren auch schwere Gewalt, sobald sie sich mit einer Bedürftigkeit wie »Ich brauche Hilfe bei den Hausaufgaben« oder »Meine Lehrerin hat mich heute geschimpft«' an ihre Eltern wandten. Danas Eltern hatten sich schlicht und einfach wegen ihrer misslichen Lage geschämt.

Das Jugendamt berief eine Helferrunde ein. Mir tat die Zuspitzung der Gefährdungslage leid. Bedauerlicherweise hatte ich in den zurückliegenden Monaten nur in größeren Abständen Termine mit den Eltern gehabt, weil sich bereits die Familienhilfe mehrere Stunden im Haushalt bei den Eltern aufhielt. Offenbar war die Scheu und die Scham, sich an die ja bereits vorhandenen Helfer zu wenden, zu groß gewesen. Sie mochten ihre Helfer, möglicherweise plagte sie aber die Angst, wieder Beziehungsabbrüche und andere Sanktionen zu erfahren. Für die Runde nahmen sich aber alle Beteiligten Zeit, um erneut alle Ressourcen zu dokumentieren und besonders auch die Versorgungslücken in der Familie zu erkennen.

Schließlich wurde entschieden, die Kinder mit der Mutter in einer Kinderklinik zur genaueren Diagnostik aufzunehmen. Das konnten die Eltern gutheißen, weil sie nicht von ihren Kindern getrennt wurden. Sie erlebten darin auch eine Entlastung. Allerdings durften die Kinder letztlich nicht zu ihren Eltern zurückkehren, sondern wurden in ein kleines Heim gegeben. Man schätzte den guten Willen der Eltern, aber die Defizite und Versorgungslücken blieben mögliche, unkalkulierbare Gefährdungen. Die elterlichen Lebensgeschichten bargen eine ganze Reihe von Untiefen und die Paardynamik war in großen Teilen noch unbekannt. Obwohl Danas Mutter über viel körperliche wie seelische Kraft verfügte, war sie dennoch nicht in der Lage, sich gegen ihren Mann durchzusetzen.

Der Abschied von ihren Kindern fiel den Eltern schwer und noch schwerer fielen ihnen die Besuchstage bei ihren Kindern. Besonders bei der Mutter entdeckte man bald ein sich einstellendes Entfremdungsgeschehen. Immer wieder sagte sie Termine ab. Der Vater wollte unbedingt die Bindung zu seinen Kindern aufrecht erhalten, traute sich aber ohne seine Frau nicht, ins Heim zu gehen. Die Kommunikation hatte immer sie übernommen. Er hatte längst bemerkt, dass besonders Frauen vor ihm zurückwichen oder sogar ängstlich seinem Blick auswichen. Für manche schien er sogar bedrohlich.

Das lag wohl daran, dass eigentlich jeder Mensch in der Lage ist, die Qualitäten und Atmosphären, die einen anderen umgeben, zu erspüren. Danas Vater war nicht per se gewalttätig – er hatte auch keine Gewaltdurchbrüche wie sein Vater –, aber die Außenwelt konnte seine Zeichnung, die er durch die Gewalt erfahren hatte und die nun zu ihm gehörte, wahrnehmen.

Schließlich blieben beide Mädchen bis zur Volljährigkeit im Heim. Zeitweise durften sie die Eltern am Wochenende besuchen. Gern wären sie für längere Zeit wieder zu ihren Eltern zurückgekehrt, aber mit der Zeit merkten auch sie, dass ihre Eltern überfordert waren. Und schließlich wollten die Kinder nicht mehr heim. Sie hatten den ewigen Wechsel satt. Zuhause fühlten sie sich eigentlich nirgends. Manchmal besuchte ich die Mädchen im Heim gemeinsam mit ihren Eltern.

Später rief mich Dana manchmal an, sie wollte offenbar den Kontakt zu mir aufrechterhalten. Wenn sie zu einem persönlichen Gespräch kam, musste ich ihr immer wieder erzählen, wie ich sie zum ersten Mal kennenlernte und wie süß sie als Baby aussah. Sie liebte das, und auch dass ich sie schon ihr ganzes Leben kannte. Natürlich lagen immer wieder große Pausen zwischen unseren Treffen. Einmal kam sie, um mich zu bitten, mal einen gemeinsamen Termin mit der Mutter vorzubereiten. Sie wollte der Mutter mit meiner Hilfe sagen, dass sie darunter litt, dass die Mutter so wenig Interesse am Kontakt zu ihr zeigte. Also lud ich Danas Mutter ein. Bedauerlicherweise – aber vorhersehbar – hatte die gemeinsame Beratungsstunde nicht den gewünschten Erfolg, auch wenn die Mutter ihre Tochter am Ende im Arm hielt.

Jahre vergingen. Dana hinterließ immer wieder ihre neuen Telefonnummern, wenn sie sie wechselte. Nach Jahren meldete sie sich erneut für einen Termin an. Ich wusste, dass sie schon verschiedene Partnerschaften eingegangen war. Nett sah sie mit einer kleinen Pudelmütze am Kopf aus. Ich fragte sie nach ihrem Leben der vergangenen Jahre. Sie berichtete stolz, dass auch sie inzwischen Mutter geworden wäre. Allerdings lebte ihr Sohn bei einer Pflegemutter. Wie es dazu gekommen wäre, wollte ich wissen. Sie hätte eine Ausbildung machen sollen und wollen. Ob das alles wäre, fragte ich weiter. Dana schien nicht über ihr Kind sprechen zu wollen. Aber sie zeigte mir ein paar Fotos.

Ich fragte mich, weswegen sie wohl eigentlich gekommen war. Sie sagte nichts, sondern zog ihr Sweatshirt aus. Zunächst nahm ich an, es sei wegen der Hitze, aber dann erblickte ich einen Körper, der überall mit roten, grünen und blauen Flecken übersät war. Ich bekam einen gehörigen Schrecken angesichts der vielen Blutergüsse. So etwas hatte ich noch nie gesehen. Ich hätte losweinen können. Dann erkannte ich erst so richtig ihre Schwellung am Auge. Mit stockendem Atem fragte ich Dana nach dem, was passiert wäre.

In der Nacht wäre ihr Freund mal wieder ausgerastet. Er wäre ein sehr eifersüchtiger Mensch und er würde sie immer wieder mit Unterstellungen provozieren, die schließlich in Streitigkeiten endeten. Dabei gäbe sie ihm keinen Anlass, führte Dana aus. Das, was ich sah, war das Ergebnis brutaler Gewalt. Diese Wunden müssten versorgt werden. Ich nahm Dana vorsichtig in den Arm. Ihr Freund hatte sie so schlimm misshandelt wie nie zuvor. Sie hatte ihm nach ewigen Stunden entwischen können und sich an die Straße gestellt, bis jemand hielt und sie zu ihrem Vater brachte. Dana wollte, dass ich sie zu einem Arzt begleitete.

Das machte ich, nicht gern zwar, weil mich ihr Anblick schmerzte, aber ich brachte Dana in die nahe gelegene Ambulanz. Dort mussten wir noch mindestens zweieinhalb Stunden auf die Konsultation warten. Der Arzt war freundlich, aber sehr reserviert. Er dokumentierte alle Verletzungen, schickte uns zum Röntgen und empfahl Dana, besser auf sich aufzupassen. Ich fragte mich, wie ein Mensch im Angesicht von Verletzungen, die brutale Gewalt dokumentierten, so unbeteiligt und formell bleiben konnte. Er schien seine Empathie gut versteckt zu haben. Entweder sah dieser Arzt davon zu viel oder er wollte sich die Traumaszene nicht vorstellen.

Ich wusste, dass Dana bei diesen Gewaltdurchbrüchen ihres Partners hätte sterben können. Ich rang um meine Fassung. Der Fremde hatte Dana zuerst zum Polizeirevier und dann zum Vater gefahren. Sie stellte eine Anzeige und ihr Freund wurde noch in der gleichen Nacht in Untersuchungshaft genommen. Bis es Dana wirklich wieder besser ging, sollten zwei Jahre vergehen. Sie hatte eine schwere Gehirnerschütterung, einige innere Verletzungen, einen Trommelfellriss, einen Fingerbruch und einige Rippenbrüche davongetragen.

Dana hatte in dieser Beziehung die Reißleine zu spät gezogen. Sie hatte einen Partner gewählt, der in seiner Kindheit selbst schwer von seinem Vater misshandelt worden war und dessen Mutter ihn nicht beschützt hatte, sondern immer wieder für ein paar Tage von daheim geflüchtet war.

Menschen, deren Bindung an die Eltern ambivalent oder durch Gewalt massiv gestört wurde, entwickeln häufig ein labiles Selbstwertgefühl und Verlustängste. Daraus erwächst zum einen ein schnell entfachbares Eifersuchtsempfinden oder impulsive Gewalt gegen den eigenen Partner.

Inzwischen hat Dana einen neuen Freund und von ihren WhatsApp-Fotos kann ich Danas Lebensstationen ein wenig nachvollziehen. Besonders häufig wechseln die Farben ihrer Haare. Sie waren schon lila, blau und grün und zuletzt rosa.

10 Dunja... Die Kämpferin
Wenn es kein Mitgefühl mehr gibt

Dunja durfte nur essen, wenn es der Vater ihr erlaubte. Sie durfte nur selten ihre Freundinnen besuchen und die Frau, die sie für ihre Mutter hielt, sollte eine Lügnerin sein. Seit kurzem lebte sie bei dieser Frau, ihrer Mutter. Sie war dem Vater entzogen worden, nachdem er Dunja mit einem Lineal auf ihre Finger geschlagen hatte und ihren Hals gegen eine Tischplatte gedrückt hatte, um bessere Leistungen aus ihr herauszuholen. Er forderte unbedingten Gehorsam. Dunja hatte ihrer Lehrerin erzählt, dass der Vater sie beim Hausaufgabenerledigen kontrolliere und wenn er unzufrieden mit ihren Leistungen wäre, sie schlagen und noch mehr einschränken würde. Lange hätte sie seine Misshandlungen geduldet, aber beim letzten Mal hätte sie gefürchtet, dass sie ersticken müsste.

Als ich Dunja zum ersten Mal den langen Gang zum Kindertherapiezimmer entlanggehen sah, sah ich einen kleinen Roboter laufen: unbeweglich und starr. Ich erschauderte. All die Angst und Gewalt hatten sich in ihrem Leib verewigt. Ich wollte losweinen. Aber dann saßen wir beide tapfer in unserer ersten Therapiestunde. Dunja sprach wenig. Sie setzte sich an den kleinen Tisch, auf dem Malutensilien standen. Sie malte etwa Eigenartiges: ein Gebilde aus Kreisen mit Dreiecken. Man könnte ein Robotergesicht mit Dreieckshut und Ohren erkennen. Jede Woche quetschte sie sich zwischen Tisch und Stuhl. Wenn unser Haus umgefallen wäre, sie wäre fest im Sitz geblieben. Sie hatte sich dort eingekeilt, fest verschnürt wie in einem Korsett. So konnte sie wohl einen gewissen Halt erleben. Jede Woche malte sie diese gleiche Figur. Gefühlt jahrelang! Auf meine Nachfragen zur Bedeutung kam nichts. Natürlich akzeptierte ich das so.

Ab und an spielten wir ein lustiges Spiel mit einem Karussell, bei dem man abwechselnd würfeln musste und das eigentlich für viel jüngere Kinder gedacht war. Dunja liebte dieses Spiel. Oft gewann sie oder ich ließ sie gewinnen. Wir lachten zusammen. Aber das geschah nicht oft. Dunja schien das Lachen und Sich-Loslassen unglaublich schwer zu fallen. Sie tat mir sehr leid. Sie hatte viel mitgemacht und hatte zu keinem Elternteil eine sichere Bindung entwickeln können. Ihr Vater war gewalttätig gewesen und ihre Mutter hatte nicht schützend präsent sein können. Auf diese Weise hatte sie keine Lebenssicherheit entwickeln können. Sie hatte wahrscheinlich zu niemanden Vertrauen. Stattdessen hatte sie sich stets selbst gesteuert.

Manchmal »stahl« sie heimlich Lebensmittel aus dem Kühlschrank. Aber in der Regel funktionierte sie wie ein Uhrwerk. Ihre größte Anstrengung bestand darin, nicht den Zorn ihres Vaters zu wecken. Sie hatte ein Leben in der Defensive und in Angst geführt. Noch viele Jahre später erlebte sie Albträume und litt unter Schlafstörungen. Ab und an fragte ich sie nach Ereignissen aus ihrem Leben. Sie mochte nicht gern erzählen. Manchmal erzählte ich ihr von den Lebensgeschichten anderer Kinder. Das mochte Dunja gern, dann spitzte sie ihre Ohren.

Weil Dunja ihrem Vater genommen und ihrer Mutter gegeben worden war, fragte ich mich, wie es dem Vater wohl ginge. Ich bat die Kollegin im Jugendamt Dunjas Vater zu mir zu einem Gespräch einzuladen. Er wollte nicht kommen, aber der Richter schickte ihn schließlich doch. Daraufhin brachte der Vater seinen Hund, seine Mutter und seinen Stiefvater mit.

Das ist für mich grundsätzlich in Ordnung und üblich, weil ein Termin bei einer Psychologin so manchen Menschen Angst machen kann. Deswegen heiße ich immer alle Klienten herzlich willkommen und freue mich auf das, was sich in der ersten Begegnung ereignen wird.

Schon im Wartezimmer streckte ich Dunjas Vater und seinen Eltern freundlich meine Hand zur Begrüßung entgegen. Der Vater verweigerte meinen Gruß, schaute zur Seite und hätte vermutlich am liebsten auf den Boden gespuckt, um seiner Abscheu Ausdruck zu verleihen. Er ließ durch seine Mutter mitteilen, dass er nicht mit mir sprechen wollte.

Im Beratungszimmer angekommen stellte ich in Kürze unsere Einrichtung vor. Ich sagte ihm freundlich, dass er und ich einen gemeinsamen Auftrag zu erfüllen hätten: Er hätte das Recht auf eine Erziehungsberatung. Außerdem wollte ich ihm mitteilen, dass ich Schweigepflicht hätte und gegebenenfalls den Kontakt zu seiner Tochter wieder anbahnen könnte. Dunjas Vater blieb unbewegt und wütend in seinem Sessel hocken.

Seine Mutter erläuterte, dass sie alles für die Kleine getan hätten und dass sie diese so schrecklich vermissten. Ich zeigte ihr mein Mitgefühl und erklärte, dass ich mir vorstellen könnte, dass es wirklich eine schwere Krisensituation für alle wäre. Plötzlich schrie der Vater los: »Sie sind schuld, dass meine Tochter weg ist!« Dunjas Mutter hätte ihrer Tochter alles nur eingeredet. Er wäre derjenige gewesen, der Dunja in den letzten fünf Jahren allein versorgt hätte. Ich würde schon sehen, was ich davon hätte! Er war so außer sich, dass ich fürchtete, er könnte randalieren und schließlich doch noch auf den Boden spucken. So eine Situation hatte ich zuvor noch nie erlebt. Ich versuchte ihn zu beruhigen; auch seine Mutter legte ihm ihre Hand auf sein Bein, um ihn zu beschwichtigen. Ich erläuterte, dass ich erst nach der Gerichtsverhandlung kontaktiert worden war und nichts mit dem Gerichtsbeschluss des Kindesentzugs zu tun hätte. Seine Eltern nickten verstehend. Ich sagte ihnen noch, dass ich Dunja kindertherapeutisch betreuen sollte und ich ihn als Vater gern einbeziehen würde. Schließlich bliebe Dunja ja seine Tochter und wenn sie wollte, könnte er sie irgendwann in meiner Gegenwart wiedersehen. Dunjas Vater wollte nicht mehr folgen und verließ wutentbrannt den Raum. Ich erklärte der Großmutter, dass sie sich jeder Zeit wieder melden könnten. Vielleicht würde ihr Sohn es sich nach der ganzen Aufregung nochmal anders überlegen. Es blieb mein einziges Gespräch mit Dunjas Vater.

Von Dunjas Mutter erfuhr ich, dass Dunjas Vater im ehemaligen Jugoslawien aufgewachsen war. Seine Eltern hätten sich früh getrennt, weil es viel Gewalt gegeben hätte. Wenn der Vater von Dunjas Vater seinen Sohn besuchen wollte, hätte ihn seine Mutter im Schrank eingesperrt. Für mich blieb offen, ob die Mutter ihren Sohn vor weiterer Gewalt oder Entführung schützen wollte oder ob sie den gesetzlichen Umgang vereitelt hatte, um Vater und Sohn zu trennen. Vielleicht wollte sie den Schläger auch loswerden. Als erwachsener Mann hätte Dunjas Vater wieder losen Kontakt zu seinem Vater aufgenommen.

Dunjas Mutter war bei Pflegeeltern aufgewachsen, weil deren junge Mutter überfordert gewesen wäre. Sie wäre dann selbst auch früh, im Alter von 16 Jahren, schwanger geworden. Zwei Jahre später hätte sie Dunjas Vater kennengelernt und anfangs hätten sie es dank der Hilfe der Großmutter ganz gut gehabt. Aber schon bald nach Dunjas Geburt hätte ihr Mann angefangen, sie zu kritisieren und zu kontrollieren. Er hätte wenig Vertrauen zu ihr gehabt und sie stattdessen verfolgt, wenn sie mal einen Abend mit Freundinnen verbrachte. Schließlich wäre sie damals auch erst 21 gewesen und sie hätte es geliebt, mit ihren Freundinnen tanzen zu gehen. Irgendwann hätten sich die Konflikte und Streitereien so häufig ereignet, dass sie sich trennen wollte. Sie wollte in ein Mutter-Kind-Heim gehen. Ihr Mann wäre äußerst erbost und zornig über ihre Trennungsabsichten gewesen, dass er ihr verbal »hinknallte«: Sie könnte ja mit ihrer großen Tochter gehen, aber Dunja würde er ihr nicht mitgeben. Sie sollte ihre Sachen packen und verschwinden.

Nach dem Kennenlernen von Dunjas Vater konnte ich mir vorstellen, wie bedrohlich diese Situation wohl damals für Dunjas Mutter gewesen sein musste. Er hätte seine Frau niemals kampflos ziehen lassen. Wenn er wütend war, fühlte er sich sicher. Anfangs konnte die Mutter nach der Trennung ihren Umgang mit ihrer Tochter noch relativ regelmäßig wahrnehmen, aber nach einiger Zeit hatte der Vater das Umgangsrecht von Mutter und Tochter boykottiert.

Von Dunjas Mutter erfuhr ich, dass sie nach der Trennung unbedingt ihre Ausbildung beenden, für ihre erste Tochter sorgen und Dunja bald zurückholen wollte. Sie hatte dabei auf die Hilfe des Amts gehofft. Aus verschiedenen Gründen war das nicht gelungen. Wenn Dunja ihre Mutter sah, bat sie die Mutter, sie zu sich zu nehmen. Dunja vermisste ihre Mutter und ihre Schwester sehr. Außerdem hätte Dunja ihr ab dem Schulbeginn immer wieder ihre blaue Flecken gezeigt und dazu von Schlägen des Vaters berichtet. Dunja hätte die Mutter dutzende Male gebeten, sie zurückzuholen. Aber sie hatte sich so hilflos gegenüber dem Vater und dem Amt gefühlt. Sie hätte den Eindruck gewonnen, dass Dunjas Vater seit Dunjas Schuleintritt extrem unter Druck gestanden hätte, weil er aus seiner Tochter um jeden Preis eine gute Schülerin machen wollte. So als wäre Dunja sein Produkt. Für sie wäre die Situation sehr schlimm, weil sie ihrer Tochter nicht früher beigestanden hatte. Den Rest des Geschehens kannte ich bereits.

Von Dunja erfuhr ich einige Wochen später, dass der Vater bereits vor der Mutter eine schwangere Freundin gehabt hätte. Diese wäre hochschwanger vor ihm geflüchtet. Sie hätte eine Tochter entbunden und mit dieser hätte sie sich aus Angst vor Dunjas Vater lange im Ausland aufgehalten. Inzwischen wäre diese Frau wieder in der Stadt, aber Dunja wüsste nicht, ob das Mädchen eine Schwester wäre oder nicht. Den Vater durfte man nicht danach fragen. Diese Geschichte wäre ein echtes Tabu. Dunja berichtete mir weiter, dass sie später oft versucht hätte, mit dieser fraglichen Schwester in Kontakt zu treten.

Dunja kam übrigens viele Jahre zu mir in die Kindertherapie. Sie kam sehr gern und ich würdigte ihre Fortschritte ausgiebig, aber die Ängste und ihre Depression blieben bestehen. Zwischenzeitlich gab es immer wieder mal eine Pause von einigen

Monaten. Dieses Mal waren es sogar zwei Jahre gewesen und Dunja hatte währenddessen ihre mittlere Reife absolviert und eine Ausbildung zur Erzieherin begonnen. Nach einem Jahr war sie allerdings in einen Erschöpfungszustand geraten und deshalb hatte sie sich zu einem Aufenthalt in einer Psychosomatischen Klinik entschlossen. Endlich, dachte ich. Ich sollte ihr einen Bericht schreiben, weil ich sie am längsten kannte. Das tat ich gern für Dunja und ließ dafür die Jahre nochmal Revue passieren. Außerdem empfahl ich ihr eine Jugendpsychiaterin, die ihr beim Klinikantrag helfen könnte. In jeder Stunde spürte ich Dunjas Verlassenheit, ihre Trauer und ihre große Anstrengung. Wut konnte sie nicht zeigen.

Als Dunja damals von ihrem Vater wegen der Misshandlungen getrennt worden war, war ein Näherungsverbot für ihn ausgesprochen worden. Aber der Vater wollte nicht »klein beigeben«. Er hatte Dunja eine Zeitlang jeden Morgen vor der Schule an der Bushaltestelle abgepasst. Dunja hatte furchtbare Ängste ausgestanden und sich von ihrem Vater gestalkt gefühlt. Sie hatte sich aber auch nicht getraut, der Mutter davon zu erzählen.

Die Mutter hatte nur bemerkt, dass Dunja wieder ängstlicher, weinerlicher und provokanter ihr gegenüber geworden war. Sie hatte sich selbst oft nach dem Grund gefragt. Eines Tages hatte sie dann eine nur halb aufgegessene Butterbrezen in Dunjas Schulranzen gefunden und viele nicht gegessene Schulbrote, die sie ihrer Tochter mitgegeben hatte. Daraufhin hatte sie ihre Tochter zur Rede gestellt und erfahren, dass der Vater ihrer Tochter fast jeden Morgen eine Brottüte aufgezwungen hatte. Die Mutter spürte Dunjas Erleichterung, aber auch ihre Angst, wieder Vorwürfe zu bekommen.

Bald darauf hatte Dunjas Mutter vom Gericht erfahren, dass der Vater sie wieder einmal angeschwärzt und erfunden hatte, dass sie aus verschiedenen Gründen nicht erziehungsfähig wäre. Der Vater hatte den Verlust seiner Tochter nicht akzeptieren wollen. Dem Gericht hatte es wegen der ständigen gegenseitigen Beschuldigungen gereicht und beschlossen, Dunja für ein Jahr ins Heim zu geben, damit eine Sachverständige die Erziehungsbefähigung der Eltern prüfen und die Heimmitarbeiter sich einen Eindruck von Dunja, ihren Eltern und deren Kooperationsfähigkeit machen konnten.

Das war ein großer Schock und ein erneutes Trauma für Dunja und ihre Mutter. Der Vater war zu allem bereit gewesen, wenn er in seinen Augen nur nicht als Verlierer aus einem Konflikt hervorging. Dass sein Kind einen erneuten Lebensraumwechsel und Verlust der Mutter und ihres Lebensumfeldes überstehen musste, sah er nicht und dafür fehlte ihm auch jegliches Einfühlungsvermögen und jegliche Rücksicht.

Dunjas Mutter benachrichtigte mich über die neuen Umstände und richtete mir Dunjas Wunsch, sie im Heim besuchen zu kommen, aus. Ich vereinbarte mit der Heimleitung einen Besuchstermin und fand Dunja in einem verheerenden seelischen Zustand vor. Sie wirkte wie gelähmt, nicht nur traurig, sondern schwer depressiv. Dunja fühlte sich völlig verlassen. Sie litt unter Panikattacken und schlimmen Schlafstörungen. Dunja wollte nicht mehr leben. Deshalb durfte sie nicht allein auf die Straße. Auch ich war traurig und ratlos. Was konnte ich nur für dieses arme Kind tun? Es war zum Verzweifeln.

Ich blieb im Kontakt mit den Heimkollegen und besuchte Dunja gelegentlich, eigentlich zu selten. Dunjas Vater hatte sich bereits bei einem seiner ersten Hausbesuche im Heim daneben benommen. Er hatte sich geweigert, die Hausregeln einzuhalten und er wollte nicht akzeptieren, dass Dunja ihre Eltern derzeit nur in Begleitung eines Pädagogen sehen durfte. Der Vater erhielt Hausverbot von der Heimleitung, weil er laut geworden war und die Erzieher als Nazis beschimpft hatte. Darüber wurde auch das Familiengericht informiert.

Nach einem Jahr durfte Dunja zu ihrer Mutter zurückkehren und sie hatte danach endlich einige Zeit Ruhe vor ihrem Vater. Allerdings war ihre Mutter auch nicht die Verlässlichste für sie gewesen. Sie hatte sie und ihre ältere Schwester immer wieder mal eine Nacht allein gelassen, wenn sie einen neuen Mann kennengelernt hatte. Außerdem hatte Dunja bemerkt, dass die Mutter unterschiedliche Geschichten über Ereignisse ihrer Kindheit erzählte. Aber die Mutter arbeitete hart für sie alle und meinte es gut.

Wenn der Mutter mal wieder alles über den Kopf zu wachsen drohte, schimpfte sie über die Faulheit und das Schmarotzertum von Dunjas Vater. Dieser hatte es geschafft, niemals zu arbeiten und während Dunjas Mutter schuftete und am Ende die Gerichtskosten von mehreren tausend Euro begleichen musste, hatte der Vater als Sozialhilfeempfänger keine Kosten. In dieser Atmosphäre des wiederkehrenden Streits, des Überlebenskampfes und des gegenseitigen Hasses ihrer Eltern wuchs Dunja auf. Meistens fühlte sie sich am Ende für alles schuldig und konnte ihrer Mutter kaum in die Augen sehen.

Für den Klinikbericht schrieb ich eine Chronik der dramatischen Lebensereignisse und die diversen Belastungsfaktoren auf. Bevor ich den Bericht abschickte, ließ ich ihn Dunja lesen. Sie war einverstanden und erschrak nochmal ob der zahlreichen Krankheitsbilder: Traumen und deren Folgen wie Schlafstörungen, Ängste, Bauch- und Kopfschmerzen, Zittern, Panikattacken und Suizidwünsche. Außerdem waren ihr Zwänge, Bindungsunsicherheiten, Loyalitätskonflikte und die Depression geblieben.

Dunja verfügte eigentlich nie über Geld; die Mutter hatte ihr nur unregelmäßig Taschengeld gegeben. Deshalb und weil die Großmutter schon alt war, stellte Dunja den Kontakt zu ihr nach einigen Jahren wieder her, danach auch den Kontakt zum Vater. Sie wurde ein wenig materiell unterstützt. Eigentlich wollte sich Dunja, inzwischen halb erwachsen, noch einmal einen neuen Eindruck vom Vater verschaffen.

Deshalb berichtete sie ihm auch von ihrem Vorhaben, einen Klinikaufenthalt wegen ihrer umfangreichen Problematik zu absolvieren. Sehnsüchtig hatte sie sich ein wenig Mitgefühl und Ermutigung erhofft. Jedoch wurden ihre Hoffnungen wieder enttäuscht. Der Vater und die Großmutter hielten den stationären Aufenthalt nicht für nötig. Sie waren auch nicht in der Lage gewesen, einen Zusammenhang zu den schweren Traumatisierungen in Dunjas Kindheit herzustellen. Das war eine neue herbe Enttäuschung für Dunja.

Hinzu kam, dass Dunja sich verpflichtet fühlte, die Kontaktaufnahme zum Vater vor der Mutter geheim zu halten. Schließlich zahlte die Mutter noch immer an den vom Vater veranlassten Gerichtsgeschehen. Dunja stand bereits ihr gesamtes Leben in einem riesigen Loyalitätskonflikt. Die Instanzen Mutter und Vater blieben zwei hoch strittig getrennte Fronten. Als Kind hatte sie sich oft wie zwischen den gegnerischen kriegerischen Stellungen erlebt.

Dunja trat ihren Klinikaufenthalt auch ohne den väterlichen Segen an. Die Auszeit tat ihr gut, ebenso das gesamte Therapiegeschehen. Danach erhielt sie mit Hilfe des Jugendamtes einen Platz in einer therapeutischen Wohngruppe, in der sie weiter pädagogisch betreut wurde. Endlich hatte sie das Gefühl über einen sicheren Ort zu verfügen, der ihr ganz allein gehörte. Sie konnte sich von Vaters und Mutters chaotischen Lebensverläufen unabhängig machen und beide gelegentlich besuchen.

Ein weiterer Belastungsfaktor neben dem seelischen Manko war das Erleben und Betroffensein von materieller Armut. Dunja lief meistens in billigen schwarzen Jogginghosen und zerschlissenen Schuhen herum. Allerdings hatte sie einen großen Sinn für Ordnung. Fast zwanghaft ordnete sie abends ihre Schultasche. Sie ließ ihre schönen Haare lang wachsen und schminkte sich sorgfältig. Allerdings hatte die Familie manchmal nicht einmal Geld für Waschpulver aufbringen können. Zu häufig fehlte das Geld auch für gesundes Essen oder für eine jahreszeitlich angemessene Kleidung. Daran erinnerten Dunja und ich uns manchmal. Für mich war es schwer mitanzusehen. Die kleine sporadische finanzielle Hilfe aus unserem Nothilfefonds fühlte sich meistens wie ein Tropfen auf dem heißen Stein an.

Armut stellt ein großes Leid für die betroffenen Kinder und ihre Familien dar. Ungefähr jedes fünfte Kind lebt in Deutschland in Armut, auch in der reichen Stadt München. In Bremerhaven gilt jedes dritte Kind als arm. Besonders alleinerziehende Eltern sind von Armut betroffen. In Berlin sind beispielsweise 40% der Alleinerziehenden arm.

Noch eine Zahl: Fast die Hälfte aller getrennten Väter weigert sich, für die eigenen Kinder nach der Trennung Unterhalt zu zahlen. Deshalb erhalten ihre Kinder einen Unterhaltsvorschuss vom Jugendamt. Von diesem Geld kann allerdings nur ein Minimum der existentiellen Bedürfnisse eines Kindes oder Jugendlichen gestillt werden. Bedauerlicherweise verzichtet der Staat darauf, diese finanziellen Vorschüsse wieder einzutreiben. Angeblich aus Kapazitätsgründen.

Was ist das Resümee?
Kinder wie Dunja gibt es sehr viele in Deutschland. Dunja hat immer wieder Kraftreserven mobilisiert, um nicht unterzugehen. Sie hat zahlreiche Traumatisierungen erfahren und wird trotz ihrer Widerstandskräfte ihr Leben lang an den Folgen der vielfachen seelischen Vernachlässigungen und der körperlichen Gewalt leiden. Viele dieser Kinder, deren Eltern sich früh trennten oder zusätzlich an Süchten oder anderen schweren seelischen Erkrankungen litten, erzählten, dass sie sich eigentlich nie glücklich fühlten. Auf die Nachfrage, wann es in ihrem Leben richtig schön gewesen wäre, konnten sie oft nicht antworten. Jedes Mal in einer solchen Situation schäme ich mich, leide mit den Kindern und denke an den berühmten Geiger Yehudi Menuhin, der forderte: »Zuerst müssen Kinder singen und tanzen.« Leider kommen viele Kinder nicht in diesen Genuss.

Dunja hatte ihre Suche nach ein wenig Mitgefühl und Solidarität nie aufgegeben und sie konnte ein Bewusstsein für ihr schmerzvolles Leben entwickeln. Sie hatte gelernt zu reflektieren und sie hatte Ziele. Ich hoffe, dass sie weiter Chancen von der Gesellschaft erhält. Ihre ältere Schwester erfuhr keine Hilfe, machte keinen Schulabschluss, lernte keinen Beruf und wurde mit 16 Jahren schwanger. Auch ihr fehlt in der Erziehung ihres Kindes das nötige Know-how. Deshalb versucht Dunja für ihren kleinen Neffen da zu sein.

11 Amir ... Der Ausgestoßene
Integration ist Würde

Manchmal bitte ich die Kinder, ein Selbstbildnis von sich zu malen. So auch bei Amir. Ich glaube, er war froh, nicht gleich mit mir sprechen zu müssen. Dabei erkläre ich allen Eltern vor dem ersten Kindertermin, sie mögen ihren Kindern mitteilen, dass sie nicht mit mir sprechen müssen, wenn sie es nicht wollen. Ich möchte sie nur begrüßen und jeglichen Zwang und Stress von ihnen fernhalten. Aber alle Eltern möchten, dass mir die Kinder automatisch ihr Herz ausschütten und ich dann zaubere.

Amir malte ein Portrait mit Kopf und Oberkörper. Er wählte einen Bleistift, malte damit flink und stellte sich mit einem modernen Kurzhaarschnitt dar. Der Junge auf dem Bild wirkte frisch und kraftvoll in dem Shirt seines Lieblingsfußballclubs. Ich freute mich darauf, diesen jungen Menschen kennenzulernen. Dann fragte ich ihn nach einem Titel für sein Bild. Er nannte es »Der arme Junge«. Damit überraschte er mich.

Normalerweise deute ich die Bilder der Kinder nicht, auch wenn das immer wieder gewünscht wird. Ich möchte dialogisch mit dem Kind und seiner Geschichte in Kontakt kommen und möchte, dass das Kind sich mitteilt – über Bilder, Spiele, Szenen, Fragen, Reaktionen, Haltungen und über die Atmosphäre, die in der Therapiestunde entsteht. Außerdem nutze ich meine Gedanken und Gefühle, die im Kontakt mit einem Menschen aufkommen, diagnostisch: Welche Rolle bietet mir mein Gegenüber an? Soll ich folgen? Bin ich überflüssig im Dialog, werde ich belehrt oder werde ich zum Opfer oder Verlierer bestimmt? Was ereignet sich zwischen mir und dem Kind?

Ich fand, Amir sah im realen Leben genauso freundlich und frisch aus, wie er sich auf seinem Selbstportrait dargestellt hatte. Dennoch: Dieses Mal lag ich mit meinem ersten Eindruck vorerst daneben.

Angerufen hatte mich Amirs ältere Schwester. Ihr Bruder dürfte zurzeit nicht in die Schule gehen, weil er mit einigen anderen Drittklässlern einige Kinder im Toilettenraum genötigt hätte, ihre Hose runterzuziehen. Es war ihr peinlich, mir das am Telefon zu erzählen. Ich erfuhr, dass die Familie fast 100 Kilometer entfernt wohnte. Es gäbe in der Nähe einfach keine Fachstelle, die sich eine Einschätzung zutraute. Sie benötigten dringend meine Hilfe, auch wenn unsere Stelle eigentlich nicht zuständig wäre. Amirs Schwester gab noch zu bedenken, dass der Mitarbeiter des Jugendamts gerade im Urlaub und der Direktor der Schule »schwer zu erwischen« wäre.

Eigentlich hätte ich bei fachlichen Unsicherheiten die Kollegen vor Ort zu einer möglichen Kindeswohleinschätzung beraten. Aber der Druck der betroffenen Familie war spürbar groß und vor Ort schien alles ins Stocken geraten zu sein. Die Schulrätin bestände auf Schulausschluss.

Also entschloss ich mich, Amir mit seinen Eltern und seiner großen Schwester für den kommenden Freitagnachmittag einzuladen, um mir ausreichend Zeit nehmen zu können. Die Familie war sympathisch. Ich erfuhr Folgendes: Sie lebten bereits seit zwei Jahren in Deutschland, davor in ihrem Heimatland Syrien. Der Vater hätte Amir als den Jüngsten der Familie fast den gesamten Weg auf seinem Arm oder seinen Schultern getragen. Ich fragte die Erwachsenen, ob Amir auf der Flucht Hunger gelitten oder besonders beängstigende Szenen gesehen hätte. Der Vater verneinte meine Frage. Er berichtete dann von einer sehr schweren Zeit im Lager.

Sie hätten erst dort realisiert, dass sie alles verloren hätten. Seine Frau und er hätten sich damals entschieden, die Familie, das Haus, die Arbeit, die Freunde, einfach ihre Heimat und Kultur zurückzulassen. Auf der Flucht wäre seine Frau krank geworden und, Allah sei Dank, hätte sie schließlich in Deutschland operiert werden können, erzählte der Vater. Allerdings hätte sie im Asylheim keine Ruhe zum Erholen gehabt, denn dort würden jeden Tag so viele dramatische Szenen passieren. Aggressionen, Provokationen, Neid, Schlägereien und Misshandlungen wären dort an der Tagesordnung. Es herrschten einfach chaotische Zustände. Und seine Frau wäre nach ihrem Krankenstand sehr labil, ängstlich und eben ganz besonders eifersüchtig gewesen. Er wäre damals auch an seine Grenzen gekommen und hätte seine Frau geschlagen. Amir hätte im Nebenzimmer alles mitangehört und sehr geweint. Danach hätte die Familie Hilfe bekommen und er, der Vater, hätte Gespräche führen und an einer Gruppentherapie für Männer teilnehmen können. Zu dem Therapeuten ginge er weiterhin. Er wäre diesem Mann sehr dankbar.

Dann wäre es aufwärts gegangen. Er hätte Deutsch gelernt und eine Arbeit gefunden. Seine neuen Kollegen wären sehr wichtig für ihn. Inzwischen könnten alle fünf Kinder schon recht gut die deutsche Sprache sprechen und sie gingen auch sehr gern in die Schule. Sie hätten eine kleine eigene Wohnung bezogen und neuerdings könnten sie sogar ein Auto ihr Eigen nennen. Seine Familie wäre sehr zufrieden und glücklich, in Deutschland eine neue Heimat gefunden zu haben.

Aber Amirs Schulausschluss wäre für alle sehr belastend und bedrohlich. Ich bemerkte, dass die ganze Zeit ausschließlich der Vater gesprochen hatte. Mutter und große Schwester hatten aufmerksam und ein wenig demütig zugehört. Manchmal versuchte ich, auch die Frauen am Gespräch zu beteiligen. Ich glaube jedoch, dass sich Amirs Vater für das Wohlergehen seiner Familie sehr verantwortlich fühlte. Auch für seinen Gewaltausbruch, dessen Zeuge sein kleiner Sohn gewesen war. Er fühlte sich schuldig dafür.

Zuvor hatte ich allein mit Amir gesprochen. Er schilderte mir die Übergriffsituation ausführlich, die in der Schule stattgefunden hatte. Amir erzählte, er wüsste auch nicht, wie sie auf die Idee gekommen wären. Aber er wollte es nicht wieder tun. Auch er wäre von zwei Älteren mal genötigt worden, habe aber noch weglaufen können. Amir bedauerte, dass er die zwei Kinder in eine beschämende Situation gebracht hätte. Die Eltern hätten mit ihm bereits ausführlich gesprochen und geschimpft. Sie wären sehr enttäuscht von ihm. Er fände es nicht schön, zuhause bleiben zu müssen. Das alles machte ihn sehr traurig. Er wäre sehr unglücklich, ausgeschlossen zu sein. Ich versprach Amir, mit seinem Direktor und dem Jugendamt zu sprechen und hoffte, ihm helfen zu können. Allerdings könnte ich ihm aber noch nichts versprechen. Amir schien erleichtert, wohl auch darüber, dass ich ihn nicht maßregelte. Ich verstand sodann, warum der Titel seines Selbstbildnisses »Das arme Kind« lautete. Er steckte wirklich in einer Zwickmühle. Und ich wusste noch nicht, ob ich behilflich sein könnte.

Der Austausch mit dem Jugendamtskollegen brachte schließlich Aufschluss. Er kannte Amirs Familie schon seit Beginn und er anerkannte und würdigte die Anstrengungen der Familie, sich zu integrieren. Außerdem wüsste er, dass es an dieser Schule schon mehrfach sexuelle Übergriffe verschiedener Art gegeben hätte. Amir wäre nur einer von mehreren, teils älteren Jungen. Er hätte mit vielen Kindern und deren Eltern gesprochen. Er und zwei Kolleginnen wären dabei, Licht ins Dunkel zu bringen. Und die Aussagen und Erinnerungen der Kinder wären sehr widersprüchlich gewesen – egal, ob sie die übergriffigen oder die betroffenen Kinder angehört hätten. Natürlich müsste man die Entwicklung an der Schule weiter beobachten und ein Schulausschluss könnte nur eine vorübergehende Maßnahme sein, um beispielsweise die Ernsthaftigkeit zu betonen. Er fände, dass sich einige Eltern zu sehr auf die Flüchtlingskinder einschössen. Dem müsste man entgegentreten. Ein Elternabend wäre schon angedacht.

Mein Gespräch mit dem Schulrektor verlief einvernehmlich. Auch er schien erleichtert, sich mit einer Fachkraft austauschen zu können. Ihm täten die Maßnahmen gegen Amir und einen weiteren Jungen ebenfalls sehr leid. Aber die Schulbehörde hätte diese Konsequenz vorgeschrieben. Die Behörde wollte von uns Fachleuten eine Garantie, dass es zu keinerlei ähnlichen Grenzüberschreitungen mehr kommen würde. Diese Garantie war natürlich nicht möglich, denn Kinderschutz kann niemals 100 % Prozent Sicherheit bieten.

Ich telefonierte erneut einige Male mit dem Jugendamt, um einen umfangreichen, sogenannten Hilfeplan für Amir, seine Familie und die Schule zu entwickeln. Diese Zusammenarbeit mit dem kompetenten und beherzten Kollegen machte trotz der noch zu erwartenden Schwierigkeiten Freude und sollte zufriedenstellende Ergebnisse bringen.

Amir benötigte eine kinderpsychotherapeutische Versorgung und die Familie eine aufsuchende sozialpädagogische Betreuung. Jugendamt und Schule müssten in einem engen Austausch bleiben, einen Elternabend veranstalten und die einzelnen Klassen benötigten einen Austausch und soziales Lernen im Rahmen eines sexualtherapeutischen, von Fachstellen gestützten, Präventionsprogramms. In Abständen sollte es gemeinsame Treffen aller Fachkräfte geben, um die Erkenntnisprozesse zu verbessern und um zu erkennen, welche Form der Hilfe einzelne Schüler benötigten. Es dürfte keine »Sündenbockpolitik« geben.

Wenn das alles umgesetzt würde, sagte ich, würde ich dem Schulamt garantieren, dass Amir eine gute Entwicklung nehmen würde, die frei von Übergriffen und Gefahren für seine Mitschüler bliebe. So geschah es dann auch. Ich vertraute darauf, dass die Ressourcen, die ich im Gespräch in Amir erkennen konnte, auch zum Tragen kommen würden, wenn die Umstände andere würden. Immerhin hatte Amir kraftvolle Eltern, die Hilfe annahmen und die ihn liebten. Er hatte einen gesunden, bewegungsfreudigen Körper und Amir liebte es, sich mit anderen Kindern sportlich zu betätigen. Er war in der Lage mit fremden Menschen zu sprechen und er konnte Fehler bereuen. Amir würde lernen, die Grenzen anderer zu respektieren, auch wenn im Lager andere Regeln herrschten. Ich glaube fest daran, dass er eines Tages seine Ziele und Ideale erreichen kann.

Immer wenn ich an Amir und an all die anderen Kinder, die ein ähnliches Schicksal teilen, dachte, fiel mir der Artikel 1 unseres Grundgesetzes ein: Die Würde des Menschen ist unantastbar! Und weil sie täglich angetastet wird, bleibt unsere Verpflichtung bestehen, sie zu achten und zu verteidigen. Davon bin ich zutiefst überzeugt.

12 Doro … Das Königskind
Eine schöne Mutter will eine gute Mutter werden

Doros Mutter Elsa wollte möglichst schnell einen Termin. Sie wäre in einer Lebenskrise und benötigte dringend meine Unterstützung. Sie müsste sich das ganze Durcheinander mal von der Seele reden.

Beim ersten Treffen weinte Elsa lange. So hatte ich Zeit meinen ersten Eindruck von ihr zu überdenken. Elsa war eine imposante Erscheinung: wunderschöne lange, lockige Haare, Mandelaugen, schlanke Figur, Businessoutfit, Highheels, eloquente Sprache, Ingenieursstudium mit Doktortitel, Anstellung in der Chefetage eines renommierten weltweit agierenden Unternehmens. Konnte so eine Frau überhaupt Probleme haben? Und wenn ja, welche?

Sie und ihr Mann hätten sich vor kurzem getrennt und jetzt ginge es um die Vereinbarungen zum Umgang. Ihr Mann wollte ihre Tochter ganz zu sich nehmen. Das wollte Elsa auf keinen Fall. Er wäre irgendwie überzeugender. Das Gericht und das Jugendamt würden sie für zu emotional halten. Sie hätte den Eindruck, sie könnte sich mit ihren Anliegen an diesen Stellen nicht durchsetzen.

Nach der Trennung hätten sie es als Eltern nicht hinbekommen eine Umgangsvereinbarung zu treffen. Jetzt allerdings wäre eine Sache dazu gekommen. Ihre Tochter hätte im Kindergarten erzählt, dass der Papa wollte, dass sie mit ihm zusammen duschen sollte. Doro hätte ihr mitgeteilt, dass ihr Vater sich wünschte, dass sie mit ihm in seinem großen Bett schlief. Eigentlich gefiel es ihrer Tochter im Elternbett schlafen zu dürfen, aber der Vater wäre immer ganz nackig und das fände Doro eklig. Einmal hätte ihr ihre Tochter berichtet, dass auch die neue Freundin des Vaters, ebenfalls fast nackt, mit ihnen das Bett geteilt hätte. Die Erwachsenen hätten sich viel geküsst und gestreichelt. Das hätte Doro nicht gemocht. Elsa hielte das Verhalten ihres Mannes gegenüber ihrer Tochter in Teilen für unangemessen, sie wollte dazu jedoch meine Einschätzung erfahren.

Doros Mutter berichtete weiter, ihre Tochter wäre in letzter Zeit oft weinerlich von den Umgängen beim Vater gekommen. Elsa nähme an, dass es deswegen wäre, weil der Vater oft sehr streng wäre. Sie wüsste, dass Doro beispielsweise keine Süßigkeiten zur Nachspeise bekäme, wenn sie sich nicht ordentlich bei Tisch benommen hätte. Elsa wüsste nicht, ob sie sich Sorgen machen müsste. Doro litt in letzter Zeit an Appetitlosigkeit. Der Kinderarzt könnte jedoch nichts finden. Sie wüsste nicht, ob sie annehmen sollte, dass ihr Mann sexuelle Grenzverletzungen vornähme. Gemeinsames Baden und Duschen stellten ja per se nicht unbedingt einen Missbrauch dar, das wüsste sie selbst.

Ich ließ mir ein wenig zu den Lebensgeschichten des Paares erzählen: Beide wären sie vor ihrer Ehe schon einmal kurz verheiratet gewesen. Sie hätte ihren Mann in der Firma kennengelernt, es hätte alles so gut gepasst. Sie hätten schnell geheiratet und sich eine schicke repräsentative Villa mit Pool geleistet. Bedauerlicherweise hätten aber auch schon bald die Eheprobleme angefangen.

Inzwischen wäre Elsa in eine eigene kleine Wohnung gezogen und vermisste nun natürlich die Annehmlichkeiten ihres Hauses. Da ihr Arbeitsweg sich allerdings durch den Umzug deutlich verkürzt hätte, hätte sie nun mehr Zeit für Doro gewonnen. Ihr Mann hätte bereits wieder eine neue Partnerin und auch sie lernte gerade jemanden kennen.

Aber Übergriffe – könnte sie ihm so was zutrauen? Er wäre empört, dass sie sich mit ihrer Unsicherheit und Sorge ans Jugendamt gewendet hätte. Sie wäre jetzt wohl ganz übergeschnappt, labil wäre sie ja schon immer gewesen und sie würde zu Übertreibungen neigen. Das wiederum hätte er seinem Anwalt in die Feder diktiert. Ich lernte in Folge auch Doros Vater kennen. Er absolvierte unseren Termin wie einen Pflichttermin, zeigte jedoch keinerlei Interesse an einem Diskurs. Er teilte mir mit, dass er die »Spinnereien« seiner Frau nicht ernst nehmen könnte.

Auch das Zusammentreffen mit Doro war ernüchternd. Ich begrüßte sie freundlich und führte sie in unser Kindertherapiezimmer. Fast alle Kinder sind begeistert, wenn sie all die schönen Spielsachen erblicken. Doro jedoch zeigte kaum eine Regung, sie wirkte kraftlos und setzte sich auf ein Kinderstühlchen hinter den Kaufmannsladen. Meiner Einladung, das Zimmer zu erkunden, kam Doro nicht nach. Ich schaute ihr ein wenig zu, wie sie die einzelnen Päckchen und Gegenstände des Kaufmannsladens betrachtete. Wir plauderten ein wenig über den Kindergarten, aber eigentlich wirkte Doro abwesend. Wenn sie sich im Zimmer bewegte, konnte ich ihren unbeholfenen Gang und ihre tollpatschigen Schritte beobachten. Sie benötigte dringend eine psychomotorische Behandlung. Wenn ich mich in sie einfühlte, spürte ich Trauer und Haltlosigkeit. Doro wirkte so erbarmungswürdig und verloren, dass ich weinen könnte.

Ich erkannte, dass Doro nicht viel reden wollte, sie sagte mir nur, dass sie bei ihrer Mutter leben wollte und den Vater mit der Mutter besuchen wollte. Sie wollte nicht mehr mit dem Vater duschen, noch wollte sie bei ihm übernachten oder bei ihm allein bleiben. Jetzt wusste ich, was Doros Wünsche waren. Zu den etwaigen Übergriffen erfuhr ich nichts Stichhaltiges. Ich erzählte ihr nur andeutungsweise, was ich von ihrer Mutter Beunruhigendes erfahren hatte und fügte hinzu, dass viele Kinder es nicht mochten, wenn sie mit nackten Erwachsenen konfrontiert wären. Allerdings gäbe es auch Kinder, die die Nacktheit genössen und für die das Nacktsein der Eltern nichts Besonderes oder gar Beunruhigendes wäre. Eigentlich wollte ich Doro lediglich signalisieren, dass diese speziellen Themen für mich ganz selbstverständlich wären und eben kein Tabu darstellten. Bei Doro schienen meine Ausführungen jedoch gar nicht anzukommen. Auch in den nächsten Stunden erhielt ich keine relevanten spontan geschilderten Hinweise zu möglichen Übergriffen des Vaters. Die gemeinsamen spielbasierten diagnostischen Termine ergaben keine aussagekräftigen Ergebnisse zu eventuell stattgefundenen Übergriffen.

Niemals dränge ich ein Kind zum Sprechen, noch erwarte ich, dass es mir als fremder Person etwas anvertraut. Ich versuche meinen Therapiekindern die Möglichkeit einer freien Entscheidung anzubieten oder zurückzugeben. Natürlich versuchen Eltern manchmal ihre Kinder sanft zu drängen, indem sie Ihnen zurufen: »Der Frau kannst du alles erzählen.« In der Regel bremse ich dann. Manchmal erzähle ich dem Kind eine Geschichte von einem anderen Kind, dass in ähnlichen Schwierigkeiten steckte. Wenn es sich dann interessiert, erfinde ich verschiedene Interventions- oder Lösungsschritte, die das andere Kind erprobt hat. Aber hauptsächlich erzähle ich den Kindern von den Gefühlen der anderen Kinder. Auch jene hatten Angst und Wutgefühle oder berichteten von Gedanken, nicht mehr leben zu wollen.

Viele Kinder schämen sich so sehr, dass sie gar nichts über die erlebten Gewalt- und Missbrauchsszenen berichten möchten. Ich versuche meinen Therapiekindern zu vermitteln, dass ihre Gefühle ganz normal sind für die unnormalen Umstände, in die sie gerieten oder in denen sie sich noch befinden.

Das Gericht erwartet grundsätzlich diagnostische Sicherheit und braucht triftige Gründe, um einem Elternteil sein Kind vorenthalten zu können. Wenn sich Gefährdungen nicht oder noch nicht nachweisen lassen, kann es zu einer Situation kommen, die jeder in der Jugendhilfe Tätige möglichst vermeiden möchte. Zu diagnostischen Zwecken kann ein Kind oder eine Jugendliche in eine Klinik oder in einem Heim aufgenommen werden (Gerber, 2019)

So ereignete es sich auch bei Doro. Kurz nach Weihnachten wurde das kleine Mädchen in einem kleinen Kinderheim aufgenommen. Die Mutter musste ihre kleine Tochter vorbereiten, durfte sie aber vier Wochen nicht besuchen. Diese richterlichen Konsequenzen schienen mir nachvollziehbar und gleichzeitig barbarisch. Für ein Kind stellt dieser gesetzliche Eingriff in die Eltern-Kind-Bindung meistens eine traumatische Erfahrung dar. Es fühlt sich erneut verlassen, versteht nicht, warum es den in der Krise Sicherheit gebenden Elternteil auch nicht sehen darf. Und das alles, obwohl es nichts falsch gemacht hat. Die Ohnmacht und Hilflosigkeit eines in solch einer Lage sich befindenden Kindes lässt es oft ganz verstummen und niemand mehr trauen (Gerber, 2019).

Das Gericht beauftragte in Doros Fall eine Familiengutachterin mit der Klärung der Erziehungsfähigkeit beider Eltern und es ließ das Heim einen Bericht zum Verhalten der Fünfjährigen verfassen. Man wollte jeglichen Fremdeinfluss auf das Kind inklusive den der Mutter ausschalten. Immerhin hatte der Vater der Mutter unterstellt, die ganze Geschichte erfunden zu haben. Das Gericht entschied weiter, dass sich beide Eltern einem psychiatrischen Gutachten unterziehen müssten. Die Besuchskontakte im Heim wurden für beide Eltern nach der Kontaktpause nur in Begleitung einer Pädagogin abgehalten. Diese Maßnahmen stellen für die meisten Eltern einen sehr belastenden Eingriff in ihre Eltern- und Bürgerrechte dar.

Die Sachverständige wird vom Gericht autorisiert, alle möglichen Quellen zur Informationsgewinnung zu nutzen. Sie wird mit den Eltern jeweils einzeln deren persönliche Lebensgeschichte, die der jetzigen Familie sowie die momentane Krisensituation untersuchen. Sie wird das Kind allein sowie mit seinen Eltern im häuslichen Umfeld kennenlernen. Die Sachverständige darf mit Schule und Kindergarten sprechen und involvierte Therapeutenkollegen kontaktieren und nach ihrer Einschätzung fragen. Die Expertin muss ihre fachlich begründeten Hypothesen auch für Laien nachvollziehbar darlegen. Am Ende der zum Teil mehrere Monate dauernden Begutachtung stehen eine Zusammenschau aller Ergebnisse, eine abschließende Beurteilung und eine Reihe von fachlich angemessenen Empfehlungen zur Verbesserung der Kindeswohlsituation. (Salzgeber, 2020)

Die Eltern müssen hinnehmen, dass sie ihr gesamtes privates Leben offenlegen sollen und dass die Entscheidungsprozesse sich hinziehen können. Meistens erleben Eltern die kritische Distanz der Gutachter sowie deren Neutralität zusätzlich als Belastung oder gar als Misstrauen. Bei kleinen Kindern ergibt sich nicht selten das Problem, dass sie einem fremden Gutachter nichts erzählen wollen. Das stellt ein Dilemma dar, denn ein Gericht kann nur über Stichhaltiges Entscheidungen treffen und Beschlüsse fassen.

Auf eine bestimmte Qualität der Elternbeziehung legen Gutachter und Gericht einen ganz entscheidenden Wert. Von Eltern wird erwartet, dass sie den anderen Elternteil als bedeutsamen Beziehungspartner ihres Kindes ansehen und die Bindung zu ihm fördern. Diesen gegenseitigen Respekt müssen sie leisten, obwohl sie sich vielleicht gerade in der Krise oder im Scheidungsverfahren befinden. Damit soll bewiesen werden, dass die Eltern zwischen ihrer Paarbeziehung und ihrer Elternbeziehung unterscheiden. Derjenige, der sich dazu eher in der Lage sieht, hat die besseren Karten, eine gute Erziehungsfähigkeit bestätigt zu bekommen.

Über ein halbes Jahr kannte ich Doros Familie bereits. Ich arbeitete mit der Mutter daran, sich selbst beruhigen zu lernen und ihren eigenen Wahrnehmungen wieder zu trauen. Außerdem erläuterte ich ihr das Prozedere des Gerichtsverfahrens und begleitete sie in ihrem Schmerz um den zeitweiligen Verlust ihres Kindes. Es kam zu einem tiefen Trauerprozess, in den sich zusätzlich die Trauer um eine in der ersten Ehe erlittene Fehlgeburt mischte. Außerdem erlebte Elsa massive Schuldgefühle, weil sie ihrem Kind den Heimaufenthalt nicht ersparen konnte.

Elsa erinnerte sich in den Beratungsstunden daran, dass sie und ihr Mann sich die Betreuung ihres Kindes anfänglich mit einer Tagesmutter geteilt hatten. Sie hätte damals nie daran gedacht, sich ganz ihrer Mutterschaft hinzugeben, sondern gleich weiter gearbeitet. Inzwischen wäre ihr Mutterinstinkt erwacht und sie wäre entschieden, sich in dieser brisanten Situation für ihr Kind einzusetzen. Elsa konnte spüren, wie Doro die enger werdende Bindung genoss und dass ihre Tochter ihr inzwischen mehr traute. So hätte Doro ihr kürzlich anvertraut, dass der Vater einmal erzählt hatte, dass sie bald eine neue Mama bekäme, die dann immer Zeit für sie hätte.

Der Vater lehnte jede weitere Beratung ab. Er ließ mich wissen, dass er seine Familie und seine neue Partnerin zum Reden hätte und er keine Beratungsstelle bräuchte. Das akzeptierte ich, auch wenn ich fand, dass es eigentlich vieles zu besprechen gab.

Elsa gewann immer mehr Vertrauen. Sie erzählte mir einmal voller Freude, wie froh sie und ihr Mann über Doros Ankunft gewesen wären. Doro wäre zu ihnen gekommen, weil deren leibliche Mutter sie mit 15 Jahren bekommen hätte und ihr Kind nicht allein versorgen konnte. Sie hätten Doro adoptiert. Sie und ihr Mann hätten eine Zeitlang probiert, dass sie schwanger würde, aber es hätte nicht geklappt. Sie hätten sich beide untersuchen lassen. Es hätte an ihrem Mann gelegen. Inzwischen nähme sie an, dass ihr Mann bereits von seiner Zeugungsunfähigkeit gewusst hätte, aber sie nicht wahrhaben wollte. Er hätte sich sehr geschämt und nie mehr darüber sprechen wollen. Für sie wäre es eigentlich in Ordnung gewesen, ein Kind zu adoptieren, darüber hätte sie bereits früher schon einmal nachgedacht.

Bedauerlicherweise wäre es immer wieder zu sehr emotionalen Ausbrüchen und Streitereien zwischen dem Paar gekommen, sobald sie mit ihrem Mann darüber sprechen wollte, ob und wann ihre Tochter von ihrer wahren Herkunft erfahren sollte. Er hätte strikt abgelehnt, darüber mit Doro zu sprechen. Elsa hätte sich schon mal mit dem Kinderarzt und dem Jugendamt dazu beraten. Heimlich hätte sie Briefkontakt mit der leiblichen Mutter aufgenommen und ihr Fotos von Doro beigelegt. Und diese hätte sich sehr gefreut und ihr wiederum Fotos von Doros zwei kleineren Geschwistern geschickt. Eines Tages wollte sie es Doro ermöglichen, ihre Ursprungsfamilie kennenzulernen.

Ich fragte Elsa, wer aus der Familie eigentlich Bescheid wüsste. Ja, das sei auch so eine Sache, erzählte Elsa. Ihr Mann hätte nicht gewollt, dass seine Eltern von seiner Unfruchtbarkeit erführen. Er hätte ihnen gesagt, dass es an seiner Frau läge und sie hätte ihn nicht bloßstellen wollen. Ihren Eltern und ihrer Schwester hätte sie die Wahrheit gesagt.

Nach sechs Wochen Heimaufenthalt durfte Doro schließlich zur Mutter zurückkehren. Ich freute mich für Mutter und Kind. Nochmals fiel mir mein erster Eindruck beim allerersten Mutter-Kind-Termin ein. Ich war irgendwie irritiert gewesen, hatte damals aber noch keine Idee weswegen. Mutter und Tochter schienen gar nicht zusammenzupassen. Ich erinnerte mich, dass ich Doro als kraftloses mattes Kind wahrgenommen hatte. Sie wirkte verhuscht, hatte eine zu geringe Körperspannung und die Verbindung zwischen Mutter und Tochter schien dünn.

Allerdings war mir Doros Allgemeinwissen aufgefallen. Sie kannte bereits viele Länder der Erde und konnte schon schreiben und rechnen, obwohl sie noch ein Kindergartenkind war. In diesen Kulturtechniken lag Doro weit vorn, weil die Eltern sie förderten. Sie waren stolz auf Doro, weil sie sich sogar schon für die englische Sprache interessierte. Öfter hörte ich Elsa mit Doro Englisch sprechen. Dann wirkte Elsa eher wie Doros Gouvernante denn als ihre Mutter.

Mir fiel auf, dass sich der Kleidungsstil und das Auftreten von Mutter und Tochter deutlich unterschieden. Elsa trug Kleidung, die wohlausgewählt schien und die zusätzlich ihre Schönheit unterstrich. Doro hingegen hatte nach meinem Empfinden etwas Unbestimmtes oder Undefiniertes. Ihre dunkelblaue Leggings und das Ringelshirt könnten eher einem Buben gehören, dazu kamen ihre Frisur mit dem verschnittenen Pony und ihr trauriger Gesichtsausdruck. Außerdem fiel Doro manchmal über ihre eigenen Füße. Das alles ließ mich rätseln. Doro war offensichtlich keine Prinzessin. Aber warum?

Nach weiteren drei Monaten entschied die Familienrichterin, dass Doro ausschließlich bei ihrer Mutter leben sollte. Doro hatte das Vertrauen aufbringen können, sich im Heim einer Erzieherin anzuvertrauen und auch der Gutachterin hatte sie von den Badeszenen im Pool berichtet. Doro und ihr Vater hätten oft nackt im Pool gebadet und sie hätte dann Papas Penis anfassen dürfen. Der sei oft dick geworden, das hätte sie lustig gefunden, aber nach einiger Zeit hätte sie dieses Spiel nicht mehr gemocht. Allerdings hätte sich Doro nicht getraut, das dem Vater zu sagen, denn sie hatte ihn nicht enttäuschen wollen. Und traurig machen wollte sie ihn auch nicht.

Doros Vater erhielt die Auflage, an einer mehrjährigen Therapiegruppe für Männer, die Kinder sexuell missbrauchen, teilzunehmen, um sich seiner Motive klar zu werden. Zusätzlich sollte er eine Psychotherapie aufnehmen, um sich mit seiner Unfruchtbarkeit zu befassen. Erst danach könnte über erneuten Umgang nachgedacht werden. Auch Doro sollte für ihre seelischen Probleme eine kinderpsychotherapeutische und für ihre Bewegungsunsicherheiten eine psychomotorische Behandlung absolvieren. Sie sollte mitreden dürfen, ob oder wann sie ihren Vater, in Begleitung einer dritten Person, wieder treffen wollte. Elsa ihrerseits hatte sich entschieden, ihre Arbeitszeit zu verkürzen. Der Vater war bereit gewesen, seinen Unterhalt zu erhöhen und Elsa würde dem Vater regelmäßig über die Entwicklung seines Kindes berichten. So wollte es das Gesetz.

Im Laufe seines therapeutischen Prozesses konnte Doros Vater schließlich erkennen, dass er meistens nur seine eigenen Wünsche im Blick gehabt hatte und er Doro mit seinen Bedürfnissen nach Nähe, Zärtlichkeit und Sexualität verwirrt und geschadet hatte. Er sollte lernen, Doros Bedürfnisse einfühlend erkennen zu können. Das schien seine einzige Chance und zugleich seine Vaterpflicht.

Nur sehr wenige Männer gelangen zu Selbsteinsicht und Verantwortungsübernahme für ihre Verfehlungen und noch seltener nehmen sie einen therapeutischen Weg auf sich, auf dem es darum geht, die zahlreichen eigenen ungestillten Bedürfnisse zu erkennen und die eigenen selbstsüchtigen Täterstrategien zu entlarven. Doros Vater hoffte, dass Doro ihn eines Tages wieder als ihren Vater ansehen mochte. Für Doro wiederum war es ein Glücksfall, dass ihr Vater nicht mehr leugnete und dass sie und ihre Mutter nicht länger als Lügnerinnen dastanden.

Nach einem Jahr meldete sich Elsa, um mir von den neueren Entwicklungen zu berichten. Sie brachte Doro mit. In der Tür stand ein Mädchen mit einem wunderschönen Lächeln, an der Hand seiner Mutter. Doro trug ein gelbes Sommerkleid, weiße Lackschuhe und offene halblange Haare; sie war eine richtige kleine Prinzessin geworden. Doro teilte mir begeistert mit, dass sie bald ein Geschwisterchen bekäme und sich sehr darauf freute.

13 Yasha... Der Gnädige
Die Liebe höret nimmer auf, hoffentlich!

Yashas Eltern waren ursprünglich in Indien und Pakistan zuhause. Sie suchten beide ihr Glück in Europa und trafen sich schließlich nach einigen Wanderschaften in Deutschland. Die Mutter sprach Englisch und verschiedene indische Dialekte, nur wenig Deutsch. Der Vater sprach Pakistanisch und schwer zu verstehendes Deutsch und kaum Englisch. Als sie sich kennenlernten, sprachen sie die Sprache der Liebe, die jedoch bald nicht mehr ausreichte. Dank ihrer Hochzeit konnte der Vater in Deutschland bleiben. Bald kündigte sich Yasha an. Die frohe Botschaft nahm so manchem Streit die Spitze.

Der Vater wollte eines Tages ein eigenes Restaurant eröffnen. Er arbeitete sehr hart dafür in der Gastronomie. Er hatte eher traditionelle Vorstellungen von einer Familie, und die, dass der Mann bestimmte. Dann wurde die Mutter ein zweites Mal schwanger. Er wollte kein zweites Kind, jedenfalls nicht so bald nach dem ersten. Er zwang seine Frau zur Abtreibung. Da sie noch sehr jung war, beugte sie sich der Anordnung ihres Mannes. Sie könnte ja später noch weitere Kinder bekommen, versuchte sie sich zu trösten. Aber in Wahrheit würde sie ihm das nie verzeihen. Die Streitigkeiten nahmen zu und wurden immer heftiger. Einige Male rief die Frau die Polizei und schließlich trennte sie sich, ging mit Yasha ins Frauenhaus, danach in eine Unterkunft für Obdachlose.

Ihr Mann wollte seinen Sohn sehen. Sie wollte das nicht. Das Jugendamt musste vermitteln und die Situation klären. Der Vater bekam seinen ihm gesetzlich zustehenden Umgang zugesprochen. Jede Übergabe des Kindes führte dennoch zu einem Eklat. Für Yasha war diese Situation jedes Mal ein Drama: Es wird laut, die Eltern keifen sich an, werfen sich Vorwürfe an den Kopf und verlieren ihn, ihr Kind, aus dem Blick. Wieder rufen Passanten die Polizei.

Manchmal ging die Mutter erst gar nicht zu den verabredeten Treffen. Eine Zeitlang akzeptierte der Vater das, aber dann kam es zur erneuten Anhörung vor dem Familiengericht: Der Richterin reichte es, sie sprach Yasha dem Vater zu, obwohl die Familiengutachterin dem Vater nur begrenzte alltagspraktische und erzieherische Fähigkeiten bescheinigte. Alle zwei Wochen sollte Yasha Kontakt zur Mutter haben. Yasha hätte lieber wieder bei seiner Mutter gelebt, aber die stattgefundenen Eskalationen schrieb man mehrheitlich der Mutter zu.

Dabei spielten die Traumatisierungen, die die Mutter zum Teil auch infolge der häuslichen Gewalt durch ihren Mann entwickelt hatte, bislang bei Gericht keine Rolle. Die Mutter hatte der Richterin davon nichts berichtet. Der Mutter war selbst nicht bewusst, dass ihren Ausrastern Angst und Panik zugrunde lagen. Immer wenn sie sich in einer ausweglosen Situation wähnte, verlor sie die Kontrolle. Manchmal hatte sie auch auf ihren Mann eingeschlagen. Es schien als hätte sie nur zwei Wege. Entweder floh sie oder sie kämpfte wie um ihr Leben.

In dieser Situation lernte ich Yashas Eltern kennen. Die Mutter wollte, dass ich ihr half, ihren Sohn zurückzubekommen. Sie hatte sich inzwischen auch rechtlichen Beistand organisiert. Und sie hatte einen neuen Mann getroffen, der sie moralisch im Kampf um ihr Kind unterstützte. Allerdings sprach er weder Englisch noch Deutsch. Der neue Partner sprach Indisch und Französisch und so konnte ich ihn nur mithilfe ihrer Übersetzung am Gespräch beteiligen.

Yasha liebte seine beiden Eltern, aber er verstand auch, dass sie miteinander nicht konnten. Ich wollte auch Yashas Vater kennenlernen und dessen Vertrauen gewinnen. Er zeigte sich überrascht, dass ich auch ihm gegenüber offen war. Das Gericht wollte, dass ich die Treffen zwischen Mutter und Sohn anbahnen und begleiten sollte. Beabsichtigt war natürlich auch, dass ich mir dabei einen fachlichen Eindruck von der Mutter-Kind-Beziehung verschaffen sollte.

Der Vater räumte ein, dass er seine Frau früher geschlagen hatte. Eigentlich hätte er das nicht gewollt, aber sie wäre nach der Abtreibung nicht mehr die Gleiche gewesen. Sie hätte ihn regelmäßig provoziert und herabgewürdigt. Schließlich hätten sie fast jeden Tag gestritten und immer wieder hätte Yasha die Auseinandersetzungen der Eltern miterlebt. Yasha hätte viel geweint und Tics entwickelt. Glücklicherweise ginge es ihm wieder gut. Sie wären ein tolles Vater-Sohn-Gespann geworden. Aber er merkte auch, dass Yasha seine Mutter oft vermisste, besonders wenn der Vater einen Tag am Wochenende arbeiten müsste. Dann bliebe Yasha bei einer befreundeten Familie. Der Vater war glücklicherweise einverstanden, dass ich die Mutter-Sohn-Treffen begleiten wollte.

Ich war gespannt auf das erste Treffen mit Yasha. Er hatte sich zu unserem ersten Treffen seinen Kinderanzug mit Fliege angelegt. Offensichtlich wollte er einen richtig guten Eindruck machen. Yasha war sehr höflich und interessiert. Er sah hinreißend aus und er fand auf Anhieb den Weg zu meinem Herzen. Er erkundete das Kindertherapiezimmer und lud mich zu verschiedenen Spielangeboten ein. Ich erkundigte mich nach seinen Erinnerungen zu Erlebnissen mit Vater und Mutter. Und ich fragte ihn nach seinen Wünschen. Außerdem berichtete ich ihm, dass ich seine Eltern bereits kennengelernt hätte und erklärte ihm meine Aufgabe. Ich wollte, dass Yasha wusste, warum er mich traf, bevor er sich auf mich einließ.

Yasha erzählte mir, dass er sich freute, seine Mutter wiederzusehen. Aber er wäre froh, dass ich dabei wäre. Er hätte ein wenig Angst vor ihr. Der Vater sagte oft zu ihm, dass die Mutter an allem schuld wäre. Sie wäre immer so laut geworden und hätte nicht aufhören können zu streiten. Ich erklärte Yasha, dass meine Erfahrung wäre, dass beide Partner die Verantwortung für das Zerbrechen einer Familie trügen. Und ich verstünde, dass das Aufbrausen der Mutter ihm Angst machte.

Vor dem ersten Zusammentreffen sprach ich der Mutter ein paar Empfehlungen aus. Sie sollte bitte auf jeden Fall ruhig bleiben und nichts Negatives über den Vater sagen. Yasha wiederum sagte ich, dass der Vater im Warteraum auf ihn warten würde und er jederzeit zum Vater laufen dürfte. Und ich würde die Mutter beruhigen, falls sie sich aufregte.

Die erste Begegnung gelang, beide waren sehr glücklich, sich zu treffen. Yasha machte nur einen kleinen Schritt auf die Mutter zu, dann wartete er ab, ob die

Mutter auf ihn zugehen und ihn in ihre Arme nehmen würde. Das tat sie natürlich und Yasha konnte sich in ihre Arme fallen lassen. Es folgte eine sehr rührende Szene, in der sie sich ihrer gegenseitigen Liebe versicherten. Dann vereinbarten wir die weiteren Treffen. Ich bemerkte, dass die beiden keine gemeinsame Sprache sprachen. Yasha sprach nicht seine Muttersprache. Er sprach noch gebrochen Deutsch mit starkem Akzent und die Mutter sprach Englisch. Zum Glück verstand er etwas Englisch und sie einigermaßen Deutsch. Ich versuchte bei der Verständigung behilflich zu sein.

Die Mutter war bereits erneut schwanger. Sie erzählte ihrem Sohn von ihrem neuen Mann und dass sie Zwillinge erwarte. Deshalb würde er bald ein großer Bruder von gleich zwei kleinen Schwestern werden. Ich fand, dass sie das gut machte. Yasha reagierte überrascht, aber gab sich im nächsten Moment euphorisch. Dann packte sie das eigens für ihren Sohn gekochte indische Mittagessen aus. Yasha staunte und ließ sich geduldig von seiner Mutter füttern. Ich glaube, Yashas Mutter reagierte ganz intuitiv und setzte mit ihrem mütterlichen Fütterritual dort an, wo sie ihren Sohn zeitlich verlassen hatte. Damals, als sie sich trennten, war er ja noch ein Fütterkind gewesen.

Die Mutter war zunächst mit der Absicht angetreten, ihren Sohn wieder zu sich zu nehmen. Während der ersten Beratungstermine und Telefonate bat sie mich jedes Mal inständig, dafür zu sorgen, dass ihr Sohn wieder bei ihr leben dürfte. Es war herzzerreißend und immer wieder erklärte ich ihr, dass nur das Gericht die gesetzliche Macht besäße, diese Entscheidung zu treffen. Aber ich würde mein Bestes tun, ihr zu helfen. Zunächst rang ich darum, die Mutter vorsichtig auf ihre praktische Realität hinzuweisen. Ohne Wohnung und mit zwei weiteren Kindern, wie sollte das alles gehen? Irgendwie »musste« ich neben ihrer Sehnsucht nach ihrem Kind auch die traurige Wirklichkeit verankern.

Eigentlich hätten alle Beteiligten mit dem Beratungsverlauf und den guten Entwicklungen für dieses Kind zufrieden sein können. Beide Eltern versäumten keinen Termin und auch der neue Partner war freundlich zu Yasha. Yasha bekam zwei Schwestern und er liebte sie bereits von der ersten Minute. Wenn wir die Mutter in ihrer Unterkunft besuchten, half er der Mutter beim Füttern der kleinen Geschwister oder spielte mit Ihnen. Andererseits brachte die Mutter ihrem Sohn ihr indisches Essen mit in unsere Einrichtung. Sie sorgte sich wie alle Mütter um das leibliche Wohlergehen ihres Kindes. Yasha konnte oft kaum etwas essen, die Aufregung war zu groß. Aber sicher verstand er die liebevolle Absicht seiner Mutter. Yashas Mutter zeigte sich auch interessiert am schulischen Fortkommen ihres Erstklässlers und Yasha zeigte ihr stolz seine Fortschritte beim Schreiben und Rechnen.

Yashas Mutter nutzte jede Gelegenheit, um ihren Sohn zu treffen. Allerdings waren jedes Mal auch die Zwillinge bei den Treffen dabei. Ich versuchte die Kleinen ein wenig abzulenken, damit Yasha die Mutter auch mal einige Momente für sich hatte. Schließlich jedoch musste die Mutter noch einmal in eine andere Unterkunft umziehen. Das sollte unsere Treffen und die Annäherung zwischen Mutter und Sohn deutlich erschweren. Und schließlich wurde die Mutter zum vierten Mal schwanger. Mit drei Kleinkindern konnte sie nicht mehr in die Stadt kommen, um einen Teil der Termine im Spieltherapiezimmer abhalten zu können. Der neue

Partner versuchte eine materielle Grundlage für die wachsende Familie aufzubauen, sodass er bedauerlicherweise aus Zeitnot nicht bei der Yashas Besuchsorganisation behilflich sein konnte.

Ich bot an, ab und an mit der S-Bahn mit Yasha zur Mutter in ihr neues Heim zu fahren. Erleichtert stellte ich fest, dass der Vater uns fahren ließ. Yasha war vor dem ersten Hausbesuch sehr aufgeregt, musste er doch die gewohnte Sicherheit des Kindertherapiezimmers wieder aufgeben. Auf der Fahrt spielten wir ein wenig. Yasha freute sich, war aber immer sehr aufgeregt. Für ihn ging es wohl jedes Mal um Leben oder Tod, jedenfalls psychisch: Würde ihn die Mutter noch als ihr Kind wollen und wie wichtig war er ihr angesichts der Tatsache von drei weiteren Kindern und einem neuen Mann?

Yasha wollte unseren Besuch jedes Mal fernschriftlich ankündigen und schickte seiner Mutter schon während unserer Fahrt seine große Liebe mittels einem Dutzend Herzchen voraus. Sicher war sicher! Ich konnte spüren, wie sehnsüchtig er ihre offenen Arme erwartete. Auf dem Hof der Unterkunft kamen uns Menschen aus aller Welt entgegen. Das Haus ist ein Neubau aus Beton mit einem kalten, dunklen Treppenhaus. Es gibt auch einen Aufzug, den die Bewohner jedoch nicht benutzen dürfen, wie ich später erfuhr.

Endlich waren wir angekommen. Die Mutter erwartete uns. Beim Öffnen der Tür blickte ich in einen winzigen Raum; ich glaubte, meinen Augen nicht zu trauen. Es handelte sich um ein sehr kleines schmuckloses Zimmer mit kleiner Kochstelle, die Nasszelle abgeteilt. Ein Fenster, ein großes Bett, zwei Kinderbetten, zwei Klappstühle. Kein Tisch, dafür Kinderwagen, Koffer und große Plastiktüten, aus denen die Kindersachen quollen. Als der Partner vom Einkaufen zurückgekommen war, befanden wir uns zu siebt in dem kleinen Raum.

Aber die Kleinen strahlten, tobten und staunten übereinander. Es war eng, das große Bett alt und fleckig, kein Platz für Spielzeug. Die Mutter hatte nicht einmal was zum Malen für Yasha. Aber sie mixte einen Fruchtdrink aus Obst, Milch und Zucker. Yasha wollte der Mutter etwas schenken. Er gab ihr 1,50 Euro, das Geld, das ihm der Vater für eine Brotzeit mitgegeben hatte. Die Mutter hielt den Säugling und ihre drei anderen Kinder tobten auf dem Bett um sie herum. Für kurze Zeit herrschte hier ein großes Glück in der kleinen Herberge.

Yashas Mutter lebte wie in einem Käfig. Ohne die Hilfe ihres Partners konnte sie die vier Treppen mit ihren drei Kleinkindern nicht überwinden, auch weil die Mädchen die vielen Stufen noch nicht sicher genug bewältigen konnten. Mit den fremden Nachbarn hatte sie sich auch noch nicht bekannt gemacht. Ich fragte mich, wie sehr dieser Zustand die Würde dieser vierfachen Mutter antastete. Aber sie beschwerte sich nie. Sie hoffte auf bessere Zeiten und auf eine eigene Wohnung.

Während der Weihnachtsferien sollte eine Überraschung auf Yasha warten. Die Mutter lud ihren Sohn ein, bei ihr zu übernachten. Ich konnte sogar die Zustimmung von Yashas Vater erwirken und Yasha traute sich inzwischen zu, seine mütterliche Familie ohne meine Begleitung zu besuchen. Was für ein Fortschritt! Sein Vertrauen in die Mutter war wieder erstarkt. Sie wollte ihren großen Sohn mit der gesamten Familie bei mir abholen.

Yasha erschien überpünktlich an der Seite seines Vaters. Ich wartete mit ihm und seiner gepackten Tasche im Spieltherapiezimmer. Zum Spielen war Yasha zu aufgeregt. Stattdessen zeigte er mir alle Dinge für seinen Besuch bei der Mutter. Ich verstand seinen Stolz und seine Vorfreude. Aber die Mutter kam nicht. Also rief ich sie an. Sie entschuldigte sich dafür, dass sie es nicht geschafft hatte zu kommen. Sie wäre auch nicht dazu gekommen, abzusagen. Einen Grund nannte sie nicht. Das war eine große Enttäuschung für Yasha. Mir war, als müsste ich aus tiefster Seele losschreien und in einem Weinkrampf zusammenbrechen. Diese starken Gefühle entstanden aus der großen Nähe und Einfühlung zu Yasha. Der Moment war unerträglich und trotzdem versuchte ich die Fassung zu bewahren und auf Yashas Reaktion zu schauen. Er verhielt sich still und es fühlte sich so an, als fräße sich sein Schmerz noch ein bisschen tiefer in seine Kinderseele.

Natürlich hätte ich der Mutter sagen wollen, dass sie doch wisse, wie schlimm so eine Enttäuschung für ihren Sohn sein würde und dass sie beim nächsten Mal lieber frühzeitig absagen sollte, damit ich frühzeitig die Enttäuschung abfedern könnte. Aber ich tat es nicht, denn ich kannte ihre Motive ja noch nicht. Sie versprach mir am Telefon, es wieder gutzumachen und stellte einen Zoobesuch in Aussicht. Danach brach der Kontakt ab. Nach einem halben Jahr erfuhr ich über eine Textnachricht, dass ihr Partner sie an dem angedachten Übernachtungstag verlassen hatte. Sie hatte damals einfach neben sich gestanden. Dieser Schicksalsschlag bedeutete, dass sie weiterhin allein mit ihren drei Kleinkindern in der winzigen Bleibe versuchen würde zu überleben.

Ich nahm erneut Kontakt zu Yasha und seinem Vater auf und wir begannen von Neuem. Für einen Besuch bei der Mutter brauchten wir immer einen halben Tag. Langsam sollte sich mein Kontingent an Hausbesuchen erschöpfen und aufgrund der Coronakrise mussten schließlich wieder alle Termine ausfallen. Yasha musste wohl noch viel Geduld aufbringen, bis er seine Mutter regelmäßig treffen und seine Wünsche nach Nähe und Zärtlichkeit stillen können würde. Aber Yashas Vater versuchte inzwischen alles, um seinen Sohn abzulenken und zu verwöhnen, natürlich auch materiell.

Trotz der negativen Überraschung und Enttäuschung fühlte sich Yasha wieder zugehörig, immerhin war er der Älteste von vier Geschwistern. Er war um einen wesentlichen Identitätsteil reicher geworden und hatte wieder eine Mutter. Er hatte spüren können, dass sie ihn liebte und nie vergessen hatte. Das war das Wichtigste für ihn. Er würde warten können. Und er würde den Vater um Erlaubnis bitten, endlich eine Fotografie von sich, der Mutter und seinen Geschwistern über seinem Bett aufhängen zu dürfen.

Die Wohnsituation der Mutter ging mir nicht mehr aus dem Kopf. Nur wenige Kilometer trennten Mutter und Sohn, aber die räumliche Distanz schien schwer überwindbar. Sie stellte eigentlich eine unnötige Belastung für Yashas Kindeswohl dar. Aus meiner täglichen Kinderschutzarbeit weiß ich jedoch, dass sich Familien und Helfer aufgrund nicht ausreichender Ressourcen oft mit Teilzielen begnügen müssen.

14   Greta ... Die Duldsame
Prüfet die Akten

Vor ein paar Jahren besuchte ich den wunderschönen Blumengarten von Emil Nolde in Seebüll, nahe der dänischen Grenze. Der bekannte Maler und seine Frau Ada erschufen ein unvergleichliches Farbenmeer, das zu jeder Zeit in anderen Farbtönen erblüht. Als ich eines Morgens ein junges Mädchen mit seiner Mutter aus dem Wartezimmer zum Erstgespräch abholte, schien es mir, als sei dieses Mädchen gerade diesem schönen Nolde-Garten entstiegen. Greta sah aus wie eine ganz aufrecht gewachsene Sonnenblume, die mich warm und voll anleuchtete.

Ich führte Mutter und Tochter beide in mein Büro statt in einen der Beratungsräume, weil alle bereits belegt waren. Dann bat ich sie, Platz zu nehmen. Gretas Mutter setzte sich sofort auf den bequemsten Platz, meinen Korbsessel mit den gemütlichen Kissen. Greta nahm auf einem der Schwingerstühle Platz. Ich konnte meinen Blick kaum von der Mutter lassen, denn sie war unheimlich massig, wirkte sehr ungepflegt und roch nicht gut. Mich überfiel augenblicklich ein intensives Ekelgefühl. Das passierte mir nur äußerst selten, da ich einiges gewohnt war. Ich war damit beschäftigt, dass diese wenig gepflegte Frau in meinem privaten Sessel saß. Dieser Sessel war eigentlich ein Rückzugs- und Entspannungsort für mich und meine Kollegen, ein Ort für kurze Mußezeiten während der Arbeitszeit. Mir erschien dieser kleine heilige Ort irgendwie beschmutzt. Warum war diese Frau so unsensibel und verwahrlost, fragte ich mich und bemerkte, wie Ärger in mir aufstieg. Gleichzeitig versuchte ich im Gespräch anwesend zu bleiben.

Ich empfand Mitgefühl für das junge Mädchen, das neben mir saß. Ich lächelte Greta an und fragte sie, warum sie gekommen wären und schloss an mit der Frage, was ich für Sie tun könnte. Greta ergriff das Wort und sagte, sie hätte nach der Trennung der Eltern zwei Jahre beim Vater gelebt und wäre vom ihm missbraucht worden. Jetzt wäre sie zur Mutter und ihren drei Brüdern zurückgezogen. Ich war beeindruckt von dieser Jugendlichen. Greta hatte ohne Umschweife klar heraus den Anlass ihres Kommens zusammenfassen können. Dabei hatte sie mir ganz direkt in die Augen gesehen. Sie war dazu in der Lage, obwohl es sich doch um ein so verletzliches Thema handelte. Lena hatte schöne warme braune Augen. Ihre dunklen Haare glänzten und überhaupt sah sie sehr gepflegt aus. Sie hatte die Ausstrahlung einer edlen Katze. Greta wirkte so anmutig. Mutter und Tochter standen in direktem Kontrast zueinander, wie ich fand. Was war da los?

Dann mischte sich die Mutter ins Gespräch ein und erklärte, dass sie und Greta sich vor der Pubertät während der Trennungszeit nicht so gut verstanden hätten, u. a. weil sie immer auf der Seite ihres Mannes, Gretas Vater, gestanden hätte. Der Vater hätte bei Greta alles durchgehen lassen, während die Söhne seine harte Hand zu spüren bekamen. Das hätte sie geärgert und bedauerlicherweise gleichzeitig von ihrer Tochter entfernt. Der Vater hätte Greta oft Geschenke gemacht, was sie nicht verstanden habe. »Damals fing alles an«, schleuderte Greta ihrer Mutter im Gespräch entgegen. »Und du hast es einfach nicht kapiert. Mir ging es oft schlecht, ich hab mich dann immer am Abend zu dir aufs Sofa gekuschelt. Aber du hast mich nie gefragt, was mit mir los ist«, sagte Greta. »Ja, das tut mir jetzt auch so leid. Ich war so mit der Trennung und meinen Sorgen, ob ich es schaffen würde, allein zu leben, beschäftigt. Das war nicht gut«, gab die Mutter zu. »Ich weiß ja, Mama. Aber ich wäre nie mit Papa gegangen, wenn ich gewusst hätte, dass du mich noch lieb hast. Das hast du damals nie mehr zu mir gesagt. Ich hab mich ganz allein gelassen gefühlt. Der Papa war ja meistens nett und aufmerksam zu mir. Nur …«, sagte sie und dann brach ihre Stimme ab. Greta rollten ein paar dicke Tränen über ihr Gesicht. Die Mutter blieb unbewegt, schwieg. Ich streichelte Greta leicht an der Schulter. »Ich glaube, das war eine sehr schwere Zeit für dich, Greta«, versuchte ich sie ein wenig zu trösten. »Für mich auch«, fügte die Mutter hinzu.

Ich war beeindruckt, dass Mutter und Tochter direkt die schwierigen Themen ansprachen. Der Vorteil der Situation lag darin, dass die Krise nicht mehr akut, sondern schon überstanden war und nun die Nacharbeit vor uns lag. Wir vereinbarten weitere Termine für die nächsten Wochen. Offenbar war Gretas Mutter so stabil, dass sie die offene Kritik ihrer Tochter hinnehmen konnte. Allerdings war sie bei dem kleinen Gefühlsausbruch ihrer Tochter ohne Impuls geblieben. Sie schenkte ihrer Tochter weder mitfühlende Worte noch eine tröstende Geste, als Greta die sexuellen Übergriffe des Vaters andeutete.

Ich spürte Gretas Entschiedenheit, sie wollte ihren Bericht fortsetzen. »»Nur wenn der Vater getrunken hatte, machte er es mit mir. Das wäre meistens am Wochenende vorgekommen, wenn er von seinen langen Fernfahrertouren zurückkam«, sagte sie. Greta glaubte, dass der Vater sie missbraucht hätte, weil er einsam war. Sie hatten damals weit vom alten Heimatort entfernt gewohnt und kannten niemanden.

»Das heißt, du musstest dich als Zwölfjährige über die Woche allein versorgen und allein zurechtkommen«, fragte ich nach. »Ja, aber das wäre schon gegangen«, erwiderte Greta. Wie sie es ausgehalten hätte, dass sie damit rechnen konnte, dass der Vater sie am Wochenende wieder vergewaltigen würde, erkundigte ich mich. Die Mutter erschrak und wurde blass und zeigte erstmals eine Regung des Mitgefühls für ihre Tochter. Greta hingegen schien ganz wach und gefasst. Ich erläuterte, dass es egal wäre, ob sie seinen Penis berühren und bewegen sollte, er sie berührte, sie seine Geschlechtsteile küssen musste, ob sie posieren sollte, während er masturbierte, ob er mit dem Finger oder dem Penis in sie eindrang oder ob er Zungenküsse wollte. Das alles wäre vergewaltigendes Verhalten. Auch gemeinsames Anschauen von Pornographie wäre Missbrauch.« Greta schien erleichtert, dass ich so eindeutig war. Sie wollte demnächst allein kommen.

Für Gretas Mutter waren diese Stunden auch nicht leicht. Ich glaube, dass sie innerlich sehr litt, aber ihren Schmerz nicht auszudrücken wusste. Sicherlich war ihre innere Last durch ihr Schuldempfinden ihrer Tochter gegenüber sehr schwer. Auch den drei Brüdern ging es nicht gut. Alle waren vernachlässigt worden, ganz besonders emotional. Das hieß, sie waren sich meistens selbst überlassen und mit ihren Entwicklungsaufgaben, wie beispielsweise Aufklärung, Identitätsentwicklung, Pflege von Hobbys, verantwortliches Hausaufgabenerledigen oder Konfliktbewältigungslernen, ganz allein gelassen worden.

Beide Eltern hatten immer in Vollzeit gearbeitet, keine Hilfe von ihren Familien erwarten können und hatten zu viel Alkohol getrunken. Oft war es dann zum Streit zwischen ihnen gekommen und hinterher hatten sie lauten Sex, den die Kinder mit anhören konnten, aber nicht wollten. Auch in diesem Bereich gab es kaum Grenzen. Alles in allem war das Familienklima kein guter Nährboden dafür gewesen, um den Kindern ein behütetes Aufwachsen inkl. des Erlernens angemessener sozialer Fähigkeiten zu ermöglichen. Im Gegenteil: Es war leider ein guter Nährboden für antisoziales Lernen, Schlägereien, Dealen und den Kindern wurde so das Lebensgefühl vermittelt, dass im Leben »das Gesetz des Stärkeren« galt. Unzählige Male war die Mutter mit einem ihrer Söhne in das Krankenhaus gefahren, weil sie nach Schlägereien ausgeschlagene Zähne, verdrehte Arme und Beinbrüche hatten.

Mit Greta beabsichtigte ich ein wenig über ihren Lebensverlauf und besondere Lebensereignisse zu sprechen und ich wollte etwas zu ihrem Verhältnis zu ihren Brüdern erfahren. Ich fragte Greta zunächst nach Kindheitserlebnissen, die sie in ihrem Leben froh gestimmt hätten. Ich dachte dabei an Geburtstage mit besonderen Geschenken wie das erste Fahrrad oder eine Urlaubsreise zu oder mit den Großeltern oder das Finden der Lieblingsfreundin. Erwartungsvoll betrachtete ich Greta. Ich verließ mich auf die guten Zeiten, denn sie formen einen Menschen doch viel mehr. Das jedenfalls wollte ich glauben.

Nie werde ich Gretas Antwort vergessen: »Frau Osten, ich glaube, ich war nie glücklich!« Außerdem erinnere ich mich kaum bis gar nicht mehr an meine Kindheit.« So eine Antwort hatte ich noch nie von einem Kind erhalten und Greta war keine hysterische Übertreiberin, sondern eine solide, realitätsnahe Jugendliche. Wie passten ihr schönes Aussehen und ihre unschuldige Ausstrahlung zu dieser bitteren Lebensbilanz?

Greta berichtete mir, dass sie sich in den letzten Monaten bei der Mutter schon ganz gut erholt hätte. Sie ernährte sich viel besser und hätte wieder ein normales Gewicht. Am Wochenende würde die Mutter für alle gut kochen und versuchen, mehr Fürsorge als früher walten zu lassen. Die Mutter wäre gut darin, sparsam zu haushalten und ein bis zweimal im Jahr dürften sie sich neue Schuhe und Anziehsachen aussuchen. Wenn Greta manchmal Geld beim Babysitten verdiente, konnte sie sich zudem kleine Extras leisten. Sie wären sogar im Sommer nach Kroatien ans Meer gefahren, berichtete Greta. Dort hätte die Mutter noch Verwandte. Es wäre wunderschön gewesen. Sie hätte sich sogar ein wenig zugehörig gefühlt. Eines Tages wollte sie Kroatisch lernen, aber derzeit wäre kein Geld für einen Sprachkurs da. So etwas wäre in ihren Augen reiner Luxus. Greta war eine gute Schülerin und hatte bereits vor dem Schulabschluss eine Lehrstelle ergattert. Sie wollte ins Hotelfach gehen.

Es verging eine Weile und eines Tages kam Greta ganz aufgeregt in ihre Stunde. Sie berichtete mir, dass der Vater auf ihre Anzeige hin eine Verleumdungsklage gegen seine Tochter angestrengt hatte. Er bezichtigte Greta der Falschaussage. Dabei hatte ihm ein Attest von Gretas Gynäkologin als Beweisstück gedient. Ich konnte nicht glauben, was ich zu hören bekam.

Greta berichtete mir, dass sie mal eine Zeitlang, während sie bei ihrem Vater gewohnt hatte, unter sehr unangenehmen Ausfluss gelitten hätte. Deswegen hätte sie damals eine Fachärztin aufgesucht. Sie konnte sich genau daran erinnern, dass ihr Vater sie unbedingt hatte begleiten wollen. Ihr wäre das eigentlich nicht recht gewesen. Am Ende hätten sie beide vor der Gynäkologin gesessen und diese hätte sie gefragt, ob sie schon einen Freund und Geschlechtsverkehr gehabt hätte. Greta hätte schamvoll verneint. Da hätte ihr die Ärztin eine Tinktur aufgeschrieben, in der sie Sitzbäder machen sollte.

Der Vater hätte sich dann wohl später erneut an diese Ärztin gewandt und sich ein Attest darüber ausstellen lassen, dass seine Tochter noch Jungfrau wäre. Dies hätte er bei der Polizei vorgelegt, um seine Anzeige zu legitimieren. Greta war verzweifelt, ich war fassungslos. Die Mutter hatte schließlich eine rettende Idee gehabt und deshalb ihre Tochter gebeten, ihr noch einmal den Hergang der Konsultation bei der Gynäkologin zu berichten. Dabei entdeckten sie bzw. Greta erinnerte sich, dass die Ärztin damals gar keine vaginale Untersuchung durchgeführt hätte.

Daraufhin hatte die Mutter ihre Tochter am nächsten Tag ins Auto gesetzt und war mit ihr die dreistündige Strecke zur Ärztin gefahren. Dort berichteten sie der Ärztin von dem Irrtum des Attests und dem sexuellen Missbrauch durch den Vater. Selbstverständlich war die Ärztin schockiert, auch darüber, dass sie so unvorsichtig jenes Attest ausgestellt hatte. In der Folge revidierte sie ihren Fehler, schrieb einen kurzen neuen Bericht und berichtigte ihr Attest für das Gericht. Daraufhin wurde die Anzeige des Vaters wegen Falschaussage gegen Greta fallen gelassen. In diesem Punkt konnte ich Gretas Mutter für ihre Tatkraft und Courage nur bewundern. Alle waren erleichtert, auch deshalb, weil die Gerichtskosten, die auf sie zugekommen wären, eine Kreditaufnahme nötig gemacht und das ohnehin knappe monatliche Budget nochmal reduziert hätten.

In jeder Therapiestunde mit Greta wurde ich Zeuge von Gretas großem Bemühen und ihren Anstrengungen, etwas aus ihrem Leben zu machen. Ich würdigte ihr Engagement, sah aber auch ihre schulischen Lücken in einigen Bereichen. Sie hätte nur ein wenig Nachhilfe gebraucht, aber dafür hatte die Familie mit vier Kindern kein Geld. Wieder einmal hätte ich gern einen Fonds gehabt, um dieses Kind zu unterstützen. Das Recht auf Teilhabe am gesellschaftlichen Leben bleibt zu oft nur ein Recht auf dem Papier. Dabei ist dieses Recht in der Kinderrechtskonvention der Vereinten Nationen festgeschrieben.

Mit der Zeit schien sich auch etwas zwischen Greta und ihrer Mutter zu tun. In unregelmäßigen Abständen hatte ich auch Gretas Mutter zum Gespräch eingeladen. Ich wollte sie am Entwicklungsprozess ihrer Tochter teilhaben lassen. Greta berichtete mir schließlich, dass sie sich inzwischen wirklich gut von ihrer Mutter unterstützt fühlte. Dieser Umstand freute mich sehr.

Auch ich konnte Veränderungen an Gretas Mutter beobachten. Sie erschien inzwischen zu den Gesprächen ein wenig ordentlicher und gepflegter. Ich erfuhr, dass auch die Mutter in ihrer Kindheit von einem Onkel missbraucht worden war. Sie hatte damals versucht einer Lehrerin davon zu erzählen, aber diese hätte sie nicht ernst genommen. Sicher wohl auch deshalb, weil sie als »Lügengeschichtenerzählerin« in der Schule berüchtigt war. Die kleinen unwahren Geschichten hätten ihr damals geholfen, um sich interessant für andere zu machen. In ihren Geschichten hätte sie tolle Unternehmungen gemacht und besondere Geschenke erhalten. Einmal hätte sie allen erzählt, dass sie zum elften Geburtstag ein Pony bekommen sollte. Außerdem berichtete sie mir noch, dass sie bereits als Jugendliche übergewichtig gewesen wäre und auch ihre Mutter wenig Zeit für sie gehabt hätte, weil die Eltern einen großen Bauernhof zu versorgen gehabt hätten.

Gretas Mutter war – wie bereits im Erstkontakt offensichtlich – auch schwer vernachlässigt und sexuell ausgebeutet worden. Sie hatte darüber weder viel nachgedacht noch sich darüber Gedanken gemacht, inwieweit ihre Kindheits- und Lebenserfahrungen bedeutsam für ihre Kinder werden könnten. Ich riet ihr, eine Familienkur für sich und die Kinder zu beantragen. Sie könnte darüber mit ihrem Hausarzt sprechen und ich würde ihr gern einen Bericht, der die Notwendigkeit ausführte, schreiben.

Greta schaffte ihren Schulabschluss und begann ihre Ausbildung. Ich freute mich sehr mit ihr über ihre Erfolge. Sie äußerte den Wunsch, dass ich sie noch ein wenig weiterbegleiten sollte. Das wollte ich gern tun. Gretas seelische Rehabilitation war erstaunlicherweise weit fortgeschritten. Mir fiel auf, dass dem so war, obwohl wir nur ein einziges Mal über die konkreten Übergriffe gesprochen hatten. Dieser Umstand ließ mich nachdenklich zurück und wieder einmal in Kindertherapieklassikern stöbern.

Inzwischen, nach all den Jahren, glaube ich, dass die Kinder, mit denen ich arbeitete, schon zu genesen begannen, weil ich eben nicht an ihnen zweifelte, sondern ihnen glaubte und ihre Erinnerungen für wahr hielt. Für alle diese Kinder, die unglaubliches Leid erlitten, konnte ich zunächst gar nicht viel ausrichten. Aber ich konnte sie anlächeln, meine Hand auf ihren Rücken legen oder ihre Hand halten und mit ihnen spielen.

Mir fiel Sándor Ferenczi, ein ungarischer Analytiker, ein, der beschrieb, wie bedeutsam die Qualität des Angesehenwerdens ist. Kinder brauchen liebevolle Blicke. Viele von ihnen hatten bereits im Rahmen ihrer Misshandlungserfahrungen genug vernichtende und lüsterne Blicke ertragen müssen.

Ich dachte auch an Donald Woods Winnicott, ein englischer Kinderanalytiker, der beschrieb, wie anspruchsvoll jener Entwicklungsschritt ist, den Kinder im Übergang von der Phantasie zur Realität zu absolvieren haben. In der Regel können Vater und Mutter dabei mit milder Moderation behilflich sein. Zusätzlich helfen Umdeutungen der Art, dass Dinge beispielsweise nur ausgeliehen und eben nicht gestohlen wurden.

Es geht in vielen Situationen mit Kindern darum, die Brisanz der Bewertungen kindlichen Verhaltens zu entschärfen. Denn kleinere Kinder kennen beispielsweise noch nicht den Unterschied zwischen absichtlichem und unabsichtlichem Verhalten. Sie sind auch noch nicht in der Lage, die Folgen ihres Handelns zu antizipieren so wie es Erwachsene können. Deshalb sollten für Kinder andere Bewertungsregeln gelten.

Wenn entsprechende stabilisierende Übersetzer ausfallen, kann es zu Überforderungen und Fehlentwicklungen beim Kind kommen. In ihrer Not wenden sich Eltern dann an Erziehungsberater und erfahren, dass entsprechende Entwicklungsphasen nachgeholt werden sollten. Das Kindertherapiezimmer fungiert dann buchstäblich als Zwischenraum zwischen Kinder- und Erwachsenenwelt. Die therapeutische Beziehung ist eine Übergangsbeziehung, die Hoffnung und Freude aktiviert. Es handelt sich um eine Beziehung, in der Leistung und anspruchliche Erwartungshaltungen keine Rolle spielen. Es geht um ein liebevolles Annehmen des Kindes. Überforderungserfahrungen sollten in der Kindertherapie durch Erfahrungen von Selbstwirksamkeit überwunden werden können. Und ein Lächeln ist bestimmt ein guter Hoffnungsbote.

15 Marco... Der Schöne
Gewalt kommt von Gewalt

Marco hatte seine zwei kleinen Stiefschwestern missbraucht. Deshalb nahm er an einer Gruppe für Jugendliche teil, in der es für alle darum geht, sich selbst und ihren sexuellen Übergriff verstehen zu lernen. Alle diese Jugendlichen haben selbst bereits verschiedene Formen von Gewalt erfahren und stehen in ihrem Leben sozial mehr abseitig als integriert da. Selten verfügen sie über einen unterstützenden Freundeskreis. Alle Eltern trennten sich, die Beziehungen zu den Vätern sind abgerissen. Meistens gab es schwere Auseinandersetzungen in den Familien. Eine Zeitlang waren die Jungen ohne jeglichen emotionalen Halt und erzieherische Führung gewesen. Sie wurden nicht selten vergessen, geschlagen, beschimpft, abgewertet, gemobbt oder bedroht. Einige von ihnen wurden wegen ihres Delikts angezeigt und anschließend vom Familienleben ausgeschlossen. Diese Jugendlichen leben selbst als Traumatisierte meistens ein Leben auf Sparflamme. Eigentlich sind sie Opfer ihrer Lebensumstände und sie »generieren« ihre eigenen neuen Opfer.

Als Täter agieren sie in einer großen Schuldblase. Notgedrungen versuchen sie ein wenig Liebe von ihren Müttern zu ergattern. Zum vermeintlichen »Ausgleich« für das niederträchtige Delikt versuchen sie alle Erwartungen, wie den Schulabschluss oder den Berufseintritt, zu erfüllen. Kurz gesagt, haben wir es mit »geschlagenen Hunden« zu tun. Und dennoch: Sie tragen die Verantwortung für ihre Untat. Marco fiel ein wenig aus dem beschriebenen Muster heraus. Er wollte sein Abitur schaffen, hatte eine Freundin und einen einfühlsamen Stiefvater. Dennoch sprach er meist leise und mit unterdrückter Stimme. Ab und an fehlte er.

Die Teilnahme an unserem therapeutischen Gruppensetting stellt für alle Jugendlichen eine Belastung dar, weil jede Sitzung sie an ihr Delikt und ihr Fehlverhalten erinnert. Diese Konfrontation auszuhalten und die Verantwortung zu tragen, bleibt eine Herausforderung. Von allen Jungen erwarten wir, dass sie ihre Verfehlungen im Laufe des Gruppenprozesses darlegen. Wir unterstützen sie dabei mit Hilfestellungen und Respekt. Am Gruppenanfang steht das Kennenlernen des Lebenslaufes und der jeweiligen Familienkonstellation. Später folgen die Auseinandersetzung mit den eigenen eigennützigen Motiven wie auch das Offenlegen des absichtsvollen Missbrauchsgeschehens, das ja eben nicht zufällig, wie anfangs gern behauptet, »passierte«, sondern vorbereitet und geplant ausgeführt wurde. Diese Erkenntnis benötigt bereits eine tragfähige Therapeuten-Klienten-Beziehung, denn so ein Selbsteingeständnis ist besonders schambesetzt und wird manchmal als äußerst bedrohlich für das eigene Identitätsgefühl erlebt.

Marcos Familie hatte über seine Mutter einen italienischen Zweig. Deshalb verbrachte er seine Sommer bei seinem Großvater in Italien. Dort ging es ihm gut. Außerdem war er ein hübscher großgewachsener junger Mann, der auf den ersten

Blick wie ein Mitglied einer Boygroup wirkte und vom weiblichen Teil seiner Familie umschwärmt wurde. Eine schicksalhafte Mischung aus Bewunderung einerseits und andererseits aus Isolierung und extremer Abwertung durch den eigenen Vater.

Sein leiblicher Vater fehlte ihm sehr. Das konnte er sich nach einem Jahr der Gruppentherapie eingestehen. Zuvor war er mit seinen Gefühlen an einem schrecklichen Ereignis festgezurrt. Der Vater hatte ihn – anlässlich einer banalen Verfehlung – während eines Umgangswochenendes furchtbar verprügelt und danach wie ein Tier einen Tag lang in einem dunklen Keller eingesperrt. Das war ein furchtbares, traumatisches Ereignis. Denn der Vater war so wütend und unbeherrscht gewesen, dass Marco gefürchtet hatte, dass dieser ihn totschlagen könnte. Seit der Trennung von der Mutter war der Vater extrem unberechenbar und launisch geworden, sodass es bei kleinsten Verfehlungen nur so Beschimpfungstiraden hagelte. Das war für Marco bedrohlich und unerträglich. Marco war sehr verzweifelt.

Zum Gruppengeschehen gehört ebenso die Beratung oder therapeutische Arbeit mit den Eltern und gelegentlich auch mit anderen Familienmitgliedern. Deshalb lud ich Marcos Vater ein. Ich wollte ihn kennenlernen und ihm von den Fortschritten seines Sohnes berichten. Natürlich wollte ich auch die verschlossene Tür zwischen Vater und Sohn öffnen. Es gelang, er kam und berichtete von seiner jetzigen Lebenssituation und dass er sehr hin- und hergerissen wäre, wenn er an seinen Sohn dächte. Einerseits vermisste er ihn, andererseits wäre er sehr wütend auf ihn, weil Marco die kleinen Töchter seiner jetzigen Frau missbraucht hatte. Dieser Umstand hätte seine zweite Ehe sehr belastet. Außerdem hätten seine Frau und er noch ein gemeinsames Kind, eine kleine Schwester von Marco, bei der sie unsicher wären, ob auch sie Übergriffe durch Marco erlebt hätte oder Zeuge von Übergriffen geworden war.

Es hätte alles so schön werden können, resümierte Marcos Vater, weil seine Frau eine sehr integrierende Person wäre. Anfangs hätte es schöne Urlaube mit ihren insgesamt fünf Kindern gegeben. Daran erinnerte er sich gern zurück. Er hätte keine Idee, warum Marco dieses Fehlverhalten entwickelt hätte. Bei diesem ersten Termin erwähnte ich noch nichts von der brutalen Gewalt, die er seinem Sohn angetan hatte. Ich wollte unsere Beziehung nicht durch eine zu frühe Konfrontation aufs Spiel setzen.

Zum nächsten Termin wurde Marcos Vater von seiner zweiten Frau begleitet. Ich drückte ihr gegenüber meinen Dank und meinen Respekt für ihr Kommen sowie mein Mitgefühl für das Geschehene an ihren Töchtern aus. Marcos Stiefmutter war eine attraktive Geschäftsfrau, sehr elegant, in schöne Farben gekleidet, aber sie wirkte ein wenig zu streng und gleichermaßen bedrückt. Sie wäre eigentlich noch immer fassungslos über das Geschehene. Die ältere Tochter hätte zahlreiche Tics und Ängste entwickelt. Deswegen wäre diese zurzeit in therapeutischer Behandlung. Als zweite Frau hätte sie die beiden Kinder aus der ersten Ehe ihres Mannes stets korrekt behandelt. Außerdem hätte sie sehr wohl ein Wissen und Bewusstsein darüber gehabt, dass es zu Übergriffen innerhalb wie außerhalb von Familien kommen kann. Sie selbst hätte in ihrer Jugend Übergriffe erfahren und hätte stets versucht, ihre Töchter davor zu bewahren. Das Ganze wäre sehr bitter für sie, wie sie am Ende unseres Gesprächs offenlegte. Während unseres Gesprächs war schon bald eine schwere Atmosphäre entstanden und die Stimmung war sehr gedrückt. Trotzdem schien mir dieses Gespräch unbedingt notwendig und wertvoll. Ich berichtete Marco davon, auch von der schweren Stimmung, und auch, dass dieser Familienteil an den Folgen des Missbrauchsgeschehen schwer trug.

Zum Ende meines Gespräches erkundigte ich mich noch danach, wie denn der leibliche Vater über die Missbrauchserfahrungen bei seinen Töchtern dachte. Daraufhin erfuhr ich von Marcos Stiefmutter, dass dieser nicht eingeweiht wäre, weil er sich als Moslem und Nordafrikaner sehr empören würde. Marcos Stiefmutter befürchtete sogar, dass er ganz nach uralter Sitte seiner Heimat gewisse Männer beauftragen könnte, Marcos Schwester zu schänden. Sie hätte ihre große Tochter gebeten, dem Vater nichts von allem zu erzählen. Glücklicherweise käme ihr Ex-Mann nur selten zu Besuch zu seinen Töchtern.

Ich konnte nicht glauben, welches Ausmaß an Selbstjustiz die Stiefmutter ihrem Ex-Mann zutraute. Verständlich wäre, wenn der Vater Marco ordentlich seine Meinung sagen oder ihn ohrfeigen wollte. An eine Sippenstrafe hätte ich nicht gedacht. Ihr Ex-Mann wäre sehr wohlhabend und hätte unzählige Verbindungen zur Unterwelt. Sie wollte eine derartige Eskalation mit sich anschließendem Drama nicht. Das würde niemandem nützen.

Eines Tages kam Marco sehr aufgeregt in die Gruppe und im Rahmen der Eingangsrunde berichtete er wieder Beeindruckendes, dieses Mal von seiner italienischen Familie: Einer seiner Onkel wäre Busfahrer und als solcher hätte er eine Gruppe von Mafiaangehörigen gefahren, die aus dem Bus heraus einen Menschen während der Fahrt erschossen. Jetzt säße dieser Lieblingsonkel im Gefängnis, weil die Polizei und der Richter ihm nicht glauben wollten, dass er zufällig beteiligt gewesen wäre. Marco litt stark mit seinem Onkel, aber auch mit der Familie des Gestorbenen. Er glaubte seinem Onkel. Dieser sollte für zehn Jahre wegen Beihilfe zum Mord ins Gefängnis. Wir versuchten, Marco zu sagen, dass sein Onkel vielleicht doch ein Angehöriger der Mafia wäre und dass er seine Zugehörigkeit vielleicht verschleiert haben könnte. Aber in diese Richtung wollte Marco nicht denken. Für ihn war und blieb er unschuldig. Er idealisierte diesen Mann.

Meinem Kollegen und mir fiel auf, dass Marco von gewalttätigem Verhalten umgeben war, aber die Familie lediglich auf ihn mit Fingern zeigte. Glücklicherweise hatte Marco seine Mutter und seinen Stiefvater. Beide hielten trotz allem zu ihm, befürworteten die Therapiegruppe und der Stiefvater ließ ihn in seiner Firma mitarbeiten. Dieser Zuspruch gab ihm die Kraft, auf eine bessere Zukunft zu hoffen. Und natürlich konnte er sich auch auf seine Freundin verlassen.

16 Olympia... Die Übersehene
Wer trägt die Schuld

»Du salbest mein Haupt mit Öl und schenkest mir voll ein.« Diese berühmte Verszeile aus dem 23. Psalm im Alten Testament kam mir in den Sinn, als ich Olympia das erste Mal traf. Olympia kam gemeinsam mit ihrer Mutter. Von weitem sahen beide wie große und kleine Schwester aus. Die Physiognomie war die gleiche: Sie waren sehr dünn und ein wenig ungelenk. Beide lächelten mich freundlich an. Sie gewannen sofort meine Sympathie.

Mutter und Tochter kamen direkt aus der Kinderklinik gegenüber. Dort lag das jüngste Familienmitglied. Die Ärzte sagten, das kleine, nur wenige Monate alte Kind wäre geschüttelt worden. Alle Symptome wiesen darauf hin. Aber beide, die Mutter als auch die Zwölfjährige, wiesen diese Beschuldigung von sich. Mein Mitgefühl für beide war übergroß. Ich musste mühselig meine Tränen im Zaum halten. Dem kleinen Sohn ginge es schon besser, begann die Mutter. Er hätte heute ganz rosig ausgesehen, ergänzte die große Schwester. Aber der kleine Angelo müsste noch einige Wochen zur Beobachtung in der Klinik bleiben und danach käme er zunächst in eine Pflegefamilie, so hätte es das Familiengericht bestimmt. Natürlich dürften sie ihn dort besuchen.

Beide trugen einen riesigen Schrecken in sich und die Themen, die sie ansprachen, hatten noch nichts mit der Ausnahmesituation, die vermutlich stattgefunden hatte, zu tun, sondern mit ihrer Erleichterung, dass es dem Jungen wieder besser ging. Auch ich fand mich gern in diesem Erleichterungsgefühl ein. Alles andere wäre kaum zu ertragen. Wenn ich mir die Krisensituation vorstellte und mir im Besonderen die Verletzungen und die daraus entstandenen Folgen ins Gedächtnis rief, spürte ich wechselseitig einen riesengroßen Kloß im Hals oder einen immensen Weglauf- und Schreiimpuls. Die Spannung bzw. der Druck, den so ein Schicksalsmoment auslösen musste, war kaum zu ertragen.

Ich spürte, wie sehr ich mit meinen eigenen Gefühlen der Trauer und Überforderung beschäftigt war, sodass ich mich kaum in der Lage sah, so etwas wie eine Anamnese oder Exploration der Geschehnisse zu erheben. Einzig gelang es mir, meine große Freude und Erleichterung über die beginnende Genesung des kleinen Angelo auszudrücken.

Das Jugendamt und die Klinik richteten an unsere Einrichtung die Erwartung, dass wir »herausfänden«, wer die Schuldige ist. Aber diesen Auftrag sah ich nicht als verpflichtend an. Was würde es ändern? Eigentlich nichts aus meiner Sicht. Ich bat eine Kollegin dazu, ließ sie mit der Mutter Gespräche führen und traf Olympia jede Woche einmal.

Von einem ähnlichen Fall erinnerte ich mich, dass damals alle Beteiligten den Vater der Kinder für den Übeltäter gehalten hatten und dass sich später jedoch herausgestellt hatte, dass das Paar sich abgesprochen hatte, um die Mutter zu schonen und um im Falle einer Strafverfolgung zu vermeiden, dass Mutter und Kinder sich trennen müssten. Ich habe also größten Respekt vor den möglichen Dynamiken eines solchen Dramas. Ich wusste, wie brisant ein Schuldthema innerhalb einer Familie behandelt werden kann und wie einig sich Menschen im Angesicht einer Tragödie werden können.

Aus der Literatur wissen wir, dass es sich um Affekt- bzw. impulsgesteuerte Überforderungshandlungen handelt (Nationales Zentrum Frühe Hilfen, 2018). Weil Säuglinge so verletzbar sind, kann es beim Schütteln zu Blutungen in deren Gehirn, zu Krampfanfällen oder Atemstillstand kommen. In einem Drittel der Fälle verstirbt das Kind; jedes Jahr sind es nach Angaben der Techniker Krankenkasse immerhin über 100 Säuglinge in Deutschland (Techniker Krankenkasse, 2019). Die allermeisten tragen jedoch – wenn sie das Schütteltrauma überleben – schwere bleibende Schäden davon. Das können Behinderungen in allen Entwicklungsbereichen, unter anderem auch Erblindungen, Hörschäden oder Lähmungen sein.

Nach und nach erfuhren wir einige wichtige Daten aus Angelos kurzem Leben. Er war ein absolutes Wunschkind der Mutter. Das blieb er auch, nachdem sich sein Vater bereits während der Schwangerschaft verabschiedet hatte. Die Schwangerschaft war nicht einfach verlaufen und schließlich war Angelo, als Frühchen in der 30. Woche natürlich geboren worden. Er blieb zunächst in der Klinik und wurde von der Mutter ambulant jeden Tag einige Stunden betreut. Angelos Mutter hätte auch stationär aufgenommen werden können, um immer in der Nähe ihres fürsorgebedürftigen Sohnes zu sein. Aber das wollte sie nicht, das erinnerte sie zu sehr an die Zeit ihrer ersten Schwangerschaft mit Olympia, als sie einen Monat vor der Geburt hatte liegen müssen und das eben in dieser Klinik. Damals hatte sie sich sehr allein gefühlt und all die Sorgen um ihr Kind alleine ausgehalten. Sie glaubte es nicht ein zweites Mal allein schaffen zu können.

Sie wollte zu Olympia heimgehen. Der Mutter war inzwischen bewusst, dass sie ihre Tochter manchmal überforderte. Während der Schwangerschaft hatte sie sich ganz selbstverständlich von Olympia versorgen lassen. Wenn ihr übel gewesen war, hatte Olympia ihr Mut zugesprochen, den Haushalt teilweise übernommen und manchmal sogar etwas für sie gekocht. Olympia war ihr ein und alles. Noch nie hatte sie sich so nah mit einem Menschen gefühlt wie mit ihrer Tochter. Sie kannte so eine Nähe nicht, denn ihre Mutter war schon früh verstorben. Danach, ab ihrem sechsten Lebensjahr, war sie im Heim aufgewachsen.

Eigentlich befanden sich Mutter und Tochter in einem besonderen Beziehungsverhältnis, das man mit dem Begriff der Parentifizierung beschreiben kann (Hilker, 2018). Damit ist gemeint, dass sich die Mutter-Tochter-Rollen immer wieder umkehren und Olympia ihrer Mutter eigentlich eine Mutter ist. Dieser Prozess beginnt, sobald Kinder die große seelische Bedürftigkeit ihrer Eltern wahrnehmen und sich infolge selbstverständlich zur Verfügung stellen, um ihre Eltern zu versorgen.

Auch Olympia war bereit, ihrer Mutter all die Fürsorge, Aufmerksamkeit und Liebe, die sie ersehnte, zu geben. Der zu erwartende Nachteil dieser Dynamik ist, dass sich das Kind dabei verausgabt, manchmal sogar depressiv wird. Verstärkt wird so ein Geschehen, wenn weder Partner noch ältere Verwandte zur Verfügung stehen. Von Olympia erfuhr ich, dass sie sich oft eher wie eine Freundin der Mutter, nicht wie ihr Kind fühlte. Manchmal hätte sie es lieber gehabt, wenn ihr die Mutter gesagt hätte, wo es langging, als dass sie sie nach ihrer Meinung fragte. Im Großen und Ganzen empfand Olympia ihre Mutter als ziemlich »cool« und sie betonte immer wieder mal, dass auch sie sich schon lange ein Geschwister gewünscht hatte.

Ich wollte noch ein bisschen mehr über Angelos Verhalten, seine Persönlichkeit und seine besonderen Bedürfnisse erfahren. Abwechselnd erzählten Mutter und Olympia mir von ihm: Angelo hätte immer wenig geschlafen, sich nicht so leicht beruhigen lassen und viel geweint. Ob sie es mir mal einen Tagesablauf schildern könnten, den sie mit Angelo nach der Entlassung aus der Klinik erlebten, fragte ich nach. Also: Angelo wäre nach dreieinhalb Monaten aus der Kinderklinik entlassen worden. Da wäre er – nach offizieller Rechnung – ca. einen Monat alt gewesen. Er hätte in jener Zeit schlecht getrunken. Das bedeutete, dass sie für jedes der fünf Fläschchen, mit dem sie ihn täglich rund um die Uhr fütterten, jeweils über eine Stunde gebraucht hätten. Das Saugen und Schlucken wäre ihm noch schwergefallen und beides hätte ihn so ermüdet, dass Angelo zwischendrin immer wieder eingeschlafen wäre. Nach dem Essen wäre er höchstens für zwei Stunden eingeschlafen.

Ich hatte nicht erwartet was Mutter und Tochter bereits an Belastungen erlebt hatten. Deshalb erkundigte ich mich weiter. Wie lange sie denn in der Nacht geschlafen hätten, fragte ich Olympia und ihrer Mutter. Sie schienen meine Frage nicht zu verstehen. Zwei Stunden antworten sie gleichzeitig. Heißt das, dass Angelo auch nachts nur zwei Stunden schlief, erkundigte ich mich. Das bejahten sie; sie wären abwechselnd mit ihm umhergelaufen, eben auch nachts, hätten ihn beim Tragen zu beruhigen versucht und ihm Kinderliedchen vorgesungen. Aber Angelo wäre meistens unruhig geblieben und hätte viel geweint.

Ob sie das in ihrem Fachklinikum für Entwicklungsrehabilitation angesprochen hätten und ob sie wüssten, dass es Ambulanzen für Schreibabys gäbe, fragte ich. Aus ihrer Antwort wurde ich nicht ganz schlau. Sie wären mal mit Angelo in so einem Zentrum gewesen, berichtete die Mutter. Ich schloss daraus, dass sie vermutlich einer Empfehlung dazu gefolgt waren, dass es aber zu keiner verlässlichen Arzt-Patienten-Bindung gekommen war.

Immer wieder spielen die hohen Erwartungen, die Kliniken an ihre Patientinnen und Patienten stellen, eine große Rolle. All diese Einrichtungen erwarten kompetente Eltern, die in Struktur, Disziplin und Selbstvertretung mündig sind, um am Therapieplan mitzuwirken. Nicht alle Eltern schaffen es, diese selbstverantwortliche Patientenkompetenz zu erbringen. Häufig versuchen Kinderärzte und Familienhelferinnen vermittelnd einzugreifen.

Auf jeden Fall erhielten Mutter und Tochter meinen höchsten Respekt für die monatelange höchst anspruchsvolle Versorgung dieses Säuglings, dessen Versorgungsbedarf extrem hoch gewesen war und damit die Reserven seiner kleinen Familie überstiegen hatte. Dieses festzustellen war für mich diagnostisch besonders relevant. Mutter und Tochter mussten aufgrund ihres hohen Schlafmangels extrem erschöpft gewesen sein. Olympia hatte ja auch noch schulische Verpflichtungen zu erfüllen gehabt. Ich konnte mir überhaupt nicht vorstellen, wie Mutter und Tochter diese Ausnahmesituation überhaupt so lange bewältigen konnten. Vermutlich nur deshalb, weil sie den Kleinen sehr liebten. So viel Verständnis hätten sie von uns nicht erwartet. Es wäre das erste Mal, dass jemand mal die andere, nämlich die Belastungsseite, betrachtete und anerkannte, was sie bereits geleistet hätten.

Angelo schien ein hypersensibles Kind zu sein und es bestanden weiterhin noch besorgniserregende körperliche Belastungen. Er hatte mehrere Male in der Klinik Krampfanfälle überstanden und wegen seiner Frühgeburtlichkeit war sein Verdauungstrakt noch nicht fertig ausgebildet gewesen. Deshalb war er so schwer zu füttern gewesen und er hatte deshalb nach jeder Nahrungsaufnahme unter schlimmen Blähungen gelitten. Mein Verständnis für den extremen Ausnahmebedarf dieses kleinen Jungen wurde immer größer. Ich wunderte mich, warum die Familie nicht in das bundesweite Frühversorgungsprogramm inklusive regelmäßigen Hausbesuchen aufgenommen worden war. Eventuell hatte man sie als erfahrene Zweifachmutter nicht berücksichtigt oder sie hatte eine Versorgung – eventuell auch wegen der zahlreichen stationären Aufenthalte – abgelehnt.

Die Mutter von Angelo und Olympia hatte selbst keine sehr glücklichen Kindheitserinnerungen. Ihre Eltern hatten nie zusammengelebt und die Mutter der Mutter war schon früh verstorben. Sie hatte sich nach dem Heimaufenthalt so durchgeschlagen, noch vor ihrem 20. Geburtstag Olympias Vater kennengelernt und ihr erstes Kind bekommen. Angelos Mutter war nicht an Hilfe gewohnt und daher auch nicht geübt darin, nach Hilfe zu suchen. Dieser spezielle Umstand begegnet mir immer wieder bei Menschen, die schon früh allein zurechtkommen mussten, deren Eltern zu früh Selbständigkeit einforderten oder deren Bedürfnisse für die Erwachsenenwelt kaum eine Rolle gespielt hatten. Alle diese Menschen erlebten Formen früher Vernachlässigung. Daraus folgten nicht selten Entwicklungen, die erwarten lassen, dass eigene Bedürfnisse nicht wahrgenommen werden oder dass für eigene Rechte keine Unterstützungsleistungen eingefordert werden. Fest stand für mich und meine Kollegin, dass diese kleine Familie noch mehr Unterstützung und Hilfsangebote ambulanter oder stationärer Art gebraucht hätte.

Beim letzten Austausch berichtete mir meine Kollegin, dass die Mutter inzwischen davon ausginge, dass Olympia aus Überforderung ihren Bruder geschüttelt hätte. Andererseits könnte sich die Mutter es sich auch wieder nicht vorstellen, dass Olympia dies passiert sein sollte und sie ihr nichts davon gesagt hätte. Außerdem hatte die Mutter ihre beiden Kinder nie länger als eine Stunde allein gelassen. Sie wusste es auch einfach nicht. Aber, so fuhr sie fort, für das Jugendamt wäre sie verantwortlich, auch wenn Olympia die Verursacherin wäre. Denn sie wäre dann diejenige, die ihre Aufsichtspflicht vernachlässigt hätte. Schwere »Schuldgeschütze« von verschiedenen Seiten! Dies war aufgrund der Schwere der Kindeswohlgefährdung nicht anders zu erwarten gewesen.

Zu Olympia sagte ich, dass ich nicht wissen müsste, wer Urheberin wäre, da ich davon ausginge, dass sie beide bereits Übermenschliches geleistet hätten. Mich würde eher interessieren, wie sie beide die langen Wochen – ohne durchschlafen zu können – überhaupt bewältigt hätten. Olympia nannte als erstes die große Liebe zum kleinen Bruder. Dann berichtete sie, dass die Mutter manchmal von einer Freundin entlastet worden wäre und sie wäre von ihrem Vater unterstützt worden. Der Vater hätte sofort seine Hilfe angeboten, als er von der schwierigen Lebenssituation der drei gehört hätte, obwohl das Verhältnis zur Mutter nicht das Beste gewesen wäre. Für Olympia spielte ihr Vater eine wichtige Rolle. Bei ihm hätte sie öfter übernachtet und aufgetankt. Überhaupt wäre ihr Verhältnis zu ihm viel inniger geworden in der letzten Zeit.

Bei einem der nächsten Termine bemerkte ich, dass Olympia ihre Frisur geändert hatte und sich einen Pony hatte schneiden lassen. Der stand ihr gut und verdeckte ihre scheinbar etwas groß geratene Stirn. Diese war mir besonders aufgefallen, weil Olympia anfangs direkt über ihrer Stirn eine kleine Haarfontäne trug, die ihre hohe Stirn noch besonders betonte. Sie wäre deswegen früher oft geärgert worden und manchmal als behindert angesehen worden. Dabei war Olympia eine gute Schülerin. In der Tat hätte sie eine Anlage zu einem sogenannten Wasserkopf, sagte sie. Allerdings hätte sie bereits im Säuglingsalter kleine Ablaufventile in einer Operation erhalten.

Mit der neuen Frisur sah Olympia sehr hübsch aus und ihre schlanke sportliche Figur beeindruckte auch ihre Mitschüler. Sie liebte Sport und Tanz und Sprachen. In ein paar Jahren, wenn sie selbst Geld verdiente, wollte sie die kroatische Sprache lernen, weil sie in Kroatien viele Verwandte der Mutter hatte. Die wären alle so lieb zu ihr gewesen, als sie diese vor einigen Jahren besucht hatten. Da hätte Olympia auch erstmals das Meer gesehen. Leider könnten sie sich eine Reise dorthin nicht mehr leisten. Bedauerlicherweise dachte ich. Die Meeresluft, die familiäre Unterstützung und die Liebe einer ganzen Familie würden Angelo, aber sicher auch Olympia und der Mutter guttun. Am liebsten hätte ich ihnen eine Reise aus Stiftungs- oder Spendengeldern ermöglicht. Für derartige Spontanhilfen bräuchte unser Verein einen Fonds. Dann könnten wir unkompliziert helfen.

Eine Zeit lang bot ich Olympia noch Termine an, um sie zu kräftigen. Denn sie hatte sehr darunter gelitten, dass die Mutter sie verdächtigte und ihr die Schuld geben wollte. Meine Kollegin arbeitete mit der Mutter an der Verantwortungs- und Schuldthematik. Olympias Mutter konnte erkennen, dass es leichter war, jemanden die Schuld für dieses Unglück zu geben als den großen Schmerz anzunehmen und das Schicksal zu betrauern. Langsam konnte die Mutter ihr Herz für ihre große Tochter wieder öffnen und sehen, wie sehr sie diese in die Pflege und Versorgung selbstverständlich eingebunden und damit überfordert hatte.

Für mich blieb trotz allem die Möglichkeit bestehen, dass eventuell der Mutter diese Entgleisung mit ihrem Baby passiert war. Glücklicherweise konnte sie noch Schlimmeres verhindern, weil sie für Angelo sofort, nachdem sie ihn so teilnahmslos in seinem kleinen Bettchen vorgefunden hatte, den Kindernotarzt gerufen hatte.

Viele Kliniken zeigen Eltern, die mit einem Schütteltrauma bei ihrem Kind in die Notaufnahme kommen, wegen Kindesmisshandlung an. Eltern werden infolgedessen von der Polizei verhört und auch vom Jugendamt befragt. Ich bin nicht sicher, ob diese Maßnahmen einer sinnvollen Prävention dienen. Man weiß, dass derartige Fehlverhaltensweisen in der Regel nur extrem gestressten Eltern mit einem Schreibaby »passieren«. Schreibabys sind sehr schwer zu versorgende Kinder, da sie beispielsweise kaum verlässliche Schlaf-Wach-Rhythmen finden, auf die Eltern sich verlassen können. Das frustriert Eltern in ihren Versorgungsabsichten und lässt sie sich hilflos fühlen, weil sie die Überzeugung entwickeln, dass sie keinen Einfluss auf ihr Kind haben. Und das alles bei gleichzeitiger Erschöpfung. Manche Eltern bilden sogar eine Depression aufgrund ihres Ohnmachtserlebens aus.

Nach über 40 Jahren Praxis haben die Erfahrungen im modernen Kinderschutz gezeigt, dass die einzig hilfreiche Intervention Hilfe ist. Das bedeutet, dass, wie es in diesem Fall nötig gewesen wäre, passgenaue individuelle Hilfen für jedes Kind und jede Familie bereitgestellt werden sollten. Experten der Schreiambulanz, Kinderarzt, Kinderkrankenschwester und Familienberater müssten gemeinsam ein Hilfekonzept erarbeiten, in das auch Familienangehörige und deren Versorgungsmöglichkeiten und Kompetenzen einbezogen gehörten. Erst wenn diese Art der Kooperation von Familie und Experten nicht ausreiche oder nicht gelänge, und man Gefährdungen des Kindeswohls befürchtete, sollten eingreifendere Maßnahmen wie eine stationäre Aufnahme von Mutter und Kind, regelmäßige Hausbesuche durch Kinderkrankenschwestern oder Jugendhilfe erfolgen.

Eine drohende Kriminalisierung von Eltern könnte möglicherweise unzählige freiwillige ambulanten Hilfen und deren gute Absichten vereiteln. Eltern sollten sich gern helfen lassen können und weder Sanktionen noch Vorwürfe bei Überforderung oder fehlender Erziehungskompetenz fürchten müssen. Das, was in der Regel hilft, sind beidseitige Offenheit und Vertrauen.

Wir waren alle froh und glücklich, dass Angelo nach einem halben Jahr wieder in seine Familie zurückkehren konnte und große Entwicklungsfortschritte machte. Die Familie wurde inzwischen mit verschiedenen Hilfeinstrumenten ausgestattet. Eine Kinderkrankenschwester und eine Familienhilfe arbeiteten Hand in Hand und eine ehrenamtlich tätige, pensionierte Krankenschwester bot der Mutter ihre Hilfe stundenweise oder auch mal für eine Nachtschicht an. Außerdem half Angelos Kinderärztin der Mutter in der Spezialambulanz für Entwicklungsrehabilitation Fuß zu fassen, um sich regelmäßig beraten zu lassen.

Auch Olympia geht es wieder besser. Ihre »Schichtarbeit»' für ihren Bruder ist Geschichte. Sie fährt ihn höchstens gemeinsam mit ihrem Vater in seinem Kinderwagen spazieren. Wann immer sie möchte, könnte sie natürlich wieder zu mir kommen. Das Wichtigste unserer Stunden war sicherlich die seelische Entlastung und das Anerkenntnis, dass Olympias Pflegeaufgaben bei ihrem Bruder eine unzumutbare Belastung darstellten. Nach all der Mühsal und dem Leid verdienten sie ein tröstendes Heilungsritual, um an ihrer Seele wieder zu gesunden. Das jedenfalls wünschte ich ihnen von Herzen.

17 Caesar ... Der Überfallene
Ein Hoch auf die Gemütlichkeit

Vor über 50 Jahren gab es eine Nachmittagsmusiksendung mit einer vorwitzigen Handpuppe, genannt Hase Cäsar. Dieser Hase hatte riesige Ohren, ein großes Klappmaul und zwei lustige große vorstehende Zähne im Oberkiefer. Als Kinder liebten wir diese ungezügelte Figur, die sich traute, Erwachsenen auch mal freche Fragen zu stellen oder ungezogene Kommentare zu geben.

An ihn wurde ich erinnert, als ich einen neuen Klienten, einen sechsjährigen kleinen Jungen, kennenlernte. Er hatte so fröhliche, lustige Augen und ähnlich große Zähne, so wie eben Sechsjährige sie besitzen, weil die neuen Zähne nicht mehr in den kleinen Kinderkiefer passen. Seine Geschichte war allerdings alles andere als lustig, sie zeugte eher von ungezügelter pädophiler Energie. In Caesars Fall setzte sich diese Energie in Form eines brutalen sexuellen tätlichen Übergriff um. Mit solchen derartigen gewaltvollen Überfällen hatte ich glücklicherweise ganz selten zu tun. Sie bestimmen prozentual nur einen geringen Teil der Missbrauchsdelikte.

Hinlänglich bekannt ist inzwischen, dass die Mehrzahl der Sexualdelikte im sozialen Nahraum eines Kindes erfolgt. Das heißt, das Kind oder der Jugendliche kennt seinen Täter oder die Täterin. Es handelt sich dann in der Regel um Eltern, Stiefeltern oder andere Familienangehörige, Bekannte, Lehrer, Trainer oder Geistliche. Aber in Caesars Fall handelte sich um einen Fremden. Dieser Mann hatte in der Toilette eines Biergartens am Nachmittag ausgeharrt und auf das Erscheinen eines kleinen Jungen gewartet. Dann hatte er sich mit in die Kabine gedrängelt und verlangt, dass das Kind seinen Penis in die Hand nimmt und ihn stimuliert. Dabei hatte er ihm den Mund zugehalten und auf den Kopf geschlagen. Als der Mann zum Höhepunkt kam, hatte Caesar den Moment genutzt und war durch die nicht verschlossene Tür entkommen.

Die Weltgesundheitsorganisation klassifiziert Pädophilie in der ICD-11 mit dem Diagnoseschlüssel 6D32 (WHO, 2022). Die Definition spricht von einer Sexualpräferenz, die sich auf Kinder bezieht. Diese Definition klingt so harmlos. Dabei steckt hinter der dranghaften Ausführung – wie bei Caesar – ein Verbrechen, das im Strafgesetzbuch unter Paragraph 176, sexueller Missbrauch an Kindern unter 14 Jahren, gefasst ist.

Nicht immer findet der Übergriff in Gestalt solch eines gewalttätigen Überfalls statt. Die meisten Übergriffe werden im Rahmen eines sogenannten Groomingverhaltens vorbereitet und angebahnt. Das Ergebnis dieses genau geplanten Beziehungsverhaltens ist letztlich nicht weniger grausam. Der einzige Unterschied besteht darin, dass sich der Täter oder die Täterin mehr Zeit lässt und das Opfer Stück für Stück durch Geschenke oder ein Vorzugsverhalten in eine Abhängigkeit verstrickt und am Ende eine Dankbarkeitsleistung in Form von höriger Hingabe und Kooperation verlangt. Dazu kommen häufig ein Geheimhaltungsgebot und Androhungen von Strafen oder gar Todesdrohungen. Eine teuflische Spirale der Unterwerfung entsteht. Kinder entwickeln in der Regel Schuldgefühle und verlieren damit die Möglichkeit, sich einem schützenden Erwachsenen anzuvertrauen.

Ich traf Caesar nur wenige Male. Beim ersten Termin sagte ich ihm, dass ich wüsste, was ihm passiert wäre und ich nicht von ihm erwartete, dass er mir nochmal alles berichtete. In der Regel wollen Kinder mit mir spielen und nicht über die erfahrenen Brutalitäten sprechen. Auch Caesar wirkte erleichtert, als ich ihn in unser Spieltherapiezimmer führte, um dort Zeit und Spiel miteinander zu verbringen. Er zeigte sich offen im Kontakt zu mir und war neugierig auf das Spielmaterial im Therapiezimmer. Ich staunte über sein kompetentes Kommunikationsverhalten. Außerdem wurde schnell deutlich, dass er ein wohlerzogener Junge und ein intelligenter Zweitklässler war. Er hatte einfach Pech, als er zum Opfer wurde, dachte ich.

Wir spielten alles Mögliche und unterhielten uns ein wenig über Caesars Familie und seine Freunde. Seine Eltern waren geschieden und der Vater hatte eine neue Familie gegründet, in der Caesar sich wohlfühlte. Außerdem berichtete er mir, dass er gern Skateboard und Ski führe. Schließlich kamen wir auf das Thema Regeln bzw. wie wichtig Regeln beispielsweise im Straßenverkehr wären. Sie verhinderten schlimme Unglücke, sagte Caesar. Auch vom Skikurs wüsste Caesar, dass es Skifahrerregeln für das Verhalten auf der Piste gäbe. Die sogenannten FIS-Regeln forderten zum Beispiel die nötige Rücksichtnahme auf andere, das richtige Überholen und im Fall der Fälle Hilfe zu leisten. Ich pflichtete ihm bei, dass Regeln und Gesetze unbedingt sinnvoll für das menschliche Zusammenleben wären.

Bei den Tieren wäre es einfacher, fand Caesar. Das Verhalten einzelner und die Rangordnung der Herdentiere würden durch Instinkte, also durch angeborene Fähigkeiten geregelt. Caesar liebte Tiere über alles, fuhr er fort. Und da sein Großvater Tierarzt war, konnte er ihn alles fragen. Manchmal durfte er sogar schon in dessen Tierarztpraxis helfen. Kürzlich hätte er die Pfote eines Hundes beim Verbinden halten dürfen. Es machte Freude mit Caesar zusammen zu sein, weil er ein so interessiertes und mit einer Vielzahl an Ressourcen ausgestattetes Kind war.

Dennoch war Caesar durch den brutalen Überfall und die Vergewaltigung traumatisiert. Das berichteten die Eltern meinem Kollegen. Seitdem schliefe Caesar schlechter, träumte wild und wollte wieder bei seinen Eltern im Bett schlafen Außerdem wollte er in keinen Biergarten mehr gehen und gelegentlich wäre er aggressiv zu seinem kleinen Bruder. Manchmal beobachteten die Eltern Spiele zwischen den beiden, in denen Caesar versuchte seinen Bruder in seine Gewalt zu bringen und mit Worten herabzuwürdigen. Die Eltern gingen davon aus, dass ihr Sohn Ähnliches bei dem Überfall erlebt hatte.

Caesars Eltern bewiesen viel Einfühlung, aber auch sie waren traumatisiert. Der Vater hegte starke Racheimpulse und die Mutter geriet immer wieder in ein scheinbar grundloses Weinen. Ein solches Ereignis macht alle Beteiligten hilflos. Die Ohnmachtsgefühle und nächtlichen Grübelattacken sorgen häufig für Phantasien von Selbstjustiz und Strafhandlungen. Deswegen benötigten oft auch die Familienangehörigen Unterstützung.

Auf unsere Unterhaltung hin, wie notwendig Regeln wären, wagte ich bei einem der nächsten Treffen einen Brückenschlag zu Caesars erlebten Übergriff. Ich sagte zu Caesar, dass sein Überwältiger sich nicht an Regeln gehalten, dass dieser Mann das Gesetz mit Füßen getreten und seine Würde verletzt hätte. Das wollte Caesar genauer verstehen. Ich sollte ihm erklären, was ich damit meinte. Ich erklärte ihm, dass Kinder ein Recht darauf hätten, respektvoll behandelt zu werden und unversehrt aufzuwachsen. Dazu gehörte, dass man Kinder nicht überwältigen, nicht schlagen und selbstverständlich nicht missbrauchen dürfte. Wenn das doch geschah, würde der Täter mit einer Gefängnisstrafe belangt werden. Außerdem müsste man zur Strafe Bußgeld zahlen und eine Therapie machen. Das gefiel Caesar gut. Er strahlte. Er wüsste gar nicht, dass das Gesetz auch für Kinder gelte und dass auch sie Rechte hätten.

Caesar hatte die Konfrontation, die meine Bezugnahme auf sein Gewalterlebnis darstellte, annehmen können. Das sprach für seine Resilienz, d.h. für seine Belastbarkeit und seelische Stabilität. Bei manchen Kindern kann das Ansprechen des Delikts große Angst auslösen. Deshalb ist immer Vorsicht geboten. Oft muss ich in der Kindertherapie mit der Bezugnahme auf das Delikt Wochen oder gar Monate warten, weil das Kind allein durch die Erinnerung eine Stressüberflutung, eine sogenannte Retraumatisierung, erleben würde. Dann besteht das Therapieziel ausschließlich darin, das betroffene Kind seelisch zu stabilisieren, um eine neue Lebenssicherheit für den Alltag zu erringen.

Einmal sprachen wir auch über Gefängnisse und Strafen. Caesar würde den Täter am liebsten selbst bestrafen. Das ginge anderen Kindern ähnlich, berichtete ich ihm. Er würde auch gern mal unsere Schläger ausprobieren. Ich sagte ihm, dass es im Kindertherapiezimmer erlaubt wäre, auf die Polster von Sessel und Sofa zu schlagen. Dafür gäbe es die Schläger und Schwerter. Schließlich bauten wir mit Kissen eine Täterfigur und fesselten sie auf einem Sessel mit Seilen. Ich erlaubte Caesar auf die Kissen, die seinen Täter darstellten, einzuschlagen, wenn er wollte. Er könnte es ausprobieren und spüren, wie es sich anfühlte. Wenn er es nicht wollte, wäre es genauso in Ordnung. Dann folgte der erste Hieb. Ich ermutigte ihn, beim Zuschlagen seine Stimme zu nutzen und wenn er wollte, auch Worte oder Laute von sich zu geben. Ich sollte ihm helfen, also schlug ich auch auf die Kissen und schimpfte dabei: »Du Böser, du hast es verdient.« Dann wartete ich auf Caesars Reaktion. Mein Agieren schien ihm gefallen zu haben. Er verlor seine Scheu und verpasste seinem Peiniger etliche Hiebe und Stiche mit dem Schwert. Er wechselte die Waffen. Zum Schluss wurde der Peiniger noch »erschossen«. Am Ende lagen alle Kissen im Zimmer auf dem Boden verstreut und der Stuhl bekam noch einen kräftigen Stoß von der Seite, sodass er umkippte. Die »Ermordungsszene« war damit gespielt. Wir tanzten singend – wie die sieben Geißlein um den Wolf – um den Stuhl herum und feierten den »Tod« des Übeltäters, der seine gerechte, archaische Strafe für sein Verbrechen erhalten hatte.

Das Bedeutende an dieser Aktion ist die Selbstermächtigung, das Empowerment, das der erlebten Ohnmacht ein Handeln und die Selbstbefreiung gegenüberstellt. Da Traumatisierung Überwältigung und Ohnmacht bedeutet, ist das Zurückfinden in die eigene Kraft so entscheidend. Natürlich kann man so eine kathartische Situation nur zu gegebener Zeit unterstützen, aber niemals als automatisches Ritual anbieten. Ein Kind benötigt unbedingte Führung für seinen Befreiungsschlag und ein Gehaltenwerden durch die nahe Präsenz des Therapeuten.

Bedauerlicherweise beendeten Caesars Eltern die Therapiestunden nach kurzer Zeit abrupt. Solch einen Impuls treffe ich bei Eltern immer wieder an. Manchmal kann ich fast Ihre Gedanken lesen, die z. B. lauten: »Wie lange muss denn mein Kind noch kommen? Es soll doch schließlich das Geschehene bald vergessen und nicht immer wieder durch die Therapie daran erinnert werden. Außerdem ist mir auch alles zu viel.«

Das ist nur allzu verständlich, aber gleichermaßen unsinnig, denn kein Kind vergisst einen Übergriff noch stabilisiert die Therapie das Trauma. Ich frage die Kinder immer wieder selbst nach ihrer Meinung: »Wie lange, denkst du, musst du noch kommen?« Darauf bekomme ich die unterschiedlichsten Antworten. Ein Zweitklässler antwortete mir mal darauf: »Bis ich in der fünften Klasse bin«. Ich verstand, er meinte also, dass er noch lange kommen will. Ein anderer sagte: »Ich möchte nie von dir weggehen, weil du mich sonst vergisst.« Eine Jugendliche entschied: »Ich möchte nur einmal im Monat bis Weihnachten kommen.« In der Regel haben die Kinder und Jugendlichen ein untrügliches Gefühl für ihren persönlichen Bedarf.

Bei Caesar kam es nicht dazu, dass ich ihn fragen konnte. Ich hoffe, dass es ihm gutgeht. Außerdem sage ich allen Kindern beim Abschied: »Du darfst jederzeit wiederkommen, sag deinen Eltern, dass sie wieder einen Termin vereinbaren sollen.« Ansonsten vertraue ich auf die sich immer weiter entfaltende Lebenskraft meiner Therapiekinder. So auch bei Caesar.

18 Amal ... Der mit den Augen spricht
Der Papa hat mir Aua gemacht

Amal war erst drei Jahre alt, als ich ihn zum ersten Mal traf. Er war ein hübscher Junge, irgendetwas Magisches schien ihn zu umgeben, fand ich. Sein Blick war sanft und er bewegte sich so still im Spieltherapiezimmer, dass ich ihn kaum bemerkte. Ich lächelte ihn freundlich an und bedeutete ihm, dass er alles anschauen und anfassen dürfte. Dann ließ ich ihn mit seiner Großmutter zurück und wechselte mit seiner Mutter den Raum.

Von Amals Mutter, einer Orientalin, erfuhr ich, dass sie sich vor einem Jahr von ihrem Mann, einem Nordafrikaner, trennte, weil ihre Ansichten zum Leben und zur Kindererziehung nicht zusammenpassten. Sie hätte ihrem Mann auch nach der Trennung weiterhin erlaubt, seinen Sohn in ihrer Wohnung regelmäßig zu sehen. Zeitweilig lebte ihre Mutter, die mit einem Europäer verheiratet wäre, bei ihr. Ihr leiblicher Vater wäre bereits verstorben. Wie ihr Mann diese Umgangsregelung empfunden hätte, wollte ich wissen. Er wäre anfänglich damit einverstanden gewesen, weil seine Wohnung noch nicht fertig eingerichtet war. Aber dann hätte er seinen Sohn abholen und mit ihm ein Wochenende lang verbringen wollen. Das hätte ihr nicht gefallen, weil sie ihren damals zweijährigen Sohn für zu klein hielt. Also stritten sie einige Monate über die Umgänge. Zweimal wären sie so heftig ins Streiten gekommen, das Nachbarn die Polizei gerufen hätten. Daraufhin hatte sich das Jugendamt eingeschaltet. Schließlich wäre sie einverstanden gewesen, dass Amal über Tag bei seinem Vater bleiben durfte. Der Vater begnügte sich mit dem Samstag als Besuchstag. Manchmal hätte Amal nicht mitgehen wollen. Dann hätten sie sogar gemeinsame Ausflüge veranstaltet. Das hätte Amal natürlich am besten gefallen. Schließlich hätte der Vater Amal doch mal ein ganzes Wochenende zu sich genommen, weil er Besuch von seiner Schwester und deren Familie erhalten sollte. Amal kannte die Tante und mochte sie sehr gern.

Die Mutter gab zu, dass sie sich nur schwer von ihrem Kind trennen konnte und sich auch mal Ausreden einfallen ließ, um Amal nicht dem Vater mitgeben zu müssen. Ob es noch andere Gründe gäbe, warum die Mutter zögerte, wollte ich erfahren. Ja, weil der Vater an Diabetes litt und früher schon mal ohnmächtig geworden wäre, wäre sie in Sorge. Der Vater erklärte mir dazu, dass das nur einmal passiert wäre, weil er anfänglich noch Fehler bei der Kontrolle seines Blutzuckers gemacht hätte. Seit Amal drei Jahre wäre, fiele es der Mutter etwas leichter, Amal mit seinem Vater ziehen zu lassen. Allerdings wäre Amal von dem Besuchswochenende, als die Tante den Vater besucht hatte, nicht in einem guten Zustand zurückgekommen. Er hätte irgendwie ängstlich gewirkt und wäre sehr übermüdet gewesen. Und am nächsten Tag hätte er sich weder ausziehen noch baden lassen wollen. Das hätte sie dem Vater erzählt und erwartungsgemäß wäre er ärgerlich geworden, weil er angenommen hätte, dass sie ihm sein schönes Familienwochenende nicht gönnte. Seitdem zögerte sie, ihm überhaupt Rückmeldungen zu geben.

Ich dankte ihr für ihre Ausführungen. Amals Mutter zögerte ein wenig den Raum zu verlassen und ich fragte sie, ob es noch etwas gäbe, was sie loswerden wollte. Also Amal hätte sich, als sie ihn dann am folgenden Tag nach dem Vaterwochenende befragte, darüber beklagt, dass sein Popo weh täte. Sie hätte angenommen, dass Amal harten Stuhlgang beim Vater gehabt und dieser ihm vielleicht den Po ein bisschen zu fest abgeputzt hätte. Aber Amal hätte irgendwann nach den Wochenendsamstagen beim Vater begonnen zu sagen: »Papa aua Popo.« Das hätte sie natürlich beunruhigt und sie hätte es Amals Vater berichtet. Der wusste ihr dazu allerdings keine Erklärung zu geben. Also hätten sie die Umgänge und die gemeinsamen Unternehmungen fortgesetzt. Aber es hätte sich eine Sorge bei der Mutter eingestellt und außerdem hätte Amals Erzieherin ihr berichtet, dass Amal auch im Kindergarten »Papa Popo aua« gesagt hätte. Schließlich hatte sie die Mutter in unsere Einrichtung geschickt.

Amal gefiel unser Spielzimmer sehr gut und er teilte seiner Mutter mit, dass er gern noch einmal wiederkommen wollte. Ich sagte zu ihm, dass ich mich freuen würde, ihn wiederzusehen. Dann würde ich gern mit ihm spielen und natürlich könnten seine Mutter oder Großmutter dabei sein. Ich wollte ihn auf keinen Fall überfordern. Deshalb versicherte ich ihm, dass ihn eine Bezugsperson begleiten dürfte, wenn er wollte. Amal freute sich und sein Strahlen begleitete mich noch den ganzen Tag.

Jetzt benötigte ich den Vater. Amals Vater hatte eine ganz ähnliche Ausstrahlung wie sein kleiner Sohn. Er war ein ruhiger, freundlicher, höflicher und zuvorkommender Mann Anfang 40. Er wäre Ingenieur und wäre schon über zwanzig Jahre in Deutschland, erzählte er mir. Er hatte etwas sehr Sanftes, genau wie Amal. Das war faszinierend. Er freute sich, dass ich auch seine Sicht der Dinge hören wollte. Amals Vater berichtete, dass er in Amals Mutter sehr verliebt gewesen wäre. Sie hätten eine wunderbare Zeit zusammen erlebt. Als sie schwanger geworden wäre, wäre er der glücklichste Mann gewesen. Beide hätten geheiratet und sich auf ihr Kind gefreut. Sie wäre in seine Wohnung gezogen, weil diese größer gewesen wäre. Als Amal auf der Welt war, hätte die Großmutter ihre Hilfe zugesagt, damit beide weiter berufstätig bleiben könnten. Eine Zeit lang habe sie sogar bei ihnen gelebt, weil sie Eheprobleme hatte. Aber auch der Schwiegervater wäre für ihn ein wichtiger Teil der Familie geblieben. Und Amal schätzte ihn auch.

Er wollte noch erwähnen, dass seine Frau mit der Zeit immer mehr über ihn hätte bestimmen wollen, sie hätte ihn regelrecht kontrolliert. Außerdem hätte sie alles, was Amal betraf, entscheiden wollen. In der Versorgung seines Sohnes hätte er seiner Frau nichts recht machen können. Das hätte ihn geärgert und immer mehr von ihr weggetrieben. Aber er liebte seinen Sohn und dieser ihn. Die Großmutter wäre wirklich eine große Stütze für die Eltern gewesen, aber bald hätte er auch mit ihr diskutieren müssen. Da hätte es ihm gereicht.

Schließlich hätte seine Frau vorgeschlagen, dass sie übergangsweise mit Amal zu ihrer Mutter ziehen wollte und er Amal jederzeit sehen könnte. Diesem Versprechen wäre seine Frau allerdings nur noch unregelmäßig nachgekommen. Deswegen hätte er das Jugendamt um Unterstützung gebeten. Er hatte sich erhofft, dass sie mit den

Eltern einen Plan zu den Umgangszeiten erstellten. Allerdings wäre die Zusammenarbeit mit der Behörde nur mit mäßigem Erfolg verlaufen. Er wollte nun über das Familiengericht einen verlässlichen Beschluss zum Umgang erwirken.

Mir war der Vater wirklich sympathisch und Amal brauchte seinen Vater als männliches Gegenüber zu den beiden scheinbar überbehütenden Frauen. Wollten diese einen »Pascha« aus Amal machen? Ich bemerkte meinen Zynismus und, dass sich in mir weder eine Idee noch eine fachliche Hypothese einstellen wollte. Also entschied ich mich, weiter zu explorieren und lebensgeschichtliche Daten zu sammeln. Und ich beraumte einige diagnostische spielbasierte Treffen mit Amal an. Amal lief jedes Mal freudig in unseren Raum und seine Großmutter folgte still. Beide waren entzückend.

Meistens ließ Amal die Großmutter für ihn übersetzen, oder besser, für ihn sprechen. Aber ich hatte den Eindruck, dass er all meine Fragen, Äußerungen und Aufforderungen verstand. Ich teilte ihm in den folgenden Stunden auch mit, dass ich gehört hätte, dass er annahm, dass sein Papa ihm an seinem Popo weh getan hätte. Er schaute mich mit großen Augen an und sagte nichts dazu. Stattdessen bedeutete Amal mir, dass er mit dem Kaufmannsladen spielen wollte. Und dann wollte er die Murmeln im Sand verstecken, die ich im Anschluss suchen sollte. Immerhin hatte er Interesse an einem gemeinsamen Spiel. Das entlastete mich und ich folgte seinen Wünschen. Die folgenden Stunden verliefen alle ähnlich und meistens folgte ich Amals Vorgaben, wollte ich doch zunächst sein Vertrauen gewinnen.

Nach einigen weiteren gemeinsamen Stunden erkundigte ich mich ein zweites Mal danach, ob Amal das mit dem Aua von seinem Vater gesagt hätte. Er schwieg kurz, erstarrte für einen Moment und nickte ganz leicht, aber bestimmt. Immerhin, Amal hatte mich mit großem Ernst angeschaut und bestätigt, dass er es so seiner Mutter mitgeteilt hatte. Angeblich hatte Amal auch mit der Großmutter über das Aua vom Vater gesprochen, wie ich von ihr nach der Stunde erfuhr.

In den folgenden Wochen verging kaum eine Woche ohne eine Telefonat mit den Eltern. Beide riefen mich wechselweise an, um mir ihre Realität des Konflikts zu erläutern. Die Mutter berichtete von immer neuen Schilderungen Amals und der Vater wusste mir Versionen anzubieten, die auch glaubhaft erschienen.

Schließlich berichtete mir die Mutter von einer Szene, die sich in ihrem Wohnzimmer nach dem besagten Tantenwochenende ereignet haben sollte. Sie hatte den Vater nach besagtem Wochenende gebeten, Amal eine Weile zuhause bei ihr im Wohnzimmer zu besuchen. Sie und ihre Mutter würden ihn dort in Ruhe mit seinem Sohn spielen lassen und in der Küche bleiben. Der Vater hätte sich auch darauf eingelassen. Er hätte seinen Sohn in der kleinen Wanne baden wollen, weil er wusste, wie gern Amal im Wasser planschte. Die Mutter hätte es ihm erlaubt und ihnen das Wasserspielzeug und mehrere Handtücher bereitgelegt. Mittendrin hätte Amal mal ziemlich gejammert und einmal aufgeschrien und nach der Mutter gerufen. Sie hätte ihm von der Ferne in der Küche geantwortet und ihm signalisiert, dass sie noch da wäre und kochte. Er sollte schön mit dem Vater spielen. Damals hätte sie sich nichts dabei gedacht, inzwischen allerdings fragte sie sich, ob es sogar in ihrer Wohnung zu einer Übergriffsituation gekommen sein könnte, weil Amal danach wieder vom Aua geredet hätte und dass der Vater ihm am Po Aua gemacht hätte. Danach hätte Amal seinen Vater nicht mehr, aber auf jeden Fall nicht mehr allein, sehen wollen.

Konnte das sein? Sollte ich diesem sanften Mann einen sexuellen Übergriff im Wohnzimmer der Mutter am Anus seines Kindes zutrauen? Immer wieder werde ich gefragt, ob ich nach so vielen Jahren nicht ahne, wer Täter wäre und wer nicht. Selbstverständlich kann ich es nicht; auch in diesem Fall nicht. Beide Eltern waren verzweifelt und ich war nach wie vor ratlos. Das Einzige, das in solchen Fällen hilft, ist, nicht aufzugeben, sondern weiterzumachen. Und dazu war ich fest entschlossen. Auch das Jugendamt wurde ungeduldig, weil ich noch keine Ergebnisse liefern konnte.

Eltern und Amt waren sich einig, dass das Familiengericht endlich eine Entscheidung bezüglich des Vater-Sohn-Umgangs fällen sollte. Die Mutter wollte bei dieser Gelegenheit die alleinige Sorge beantragen. Ich war gespannt, weil ich ahnte, dass das Gericht in der gleichen Ratlosigkeit stecken würde. Dennoch erhofften sich alle an diesem familiengerichtlichen Verfahren Beteiligte eine weise und gerechte Entscheidung des Gerichts. Das Gute an dieser Idee war, dass wir Zeit gewannen. Diese nutzten wir – die Eltern, das Jugendamt und ich –, um eine große ausführliche Rekonstruktion der Ereignisse einen ganzen Vormittag lang im Amt anzustellen. Dabei ergaben sich einige Neuigkeiten für mich, aber es gab keinen Durchbruch. Erstaunlicherweise benahmen sich beide Eltern gegeneinander respektvoll.

Ich schlug vor, dass ich endlich die schon lange ins Auge gefassten Vater-Sohn-Treffen als Diagnosemöglichkeit nutzen könnte, um live den Dialog zwischen Vater und Sohn zu erleben und gegebenenfalls auch Amals Weigerung oder Vorwürfe gegen den Vater mitzubekommen. Bislang hätte sich Amal laut Mutter stets geweigert, so einem Treffen zuzustimmen. Wir wollten es versuchen, alle waren sich einig. Ich bat die Mutter noch einmal mit ihrem Sohn zu kommen, damit ich ihm mein Vorhaben erläutern könnte. Dabei wollte ich seine spontane, unverstellte Reaktion erleben, wenn ich ihm sagte, dass ich seinen Vater in unsere Therapiestunde einladen wollte.

Die spontanen Verhaltensweisen und Äußerungen eines Kindes sind für mich wie Rohdiamanten, in denen ich die größte Wahrhaftigkeit zu finden erwarte. In jeder Beratungs- und Therapiestunde mit meinen Klienten vertraue ich darauf. Es scheint ein untrügliches und deshalb ein verlässliches Diagnoseinstrument zu sein, dass alle Experten gleichermaßen nutzen. Natürlich bereiten manche Klienten auch einen Text vor, den sie vortragen oder den ein Kind vortragen soll, aber in der Regel spüre ich, dass etwas nicht stimmt oder sich die Menschen bei Nachfragen verwirren.

In der darauffolgenden Woche wollte ich mit diesen Terminen beginnen. Amal erschien wirklich an der Hand seiner Mutter. Im Spielzimmer angekommen, teilte ich ihm mit, dass ich mit ihm sprechen wollte. Inzwischen war er bereits vier Jahre alt. Amal begann nicht – wie sonst immer – zu spielen, sondern setzte sich zu meiner und Mutters Überraschung auf einen Erwachsenensessel. Dort hatte er noch nie Platz genommen. Wenn überhaupt lehnte er sonst an der Mutter oder holte sich ein Kinderstühlchen. Nicht weniger überraschend war seine darauf folgende Aktion: Er bat seine Mutter, den Raum zu verlassen. Er sagte ihr, er wollte jetzt allein mit mir spielen. Wir konnten beide kaum glauben, was sich gerade ereignete, blieben ernst und folgten seinem Wunsch. Die Mutter würde draußen warten, bis er sie holte.

Daraufhin begann Amal die Eisenbahn aufzubauen und den ICE-Zug auf die Schienen zu setzen. Er holte eine männliche Playmobilfigur und überfuhr diesen Mann mehrmals. Dabei wirkte er sehr ernst. Manchmal schrie er den Mann mit unverständlichen Worten an und wiederholte sein Tun. Amal wurde immer wütender. Dann wechselte er blitzartig das Spiel, schnappte sich mehrere gefährliche Tiere wie den einen Meter großen Orca und begann einen massiven Angriff gegen mich. Wechselweise wählte er für seine Aggression einen Wolf, eine Schlange und einen schwarzen Raben mit großem spitzen Schnabel. Amals Scheuheit schien wie weggeblasen, er überwand meinen Intimraum und schlug mit den Tieren auf mich ein. Einige Male versuchte er sogar mich mit seinen eigenen Zähnen zu beißen oder mich gegen die Wand zu drücken. Er geriet dermaßen in Rage und schmiss dabei alle Kissen vom Sofa, lehrte Kisten aus und warf verschiedenste Dinge zu Boden. Ich kommentierte mit Lauten und Worten meine Angst und bat ihn, mich zu verschonen. Ich verbalisierte, dass die Tiere wohl sehr wütend wären, eben richtig sauer. Ja, das wären sie, hörte ich nun klar und deutlich von Amal. Ich wollte mir von außen Hilfe holen, rief nach der Polizei. Er unterband es. Während dieses »rauschhaften Anfalls« wurde Amals sonst so ebenmäßiges, zartes Gesicht wutverzerrt und grimmig.

Ebenso plötzlich beendete Amal diesen Ausbruch und sprach mit völlig anderer Stimme: »So jetzt muss hier aber wieder Ordnung gemacht werden!« Ich konnte nicht fassen, was gerade passiert war. Und sogleich – ohne meine Mithilfe einzufordern – begann Amal in Windeseile das Spieltherapiezimmer in seinen alten ordentlichen Zustand zurückzusetzen. Nun agierte wieder der gut erzogene, artige, liebe Amal.

Einige Male fragte ich Amal in einem für ihn unerwartetem Moment, ob ich nicht doch mal seinen Vater zu unserer Spielstunde einladen dürfte. Jedes Mal bekam ich ein unmissverständliches »Nein« zu hören. Auch dann wenn ich betonte, dass ich ja dabei wäre. Auf meine Nachfrage sagte er: »Der war böse zu mir.«

Im Laufe der nächsten Stunden zeigte mir Amal auf verschiedene Weise, wie sehr ihn seine Aggressionen gegen den Vater beschäftigten. Mal wollte er mit den großen Schwertern gegen ihn kämpfen oder ihn ins Gefängnis stecken. Er äußerte auch direkt, nicht durch Spielszenen, dass er dem Vater am liebsten mit einem Haken die Augen auskratzen, einen Finger abhacken und ihm einen anderen Finger in den Po stecken wollte. Offensichtlich wollte er ihm Schmerzen zufügen. Manchmal äußerten sich Amals Straf- und Racheimpulse gegen seinen Vater in der Weise, dass er ihn schlagen wollte. Häufig kommentierte Amal sein Tun dann mit einem selbstzufriedenen: »So!«

Einmal erinnerte ich Amal an eine Situation, als die Polizei zu ihnen gekommen war, weil die Mutter beim Abholen den Vater in Amals Gegenwart geschlagen und dieser die Mutter daraufhin an den Handgelenken festgehalten hatte. Ich erinnerte ihn weitergehend daran, dass er alles mit angesehen und geweint hätte. Das wäre sicher keine schöne Situation für ihn gewesen. Und die Mutter wäre in dieser Situation auch böse zum Vater gewesen. Amal blieb bei seinem Nein. Er war sehr überzeugend. Aus meiner Sicht sollte man das Nein dieses Kindes respektieren.

Von Amals Mutter erfuhr ich, dass Amal sich kürzlich mit heruntergelassener Hose von hinten an sie gedrückt hätte, während sie gerade am Herd stand. So oder so ähnlich könnte eine Szene aus einem Pornofilm sich abgespielt haben. Entweder hatte der Vater solche Filme in Amals Beisein geschaut oder er hatte den Vater vielleicht während einer Mittagspause beim Onanieren überrascht.

Ich schrieb in meinem Bericht an das Gericht, dass ich davon ausging, dass Amal wohl, zum Teil auch schmerzerzeugende, sexuelle Übergriffe erlebt haben musste. Seine Wut hatte ich leibhaftig erlebt und diese kann ein Kind weder spielen noch gegen eine Person aufrechterhalten, wenn ihm dergleichen eingeredet worden ist. Ich gab weiter zu bedenken, dass sich jedes Kind einen Vater wünschte und diesen nicht ohne Grund zum Teufel jagte. Auch Vater und Mutter teilte ich meine Ergebnisse mit. Es tat mir leid, dem Vater keine zuversichtlicheren Mitteilungen machen zu können, hatte ich doch erleben können, wie sehr er unter der Kontaktunterbrechung zu seinem Jungen litt.

Der Richter bestellte mich ins Gericht ein und bat um meine Empfehlungen. Er wäre sehr beeindruckt von meiner Arbeit und der nachvollziehbaren Dokumentation meiner Ergebnisse. Er wollte den Jungen auch einmal kurz in Augenschein nehmen, würde ihn aber nicht genauer befragen, weil er sich das gar nicht zutraute und er keine aussagekräftigeren Daten als meine erwartete, zumal er dem Jungen auch fremd wäre. Es geschieht viel zu selten, dass Richter und Therapeuten sich Zeit für einen Diskurs nehmen können, was jedoch sehr wichtig wäre.

Der Richter beabsichtigte, sich für eine Pause im Kontakt zwischen Vater und Sohn zu entscheiden. Zu einem späteren Zeitpunkt könnte der Vater erneut einen Antrag auf begleiteten Umgang stellen. Im Moment bat er ihn um Geduld. Aber vor seinem endgültigen Beschluss wollte er Amal auch gern noch kennenlernen. Schweren Herzens verließ der Vater das Gericht. Nach einem Jahr hörte ich noch einmal vom Vater. Inzwischen hatte er noch einmal geheiratet und er und seine neue Frau erwarteten eine Tochter. Er freute sich sehr, endlich eine kleine Familie zu bekommen. Ich wünschte ihm alles Gute.

Natürlich machte ich mir Sorgen, inwieweit dieses neue Kind auch gefährdet wäre. Aber diesen Part würde das Jugendamt übernehmen. Sie würden ihn bitten, wenn noch nicht geschehen, seiner neuen Frau von den Vorwürfen gegen ihn zu erzählen. Anderenfalls würden sie es tun, um präventiv einen Schutz für sein zweites Kind zu errichten.

Inzwischen ist Amal ein Vorschulkind und wieder aufgeblüht. Seine Wutattacken sind weniger geworden, aber sein Verhältnis zur Polizei ist noch gestört, erinnerte sie ihn schließlich an die schlimmen Zeiten in seinem Leben.

19   Sofia und Athene ... Die im Treibsand wandern
Wenn die Mutter ihre Kinder verlässt

In der Schöpfungsgeschichte der griechischen Mythologie wird die Welt aus dem Ur-Chaos geschaffen. Ebenso verhält es sich mit der ersten Göttin, der Tänzerin Eurynome, die, da sie keinen Platz für ihre Füße zum Absetzen fand, Himmel und Wasser voneinander trennte. Anstatt das Chaos weiter aufzuräumen, tanzte sie und da ihr Tanz so kraftvoll war, brachte er Licht in die Dunkelheit. Aus ihrem Tanz entstanden noch der Wind, eine Schlange, die Planeten und schließlich auch ihr Ehemann.

Als ich die Zwillinge Sofia und Athene kennenlernte, gab es um sie herum auch viel, viel Chaos. Der neue junge Freund ihrer Mutter hatte die Mutter in einer Kurzschlussreaktion mit einem Messer bedroht. Weil die Mutter sich von ihm und seinem Hund trennen wollte, hatte er »rotgesehen« und die Mutter nicht mehr aus der Küche rausgehen lassen wollen, bis sie ihre Trennungsabsichten zurücknahm. Beide hatten zuvor schon eine Flasche Wein geleert und die Mutter wollte ihrem Freund endlich ihre innere Entscheidung zur Beziehung benennen.

Sie hatte mit ihren knapp 40 Jahren schon eine ziemlich bewegte Lebenszeit hinter sich. In ihren Zwanzigern hatte sie ihre beiden großen Söhne, die mittlerweile schon fast 20 Jahre alt waren, bekommen und sie allein großgezogen. Die Väter der beiden waren lustige Gesellen zum Feiern gewesen, aber hatten sich weder als sehr verlässliche Partner noch als Väter erwiesen. Und sie hatten auch nicht durchgängig Unterhalt für ihre Kinder gezahlt. Aber die junge Frau war trotzdem immer zurechtgekommen, hatte gearbeitet und manchmal hatte sie ihre Mutter um Unterstützung gebeten. Ansonsten hatte sie Freundinnen oder Nachbarinnen, die mal aushalfen. Zwischendrin hatte sie sich auch Liebhaber geleistet.

Dann eines Tages war der Vater von Sofia und Athene in ihr Leben getreten. Eigentlich hatte sie ja nur bei ihm in seiner kleinen Firma für eine Zeitlang aushelfen wollen, aber da ihr die Arbeit und das Betriebsklima gut gefallen hatten, verlängerte sie. Außerdem kamen ihr die flexiblen Arbeitszeiten äußerst gelegen. So konnte sie sich gut um ihre Jungs kümmern. Die beiden durften auch mal in der Firma auf die Mutter warten. Der Chef war respektvoll und lobte ihre Leistung bzw. das, was sie für seine Firma tat. Sie genoss ihr Leben, endlich schien alles in ruhigeren Bahnen zu laufen. Manchmal plauderte sie mit ihrem Chef oder trank einen Kaffee mit ihm. Sie schätzte diesen ruhigen, höflichen Mann und verliebte sich ein wenig. Er schien so anders als all die anderen Machos, die aber natürlich jeder für sich auch interessant für sie gewesen waren.

Aber ihr Chef schien ein Mann von einem ganz anderen Niveau. Auch sie schien ihm zu gefallen und nach einer besonders erfolgreichen Woche in der Firma hatte er sie zum Essen ausgeführt und bald noch einmal. Alles war so niveauvoll, neu und beeindruckend an ihm. Am Ende des Sommers kam es, wie es kommen musste; sie verliebten sich ineinander und auch ihre Söhne mochten ihn sehr. Er genoss das Gefühl, ein wenig Vater sein zu dürfen und eine kleine Familie zu haben. Und sie genoss es, sich als Frau, verehrt und geschätzt zu fühlen. Es ging ihnen richtig gut, sie verbrachten die Wochenenden und kleine Urlaube miteinander. Unter der Woche arbeiteten sie und führten ihre eigenen Leben. Eine gute Lebensform, fanden sie. Auch darin waren sie sich einig gewesen.

Um die Jahreswende hatten sie alle einen schönen Urlaub im Schnee verbracht und waren froh um diese gute Zeit. Noch nie war sie in so einem schönen Hotel gewesen. Wie sollte es jetzt weitergehen? Er hatte sie gefragt, ob sie nicht mit den Kindern zu ihm ziehen wollte. Sie war sich nicht sicher gewesen, aber als sich eine Schwangerschaft ankündigte, gab sie nach. Er freute sich sehr über das sich ankündigende Kind und die Jungen auch. Was würde das für ihre Berufstätigkeit bedeuten? Inzwischen hatte sie gerade wieder in ihrem gelernten sozialen Beruf angefangen zu arbeiten. Ein bisschen Selbständigkeit brauchte sie einfach.

Nie würde sie den Moment bei ihrer Frauenärztin vergessen, als diese ihr offenbarte, dass sie Zwillinge erwartete. Sie wusste nicht, ob sie lachen oder weinen sollte. Sie würde mit knapp 30 Jahren Mutter von vier Kindern sein. Ob sie diese sich ankündigende Situation bewältigen würde? Jetzt wo doch auch ihre Söhne sie in der Schule mehr brauchten. Aber ihr »Schatz« war ja auch noch da, versuchte sie ihre trüben Gedanken zu erhellen. Und irgendwie war sie ja immer um die Runden gekommen.

Sie hatten Mädchen bekommen. Diese waren zwei wunderschöne kleine Wesen. Und sie hatten sich sofort einen Platz im Herzen ihres Vaters sichern können. Beide Eltern schwärmten für griechische Mythologie und deshalb bekamen ihre Mädchen griechische Namen, Sofia und Athene.

Drei Jahre ging dieses Familienidyll gut, dann musste sie weg. Sie hatten viel gestritten, weil ihr Mann es ihr nie recht machen konnte und außerdem hatte sie ihn bevormundend und überkritisch gefunden. Doch für ihn war es ein Schock, da er doch endlich die von ihm so ersehnte Familie hatte. Er hatte nicht verstanden, warum seine Frau wegen ein paar dummer Streits gehen wollte.

Sie suchte sich eine eigene Wohnung und nahm alle Kinder mit. Von jedem Freitag bis Montag waren die Mädchen bei ihrem Vater. Dann war sie mit ihren Söhnen allein, was sie eigentlich sehr genoss. Wenn ihre Söhne bei Freunden oder ihren Vätern waren, hatte sie ganz frei. Auch das genoss sie. Dann ging sie wieder wie früher mit ihren Freundinnen auf die Piste, tanzte, kiffte und »schleppte ab und an einen Typen mit heim«. Irgendwie fühlte sie sich dann wie damals mit 18, als sie noch machen konnte, was sie wollte.

So hatte sie auch Toni kennengelernt. Der erzählte ihr, dass er nur auf der Durchreise wäre. Er war witzig, zehn Jahre jünger als sie und gerade ohne Job. Sie ließ ihn bei sich wohnen. Ihre Jungen fanden ihn auch cool, lernten ein wenig das Gitarrespielen von ihm und zockten oft die Nacht mit ihm durch. Irgendwie gefiel ihr das, andererseits war sie es, die die Jungen dann in der Früh wecken und dafür sorgen musste, dass sie in die Schule kamen. Die Mädchen mochten Toni auch, blieben aber insgesamt zurückhaltender. Sie waren es gewohnt, dass ihre Brüder sie in der Früh versorgten, wenn die Mutter zum Frühdienst musste oder sie spielten abends noch mit ihnen. Sie bewunderten ihre großen Brüder sehr.

Sofia und Athene sehnten die alten Zeiten herbei, als Toni noch nicht den Familienfrieden störte. Sie empfanden ihn als Eindringling und Schmarotzer. Sie hatten einen Streit mitgehört, in dem die Mutter ihn aufforderte, sich endlich eine Arbeit zu suchen, damit er etwas zur Haushaltskasse beitragen könnte. Er versprach es ihr.

Sofia und Athene wünschten sich schon lange einen Hund. Die Mutter hatte ihr Nein meistens mit den Kosten für Nahrung, Steuern und Tierarztkosten begründet und damit die Diskussion gut sein lassen. Die Mädchen blieben dann traurig mit ihren Träumen zurück. Aber diesen blöden Toni fütterte die Mutter mit durch. Das verstanden sie nicht. Einmal trauten sie sich das auch genauso ihrer Mutter vorzuwerfen. Daraufhin hatte die Mutter einen ganzen Tag nicht mehr mit ihnen gesprochen. Das machte sie im Übrigen immer so, wenn sie eine andere Meinung hatte.

Eines Tages, es waren nur ein paar Tage nach dem letzten Streit wegen ihres Hundewunsches vergangen, es war schon gegen Abend, klingelte es an der Tür. Sie wunderten sich, öffneten und konnten nicht glauben, was sie sahen: Dort stand Toni mit einem kleinen Hund auf dem Arm. Er grinste und verkündete, dass es sein Hund wäre, die Mädchen sich aber auch mit um ihn kümmern dürften. Athene und Sofia waren außer sich vor Glück, auch wenn es nicht ihr Hund war und einen Kampfhund hätten sie sich auch nicht ausgesucht.

Es stellte sich heraus, dass die Mutter nichts von dieser Neuanschaffung gewusst hatte. Sie war außer sich, als sie am nächsten Morgen von ihrer Nachtschicht heimkam. Außerdem kam heraus, dass Toni das Geld für den Hund aus der Haushaltskasse genommen hatte. »Geliehen«, wie er es nannte. Am liebsten hätte die Mutter ihn auf der Stelle samt Hund rausgeworfen. Andersherum konnte sie miterleben, wie die Scheu ihrer Töchter Toni gegenüber nachließ und über dieses Tier eine Annäherung stattfand. Sie machte sich viele Sorgen. Wie sollte sie als Alleinverdienerin ihre Großfamilie zukünftig versorgen? Von Toni war nichts zu erwarten. Er war wie ein fünftes Kind. Dieser Zustand machte ihn als Liebhaber für sie immer unattraktiver.

Abends tranken Toni und sie oft eine Flasche Wein oder kifften. Dann lief das mit dem Sex auch noch ganz gut. Aber sobald sie wieder bei Sinnen war, grübelte sie, wie sie Toni beibringen könnte, dass sie sich trennen wollte. Sie könnten ja befreundet bleiben. Und ihretwegen könnten die Mädchen auch ab und an auf den Hund aufpassen, sann sie voraus.

Auf der anderen Seite fürchtete sie die Einsamkeit, die sich nach einer Trennung voraussichtlich wieder bei ihr einstellen würde. Und diese fürchtete sie sehr, seit Kindertagen, als damals ihr geliebter Vater sie und die Familie verlassen hatte. Da war sie gerade sechs geworden, kurz vor ihrem Schulanfang. Sie vermisste ihren Vater jahrelang. Immer hatte sie ihn sonntags oder in den Ferien erwartet. Und ganz besonders natürlich an ihren Geburtstagen hoffte sie auf ihn, aber er kam nur noch selten, um nach ihr zu sehen. Es blieb ein tiefer Schmerz in ihrem Herzen. Später, viel später, als sie schon in der Pubertät war, kam er, wohl weil er sie so hübsch fand, aber da hatte sie nicht mehr gewollt und ihn stehenlassen.

Von ihrer Mutter erfuhr sie, dass ihr Vater wie ein Schmetterling von einer Frau zur nächsten geflattert war. Er sollte mit mindestens fünf Frauen Kinder haben. Sie hätte bestimmt noch einige Geschwister. Er war eine ruhelose Person, die von Land zu Land zog und sogar eine Zeitlang auf einer griechischen Insel gestrandet sein soll, um dort Schafe zu hüten und zu fotografieren. Letzteres jedoch erfolglos.

Viele Informationen hatte ich von meinem Kollegen bereits im Vorfeld bekommen. Er hatte sein Wissen vom Vater der Zwillinge erhalten und deshalb startete ich meine erste Begegnung mit der Mutter nicht ganz bei null:

Eine hübsche blonde Frau saß vor mir und meinem Kollegen. Sie weinte unaufhörlich und konnte ihren Tränenfluss nicht mehr kontrollieren. Eine autonome Körperreaktion, so der Fachjargon. Wir warteten, holten ein Glas Wasser und Taschentücher. Schließlich konnte sie sich kurz fassen und berichtete, dass sie am Wochenende von der Polizei aus ihrer Wohnung befreit worden wäre. Über eine Stunde hätte sie in ihrer Küche festgesessen. Toni wäre »außer sich gewesen« über die Mitteilung, dass er die Wohnung verlassen sollte.

Er wäre dann wieder auf der Straße gelandet. Dort wo er gelebt hatte, seit er 18 war. Er hatte seine Eltern im Alter von 13 Jahren durch einen Autounfall verloren, war mit seinem älteren Bruder im Heim gelandet, aber innerlich dort nie angekommen, sondern völlig vereinsamt und entwurzelt geblieben. Mehrere Male war er auf der Straße überfallen worden und deshalb geriet er immer schnell in den Überlebenskampfmodus. So jedenfalls erklärte sie sich die Gewaltsituation.

»Toni ist kein schlechter Mensch«, berichtete sie uns. Während der Ausnahmesituation wäre Athene in die Küche gekommen und Toni hätte darauf blitzschnell das Messer unter dem Tisch versteckt, als sich das kleine Mädchen auf seinen Schoß setzen wollte. Die Situation wäre ganz still abgelaufen, das hätte ihr aber noch mehr Angst gemacht. Sofia wäre auch noch dazugekommen, um Toni und Athene zum Hund zu rufen. Da hätte sie schnell »Holt Hilfe!« auf ein Stück Papier gekritzelt und es Sofia zugesteckt, als sich diese auf ihren Schoss setzen wollte. Auch Toni und Athene wären mit dem Hund zurückgekommen. Sie hätte die Kinder unter dem Vorwand, sie wollte allein mit Toni sprechen, aus der Küche geschickt und glücklicherweise hätte Toni die Kinder nicht aufgehalten. Um sie jedoch weiter zu demütigen und ihr seine Überlegenheit zu demonstrieren, hatte er vor ihren Augen ihr Telefon im Aquarium versenkt. Während diese tapfere Frau uns den Hergang dieser Gewaltsituation schilderte, wurden ihr Schluchzen und ihr Zittern am ganzen Körper immer stärker. Sie hatte einen Schock, war schwer traumatisiert.

Die großen Söhne hatten von allem nichts mitbekommen, bis Athene und Sofia ihnen den Zettel mit der Hilfebotschaft zeigten. Zunächst hatten sie gar nicht glauben können, was das bedeutete. Der Ältere hatte sich bis kurz vor die Küche geschlichen, Tonis bedrohliches Zischen gehört und das gezückte Küchenmesser und die schreckgeweiteten Augen seiner Mutter gesehen, die außerdem wie versteinert am Küchentisch saß. Da hätte er sich wieder weggeschlichen und hätte das Haus mit seinem Bruder und den Schwestern heimlich verlassen und die Polizei gerufen. Zum Glück hätte er nicht den Helden gespielt und sich eben nicht zwischen Mutter und Toni geworfen, erzählte sie erleichtert.

Athene und Sofia hätten das Messer auch gesehen, weil sie sich von den großen Brüdern gelöst hatten und zum Küchenfenster im Parterre gelaufen wären. Aber da wäre auch schon die Polizei mit vier Autos und einer Sturmstaffel gekommen. Mit einem Megafon hätten sie Toni angesprochen, dass er das Messer fallen lassen und das Küchenfenster öffnen sollte, sonst würden sie die Wohnung stürmen und ihn erschießen. Es wäre eine Situation wie im Fernsehkrimi gewesen. Bei diesem Bericht brach die Mutter wieder in sich zusammen und schluchzte. »Gott sei Dank ist niemand körperlich verletzt worden«, versuchten wir sie zu trösten. Toni hätte sich – von der Rettungsaktion völlig überrascht – durch das Küchenfenster festnehmen und in Untersuchungshaft bringen lassen. Sie hätte dann ihre Aussage auf der Wache abgeben müssen und sie und die Kinder wären sodann psychologisch von einem Kriseninterventionsteam betreut worden. Nun sollten wir für sie und ihre Kinder Ansprechpartner werden, so wollte es auch das Jugendamt.

Mein Kollege und ich teilten uns die seelische Versorgung der Familie auf. Ich würde Athene und Sofia kinderpsychotherapeutisch versorgen und er die Mutter. Gemeinsam würden wir sowieso einige Termine abhalten und am Ende arbeitete ich auch viel mit der Mutter. Außerdem war nun auch der Vater von Athene und Sofia im Boot, weil zunächst das Jugendamt und später der familienrichterliche Beschluss bestimmt hatten, dass die Mädchen erstmal bei ihrem Vater leben sollten. Die Mutter könnte ihre Kinder in unserer Einrichtung sehen und bald auch wieder ohne Begleitung.

Toni wurde nach einigen Wochen Untersuchungshaft freigelassen und musste auf seine Gerichtsverhandlung warten. Außerdem hatte der Richter ihm ein Annäherungsverbot ausgesprochen, dem gemäß er sich weder den Kindern, der Mutter noch der Wohnung auf 100 Metern nähern durfte.

Die Kinder freuten sich natürlich jedes Mal, wenn sie die Mutter endlich treffen konnten. Sie kuschelten sich ganz nah an sie und ließen sich streicheln und herzen. Immer aufs Neue forderten sie ihre Mutter zum Spielen auf und malten ihr Bilder mit vielen Herzchen und lieben Worten. Nach einiger Zeit sollten Vater und Mutter die Treffen zwischen Mutter und Kindern selbst organisieren. Ich ermutigte die Mutter immer wieder, Termine für weitere Treffen mit dem Vater auszumachen. Allerdings kamen diese nur zögerlich zustande. Dann entschied sich die Mutter für ein paar Tage zu ihrer Mutter zu fahren, um sich ein wenig zu erholen. Das konnte ich gut verstehen, besonders auch deshalb, weil Ihre Wohnung wegen des dort stattgefundenen Gewaltszenarios irgendwie »kontaminiert« war. Gewöhnlich stellt der Tatort eine Art Trigger dar, der die erlebten Szenen in all ihrer Brutalität und mit der erlebten Todesangst zurückbringen kann. Damit wird also ein Wiedererleben des Traumas erzwungen.

Auf diese kleine Reise hätte die Mutter ihre Mädchen gut mitnehmen können, aber sie ließ sie zurück. Ich begann mich zu wundern, eben darüber, dass sie ihre Töchter zurückließ. Sie wusste doch, wie sehr sie an ihr hingen und wie sehr sie um sie gebangt hatten. Auch ihren Kindern hätte eine kleine Unterbrechung nach der Aufregung gut getan. Allerdings konnte ich auch verstehen, dass ihr ein paar Tage Ruhe ohne Kinderversorgung gut tun würden. Ich bemerkte allerdings, dass sich eine bestimmte Sorge in mir auszubreiten begann. Aus Erfahrung wusste ich, dass so ein Gewaltakt auch Bindungen sprengen kann und die Betroffenen ein Gefühl entwickeln können, das sie glauben macht, nicht mehr lieben zu können.

Ich traf Sofia und Athene regelmäßig. Normalerweise nehme ich nur ein Geschwisterkind in Therapie, aber unter diesen Umständen, da sie die gleiche Traumasituation erlebt hatten, bot ich ihnen gemeinsame Stunden an, sah sie aber auch einzeln. Meistens wollten sie gemeinsam kommen. Sie spielten im Sand und backten kleine Sandkuchen, eigentlich wie drei- oder vierjährige Kinder. Manchmal spielten sie kleine Katzen, die miteinander tollten. Während die Mädchen am Maltischchen saßen, berichtete ich ihnen vom Stand der Dinge, fragte sie nach ihren Wünschen oder erklärte ihnen die juristische Lage. Ich erkundigte mich auch nach ihren Träumen, nach ihrem Ess- und Schlafverhalten. Manchmal erzählten sie mir kleine Begebenheiten aus der Schule. Athene hatte deutliche Einbrüche in ihrem Leistungs- und Konzentrationsverhalten, Sofia konnte nicht allein sein und brauchte zum Einschlafen Licht.

Jedes Mal sagte ich zu Ihnen, dass sie jederzeit mit ihrer Mutter telefonieren könnten oder sich mit ihr verabreden dürften. Es gäbe keine Einschränkungen. Dennoch kamen viel weniger Termine zustande, als sich die Kinder wünschten und möglich gewesen wären. Der Vater der Mädchen machte sich natürlich auch große Sorgen um seine Kinder und konnte spüren, wie sehr die Mädchen ihre Mutter vermissten. Nur langsam gewöhnten sie sich beim Vater ein, hatten sie doch gehofft zur Mutter in ihre gewohnte Umgebung zurückkehren zu können. Zur leichteren Eingewöhnung hatte der Vater erstmal seine Arbeitszeit ein wenig verkürzt und seine Mutter für die Anfangszeit zu sich geholt, damit die Kinder immer jemanden zum Reden und zur Gesellschaft hatten.

Gelegentlich vereinbarte ich gemeinsame Mutter-Kinder-Termine in unseren Räumen. Dann half ich den Kindern, der Mutter ihre Anliegen näherzubringen oder mir die Interaktionen anzuschauen. Wieder einmal warteten wir auf das Klingeln der Mutter. Wie immer saßen sie in banger Vorfreude auf den Kinderstühlchen am Maltisch oder versuchten ihre Aufregung durch Herumhüpfen zu bändigen. Aber die Mutter erschien nicht, sie rief auch nicht an, um ihr Fehlen zu entschuldigen. Ich wusste, dass die Mädchen am liebsten wieder mit ihren Brüdern und mit ihrer Mutter zusammenwohnen wollten. Sie wollten einfach ihr altes Leben zurück. Das hatten sie mit der Mutter besprechen wollen. Ich hätte der Mutter gern, wie bereits in einem Telefonat mit ihr besprochen, geholfen, mögliche Enttäuschungen aufzufangen.

Vermutlich war ihr die bevorstehende Konfrontation doch zu schmerzlich erschienen. Außerdem hätte sie ihren Töchtern mitteilen müssen, dass ihre Brüder sich bereits umorientiert hatten. Sie wollten sich gemeinsam eine eigene Wohnung nehmen und bis dahin bei ihren Vätern unterkommen. Außerdem wusste die Mutter noch nicht, ob sie die große, kostenintensive Wohnung würde halten können.

Sofia und Athene standen noch eine Menge Enttäuschungen bevor. Ein wenig graute mich, Ihnen das alles zumuten zu müssen. Sie würden wie bereits befürchtet ihr altes Leben verlieren. Auch ihre Brüder vermissten sie sehr, auch wenn sie sie manchmal besuchen konnten oder gemeinsam etwas unternahmen. Manchmal schlug ich vor, die Mutter aus der Therapiestunde heraus anzurufen, um die Mädchen zu trösten. Aber wir erreichten sie nicht.

Kurz darauf erfuhr ich von meinem Kollegen, dass die Mutter Toni wieder ins Haus gelassen hatte, nachdem er sich vielmals bei ihr entschuldigt hatte. Sie traute ihm zwar noch nicht so ganz, spürte aber auch, wie schön es war, nicht mehr allein in der großen Wohnung zu sein. Uns allen stand der Mund weit offen. Wir konnten es kaum glauben. Und ich fürchtete den Moment, in dem ich davon den Mädchen erzählen musste.

Wir luden Mutter und Toni zum Gespräch. Wir hofften, uns einen eigenen Eindruck von Toni, seinen Einsichten und seiner Gefährlichkeit machen zu können. Der Partner der Mutter versuchte höflich ins Gespräch zu finden. Wir würdigten sein Kommen und sagten ihm, er müsste nicht nochmal von der schlimmen Situation berichten. Stattdessen würden wir gern wissen, wie es ihm nach allem ginge und was er sich so für die nächste Zeit vorgenommen hätte. Wir erfragten, ob er wisse, dass er die Mädchen nicht sehen dürfte und dass auch die Mutter ihre Kinder nicht zuhause in seiner Gegenwart empfangen dürfte, auch wenn sie das Näherungsverbot übergangen hätten.

Mein Kollege und ich waren hoch konzentriert und blieben respektvoll, versuchten sogar Toni zu ermutigen, frei zu sprechen. Allerdings wurde sehr schnell deutlich, dass dieser junge Mann sich noch keinerlei Gedanken über die Auswirkungen seines erneuten Auftretens in der Familie gemacht hatte. Er wiederholte nur immer wieder, dass ihm die Situation leidtäte und sie sich sicher nicht wiederholen würde. Wir würdigten seine Bekundungen, wiesen aber auch darauf hin, dass sich die Jugendhilfe darauf nicht verlassen könnte. Auch der Familienrichter würde ihm noch nicht trauen. Es wäre wichtig, dass er oder sie sich gemeinsam darüber Gedanken machten, welche Folgen Tonis Rückkehr für Athene und Sofia hätte.

Wir unternahmen einen zweiten Versuch, in dem wir erfragten, ob er Menschen oder Orte kannte, zu denen er gehen könnte, wenn die Kinder ihre Mutter besuchten. Da würde er sich zu gegebener Zeit Gedanken machen, er verstände nicht, dass wir ihn so privat befragen dürften. Dabei hätte er uns einfach anbieten können, mit dem Hund spazieren zu gehen oder in einem Einkaufszentrum die Zeit zu überbrücken, damit die Kinder ihre Mutter treffen könnten. Aber Toni war nicht bereit zu kooperieren, er wollte weder Namen noch Orte benennen. Natürlich wollten wir nicht wirklich diese Namen notieren, sondern nur herausfinden, ob er für den anstehenden Winter Optionen außerhalb der Wohnung der Mutter hatte. Später erfuhren wir von der Mutter, dass Toni außer ihr keine Menschenseele kannte.

Toni fuhr m. E. noch unglaublicher fort: Er hätte den Kindern nichts getan und er verstände unsere Nachfragen nicht. Toni war auch nicht in der Lage, zu erkennen, dass er den Kindern wesentliche Optionen nahm, wenn er nicht kooperierte. Er dachte nur an sich. Das bestätigte einmal mehr seine Bedürftigkeit und Abhängigkeit von der Mutter von Sofia und Athene. Erstaunlicherweise mischte sich die Mutter nicht ins Gespräch ein. Sie musste doch verstehen, dass all unsere Bemühungen ausschließlich dem Schutz ihrer Kinder galten. Hatte sie Angst vor einer Kontroverse mit ihrem Freund? Sie konnte doch damit rechnen, dass wir nur verantwortbare sichere Kontaktsituationen für ihre Kinder erlaubten. Es blieb ein durch und durch unerquickliches Gespräch. Die Mutter der Kinder schwieg. Sie musste doch ahnen, dass sie ihre Kinder immer mehr verlieren würde, wenn Toni die Wohnung nicht verlassen würde. Es blieb sehr schwer, den Kindern beizubringen, dass die Mutter ihrem gewalttätigen Freund den Vorzug vor ihnen gab. Es sollte eine längere Trauerarbeit werden.

Glücklicherweise verhielt sich ihr Vater sehr kooperativ und ließ sich von uns intensiv begleiten und beraten. Er liebte seine Kinder, aber er hatte sie der Mutter nie wegnehmen wollen. Er verstände das mütterliche Verhalten auch nicht und er wüsste das Verhalten der Mutter seinen Mädchen nicht zu erklären. Da er sich so hilflos fühlte, bliebe er seinen Töchtern viele Antworten schuldig. Aber eigentlich bliebe die Mutter ihren Töchtern die Antworten schuldig, versuchten wir ihn zu entlasten.

Wir versuchten uns in das mütterliche Handeln einzufühlen, besprachen den Verlauf im Team und versuchten Hypothesen zu bilden, mit denen wir uns den Verlauf erklären konnten: War sie einfach erschöpft von 20 Jahren alleinerziehendem Tun, fühlte sie sich hin und her gerissen, wollte sie dem Freund verzeihen, weil er ja – wie sie mal betonte – eigentlich kein schlechter Mensch war oder erwartete sie ihren finanziellen Ruin und sah ihre Mädchen bei ihrem Vater in Sicherheit? Oder fühlte sie sich weiterhin von ihm bedroht und traute sich nichts zu sagen? Dieser junge Mann war noch keine 30 Jahre alt, hatte Schulden, kein eigenes Dach über dem Kopf, kein Einkommen, kein seelisches »Hinterland«, war süchtig und musste mit einem Gefängnisaufenthalt rechnen. Er hatte nichts mehr zu verlieren und sie war alles für ihn. War es das, dass sie so sehr von einem Menschen gebraucht wurde, überlegten wir. Sie war seine Retterin. Aber war sie nicht auch weiterhin in Gefahr?

Wochen vergingen. Eines Tages, während meines Urlaubs erhielt mein Kollege einen Panikanruf von der Mutter. Ob er sie heute noch zur Polizei begleiten könnte. Es hätte wieder Ausschreitungen und Drohungen von Tonis Seiten gegeben. Jetzt reichte es ihr. Mein Kollege folgte ihrem Wunsch. Toni erfuhr von der erneuten Anzeige. Er hatte der Mutter erzählt, dass er eine Waffe hätte und sie erschießen würde, wenn sie ihm nicht gehorchen wollte. Um seine Übermacht zu demonstrieren und um sie zu erniedrigen, hatte er ihr Kaffee ins Gesicht geschüttet. In einem nächsten Gespräch bei uns in der Einrichtung gestand sie, dass auch sie an so manchen Eskalationen nicht ganz unschuldig gewesen wäre, da sie Toni provoziert und abgewertet hätte. Besonders kritisch wäre es immer geworden, wenn beide schon Alkohol getrunken hätten. Diese Schleife sollte nicht die letzte gewesen sein.

Auch danach gab es wieder eine Annäherung zwischen der Mutter und ihrem Partner und bei einer im Jugendamt anberaumten Besprechung zum zukünftigen Verlauf führten sich beide unmöglich auf. Sie wollten den Eindruck erwecken, dass alle Menschen um sie herum an dem unglückseligen Geschehnissen schuldig waren und niemand ihnen geholfen hätte. Auch ich hätte nichts für sie getan. Beide machten der Jugendbehörde heftige Vorwürfe und behaupteten, dass man ihnen keine Chance gäbe. Beide hätten sich entschlossen, die Kooperation aufzukündigen. Die Stimmung der Besprechung im großen Sitzungssaal im Jugendamt war eisig. Wir standen am Tiefpunkt unserer Bemühungen.

So etwas hatte ich noch nie erlebt. Einzig der Gedanke, dass es sich um eine Strategie der Mutter handelte, um ihre Kinder auf diese Weise zu schützen, ließ mich die Situation aushalten. Ich fühlte mich so ohnmächtig wie selten. Die Mutter musste wissen, dass keine Jugendbehörde der Welt ihr behilflich wäre, wenn sie sich derart unverschämt und unkooperativ zeigte. Bei der Begrüßung vor der Besprechung hatte sie mich extrem angegiftet und am Ende drückte sie mir beim vorzeitigen Verlassen der Sitzung unter zurückgehaltenen Tränen eine Tasche mit Geburtstagsgeschenken für ihre Kinder in die Hand. Diese sollte ich ihren Mädchen beim nächsten Termin übergeben. Diese Geste und ihre Tränen rührten mich. Es sollte der letzte Eindruck bleiben.

Auf dem Heimweg von dieser Sitzung fiel mir ein Bild ein, das Athene einmal von sich und ihrer Schwester gemalt hatte. Sie hatte es »die im Treibsand wandern« genannt. Dem war nichts mehr hinzuzufügen. Ich hoffte dennoch auf eine schicksalhafte Wendung.

20 Shadi ... Der Gaukler
Der Vater, der nichts wollte

Meine erste Begegnung mit Shadi ließ Erinnerungen aus meinen Kindertagen wieder aufleben. Ich erinnerte mich an die amerikanische Kinderserie »Die kleinen Strolche«, die in schwarz-weiß und im Stummfilmformat ausgestrahlt wurde. Viele Sonntagnachmittage amüsierten wir uns und häufig planten wir ähnliche Abenteuer und Streiche. Shadi strahlte mich bereits beim ersten Treffen erwartungsfroh an und hüpfte um mich herum wie ein kleiner Harlekin. Er war unglaublich flink, fast so schnell wie ein Kreisel. Mit seinen Drehungen um die eigene Achse blieb er unfassbar. Eben noch war er nah und im nächsten Moment war er schon fort. Damit lieferte er mir ein witziges Spektakel beim Kennenlernen.

Mir wurde ganz schwindlig, weil Shadi sich nicht nur bewegte, sondern auch ununterbrochen mit mir sprach. Shadi hatte etwas Gewinnendes, auch wenn ihm sein kleiner Bauch über seine Turnhose ragte. Jeden Moment schien er aus seinen Badelatschen zu rutschen. Mir drängten sich einige Fragen auf und ich fürchtete meine eigenen Gedanken dazu: Kann Shadi mit seinem Wesen und seinem Verhalten wohl auch bei Gleichaltrigen punkten? Noch geht er in den Kindergarten, aber wie wird es in der Schule werden? Wird er dort die Clownrolle einnehmen? Warum das Ganze?

Es ging etwas sehr Liebevolles von Shadi aus. Das hieß für mich, er würde sehr geliebt. Seine Erzieherin schickte ihn, weil Shadi etwas von Penissen und Großvater im Kindergarten erzählt hatte. Mit Freude erkundete Shadi die Regale und Kisten mit den Spielsachen. Es schien ihm gut bei uns im Spieltherapiezimmer zu gefallen. Ständig fiel ihm etwas Neues ein, um mich für etwas zu begeistern oder um meine Aufmerksamkeit zu gewinnen. Allerdings konnte ich nur wenig mit seiner Mutter sprechen. Shadi ließ uns keine Gesprächslücke, forderte meine ganze Präsenz.

In einem Telefonat erhielt ich von der Mutter einige Informationen aus ihrem Leben: Shadis Eltern wären nur kurz ein Paar gewesen. Auch Shadis Vater hätte faszinierende Reden schwingen können. Sie hätte sich stundenlang mit ihm unterhalten. Shadis Vater hätte eine gewisse Exotik ausgestrahlt. Eigentlich wäre sie ja ein sehr vernünftiger Charakter, aber mit Shadis Vater wäre sie aus sich herausgegangen. Sie hätte sich verrückte Dinge zugetraut. Zum Beispiel hätten sie mal einige Zeit auf einer griechischen Insel in Höhlen gelebt, so wie die Hippies in den 1970er Jahren. Dort wäre sie auch schwanger geworden. Der Vater hätte ihr von Beginn an offenbart, dass er bereits zwei fast erwachsenen Söhne hätte und seine Ehe quasi zu Ende wäre. Sie wäre sehr verliebt gewesen und dieser Sommer bliebe für immer unvergesslich. Auf ihr Kind hätte sie sich sofort gefreut. Auch Shadis Vater hätte ihr versichert, dass er Verantwortung übernehmen würde. Jene Absichtserklärung hätte sie damals sehr gefreut, hatte sie sich doch immer eine komplette Familie gewünscht. Schließlich wäre sie selbst bei ihrer Mutter aufgewachsen und hätte ihren Vater ihr ganzes Leben vermisst.

Allerdings hätte die Verliebtheit des Vaters nicht für eine längere Beziehung mit Shadis Mutter gereicht, sondern er hätte sich letztlich doch entschieden, in seiner ersten Familie zu bleiben. Er wäre zu seiner Frau zurückgezogen. Diese hätte Shadis Vater nur zögerlich »zurückgenommen«, und die frohe Botschaft eines weiteren Kindes hätte sie verständlicherweise empört.

Shadi freute sich, wenn sein Vater ihn besuchte, auch wenn er mit ihm wenig spielen konnte. Stattdessen brachte er Shadi regelmäßig viele Süßigkeiten mit. Die Mutter sah das gar nicht gern, sagte aber nichts, weil sie Shadi die Freude nicht verderben wollte, kam der Vater doch ohnehin schon unregelmäßig zu Besuch. Shadis Vater machte sich wenig Gedanken. Er verhielt sich ohne große Vernunft, was die Kindererziehung anging. Sein Selbstverständnis lautete: Ich darf entscheiden, was ich will; schließlich bin ich der Vater und Shadi ist mein Kind. Und das war schon Hunderte von Jahren in seiner Sinti-Kultur so üblich gewesen.

Meistens blieb Shadis Vater auch nicht lang. So unverhofft er auftauchte, so schnell war er auch wieder verschwunden. Je älter Shadi wurde, desto weniger schätzte er diese unangekündigten Stippvisiten seines Vaters. Deshalb freute sich Shadi, als die Mutter ihm erzählte, dass der Vater ihn eines samstags für ein paar Stunden abholen wollte. Er wollte ihn mit zur Geburtstagsfeier des Großvaters nehmen und in den Familienclan einführen.

Normalerweise beanspruchte Shadis Vater nur für ein oder zwei Stunden den Umgang mit seinem Kind. Die Mutter hatte immer wieder den Eindruck, dass er nicht so recht wusste, was er mit Shadi anfangen sollte. Spielen konnte er eigentlich gar nicht. Das hatten auch seine Eltern nie mit ihm gemacht, schließlich waren sie zu zehnt daheim gewesen. Man arbeitete zusammen und tat Sinnvolles.

Shadi vermisste den Vater, wenn er sich lange nicht blicken ließ, auch wenn es immer ein wenig langweilig mit ihm war. Aber irgendwie spürte Shadi die versteckte Liebe seines Vaters zu ihm. Sie war natürlich ganz anders als die seiner Mutter. Die Mutter war ja immer da, begleitete ihn bei allem im Leben und liebte ihn sehr.

Shadi staunte nicht schlecht, denn auf der Geburtstagsfeier waren Unmengen von Menschen. Außerdem beeindruckte ihn, dass das Fest auf einer Wiese am Fluss stattfand. So viele Leute auf einem Haufen hatte er noch nicht gesehen. Nur beim Sommerfest im Kindergarten kamen auch viele Familien, aber niemals so viele wie zum Geburtstag seines Großvaters. Die ganze Szenerie erinnerte Shadi an ein Indianertreffen, das hatte er mal in einem Indianerfilm gesehen. Waren seine Vorfahren auch Indianer? Und er, Shadi, was war mit ihm? Also von Indianern hatte die Mutter nichts erzählt. Oder sollte es vielleicht eine Überraschung sein? War sein Großvater vielleicht der Häuptling? Das hätte die Mutter Shadi wirklich erzählen können, dann hätte er sein Indianerkostüm vom Fasching anziehen können.

Shadi war völlig in seinen Gedanken versunken und auf die Idee, seinen Vater nach beider Herkunft zu fragen, kam er nicht. Irgendwie fragte er seinen Vater fast nichts. Er war einfach froh, dass der Vater gelegentlich kam und ihn offensichtlich nicht vergessen hatte. Viele Leute sprachen Shadis Vater an und viele tätschelten Shadi die Wangen oder den Kopf. Shadi hatte Hunger und wollte, dass sein Vater mit ihm zum Würstchengrill ging, und Durst hatte er auch. Shadi aß sich richtig satt und vergaß beim Essen wie immer die Welt um sich herum. Shadis Vater und einige andere freuten sich über seinen guten Appetit. Das gefiel Shadi. Niemand machte einen blöden Spruch darüber, dass er angeblich zu dick wäre und lieber Obst und Gemüse essen sollte.

Dann endlich lernte Shadi seinen Großvater kennen. Dieser gab ihm einen dicken, leider irgendwie auch feuchten Kuss. Das mochte Shadi nicht, aber er wollte seinen Großvater unbedingt kennenlernen. Schließlich hatten die anderen Kinder schon oft etwas über ihre Großeltern und all die Verwöhnungen erzählt. Das wollte Shadi auch erleben. Vielleicht gehörten feuchte Küsse ja dazu. Shadi war sehr gespannt, was sich alles noch ereignen würde.

Es gab auch Pferde auf der Wiese. Der Großvater winkte einen Mann mit einem Pony zu sich und ehe Shadi etwas sagen konnte, hatte ihn der Großvater schon auf den Rücken des Pferdes platziert. Der Großvater lachte laut los und schrie nach dem Vater, der sich gerade unterhielt und die ganze Aktion nicht mitbekommen hatte. Alles war ein großes Abenteuer hier beim Großvater auf der Wiese. Das Reiten kannte er vom Fernsehen, dort sah es so leicht aus. Er hingegen musste sich sehr konzentrieren und aufpassen, nicht runterzufallen. Zum Glück wurde er geführt und musste das Pferd nicht allein dirigieren, dachte Shadi.

Das Fest wurde immer ausgelassener und irgendwann hob ihn der Großvater hoch in die Menge, um allen seinen neuen Enkel zu zeigen. Dabei fasste der Großvater Shadi grob zwischen die Beine und tätschelte Shadis Geschlecht. Das mochte Shadi gar nicht. Er suchte den Blick seines Vaters, damit dieser ihm zu Hilfe kommen möge. Aber der Vater wandte sich um, als würde er Shadis flehenden Blick nicht bemerken. Endlich war die Zuschaustellung und das »Gegrapsche an seinem Penis« zu Ende.

Wie das Fest zu Ende gegangen war und wie er nach Hause gekommen war, wusste Shadi nicht mehr. Die Mutter erfuhr schließlich von der Erzieherin, dass Shadi nach dem Festwochenende sehr unruhig seinen Mittagsschlaf absolviert hätte und immer wieder hochgeschreckt wäre. Er hätte einige Jungen auf der Toilette aufgefordert, ihm ihre Penisse zu zeigen, damit er sie untersuchen könnte. Shadi waren diese Szenen und die Geschichte der Erzieherin an die Mutter sehr peinlich. Einige Eltern hätten ihn komisch angeschaut und mit dem Finger auf ihn gezeigt und mit anderen getuschelt. Das beängstigte ihn.

Es machte mir Freude, mit Shadi in Kontakt zu sein. Er schien blitzgescheit zu sein. Er erzählte mir Geschichten oder versuchte mir die Welt zu erklären. Beispielsweise konnte er mir erläutern, warum wir im Wasser schwimmen können und nicht untergehen oder warum die Milchstraße eben so heißt. Dann bat ich Shadi ein Bild von einem Menschen zu malen. Er begann sogleich. Ob der Mensch auch nackig sein dürfte. Sicher, er dürfte ihn so malen wie er wollte, sagte ich. Shadi wählte einen Bleistift und malte ein bisschen wackelig, aber sehr entschieden einen nackten Menschen ohne Arme, aber mit einem riesigen Penis, aus dem etwas herauslief. Daneben malte er zwei halbwegs runde Kreise nebeneinander. Was die Kreise bedeuteten, fragte ich nach. Ich dachte an Kothäufchen. Aber Shadi antwortete mir: Das sind zwei Pobacken. Darauf war ich nicht gefasst. Mich durchfuhr ein Schrecken. Ich blieb aber ruhig und wartete, ob Shadi dazu noch weiteres sagen würde. Er schien ein wenig verschämt und entschied sich dann jedoch für ein Spiel. Seiner Mutter sollte ich das Bild nicht zeigen. Das sagte ich ihm zu.

Was war wohl geschehen beim Großvater? Hatte er ihn beim Hochheben vor den anderen Gästen auch unangenehm am Gesäß berührt? Oder erzählte Shadis Bild eine komplette Missbrauchsszene, bei der der Großvater mit erigiertem Penis zwischen Shadis Pobacken gefahren war und danach ejakuliert hatte? Musste Shadi die Ejakulation mit ansehen? Was war danach geschehen? Hatte der Vater wohl in seiner Kindheit das Gleiche erlebt mit seinem Vater? Ahnte der Vater, dass sein Sohn Opfer werden würde? Wenn ja, warum hat er das Ganze nicht verhindert? Fragen über Fragen. Ich bewunderte Shadi für seinen Mut und sein Vertrauen, das er mir entgegenbrachte.

Natürlich wollte ich Shadis Vater einladen und ihn kennenlernen und ihn sicherlich auch nach den Geschehnissen auf der Wiese fragen. Aber der Vater blieb unerreichbar. Ich erreichte ihn nie am Telefon. Das hatte mir Shadis Mutter schon prophezeit. Dann kamen die Sommerferien. Ich verschob mein Ansinnen, den Vater zu erreichen. Shadi sollte nach den Ferien in die Schule kommen. Er freute sich sehr. Er wollte endlich viel lernen können. Nach den Ferien war Shadi kaum wiederzuerkennen. Er war ein ganzes Stück gewachsen und sein Bäuchlein war verschwunden. Vor mir stand ein schlanker Erstklässler mit stolzen funkelnden Augen. Den ganzen Sommer hatte Shadi im Schwimmbad verbracht und schwimmen gelernt.

Abwechselnd berichteten Mutter und Shadi von den ersten Erfolgen in der Schule und wie gern Shadi in die Schule ging. Er hatte sich vorgenommen, ganz schnell lesen zu lernen, damit er all seine bebilderten Kindersachbücher selber lesen könnte. Shadi »schwappte nur so über vor Freude und Stolz«.

Shadi kam in größeren Abständen weiterhin gern in seine Therapiestunde. Bezüglich der erfahrenen Übergriffe kam wenig von ihm. Vielmehr gewann ich den Eindruck, dass er unter dem Wegbleiben des Vaters litt. Der hatte sich zurückgezogen, weil er von der Mutter Vorwürfe bezüglich der Ereignisse auf der Geburtstagsfeier erhalten hatte. Vielleicht schämte er sich, weil er nicht eingegriffen hatte.

Wir wollten schon fast aufgeben, den Vater zu erreichen, weil er auf keinen Anruf reagiert hatte, und das seit Monaten. Aber ich ahnte, dass Shadi von mir erhoffte oder sogar erwartete, dass ich nicht aufgab. Eigentlich hätte ich Shadi und seine Mutter noch vor den wieder bevorstehenden Sommerferien verabschieden wollen. Shadi schien das zu spüren. Schnell baute er sich aus einer faltbaren Matte eine Burg, wie ich zunächst annahm. Aber dann kam mir das Rund eher wie ein Nest vor. Darin hatte sich Shadi wie ein junges Vogelkind gerettet. Geduckt und mit erhobenem Kopf zwitscherte er mir zu: »Ich möchte nie mehr von dir weggehen.« Es klang für mich auch ein wenig flehentlich.

Diese kleine Szene rührte mich sehr. Shadis Zartheit und kraftvolle Entschiedenheit appellierten an meine Hartnäckigkeit und freudige Tatkraft. Also starteten wir in eine neue Runde der Bemühungen um Shadis Vater. Ich hatte Shadi so verstanden, dass es einfach noch zu früh war, das Vogelkind seinem Schicksal zu überlassen.

Also knüpfte ich den Kontakt zum Jugendamt und beriet mich mit der Kollegin. Diese erklärte mir, dass sie dabei wäre, Shadis Mutter zu ermutigen, das alleinige Sorgerecht zu beantragen. Shadis Mutter hatte bislang gezögert, weil sie Sorge hatte, den Vater dann ganz und gar zu verlieren. Wäre es nur um sie gegangen, hätte sie es längst durchzusetzen versucht. Im Alltag wäre es wirklich sehr lästig mit ihm, denn meistens musste sie Shadis Vater lange hinterherlaufen, um seine Unterschrift für Entscheidungen Shadi betreffend zu erhalten.

Die Mutter stellte schließlich den Antrag auf alleiniges Sorgerecht. Ich nahm an, dass sie es nicht so ohne Weiteres bekommen würde, aber ich war gespannt, ob dieser Antrag Shadis Vater, nicht an seiner Männlichkeit packen würde. Gleichzeitig begann ich mit einer neuen Welle von freundlichen Anrufen und Einladungen zum Gespräch – und es klappte. Nach über einem Jahr gelang es, Shadis Vater kennenzulernen. Der Plan war aufgegangen.

Im Gespräch zeigte sich der Vater gekränkt und empört, dass man ihm seinen Jungen »wegnehmen« wollte. Ich korrigierte und erläuterte, dass es ja nur das Sorgerecht wäre und er sein Recht auf Umgang behielte. Eher hätte ich den Eindruck gewonnen, dass er kein Interesse mehr an seinem Sohn hätte, da er ihn weder besucht noch auf meine Telefonate, in denen es ja um seinen Sohn gehen sollte, reagiert hätte. Ich glaube, dass ihn meine freundliche Direktheit überraschte und für den Moment sprachlos machte. Selbstverständlich machte ich ihm keine Vorwürfe. Ich wollte lediglich ein ernstes Gespräch mit ihm führen und seine Position und seine Absichten bezüglich seines Sohnes einholen.

Dann vereinbarten wir einen zweiten Termin, bei dem Shadi und die Mutter anwesend sein sollten. Der Vater kam, hatte ich ihm doch nochmal erklärt, wie wichtig er für Shadi war und dass Shadi die Therapie nicht eher beenden wollte, bis wir seine Haltung kannten. Er schien gerührt und gab zu, dass er seine Pause im Kontakt noch nie aus Shadis Position betrachtet hatte. Er erkannte, dass er mehr auf Shadis Mutter achtete, weil er deren Kritik an seinem Verhalten fürchtete. Auch wenn sie häufig Recht damit hatte. Er erzählte mir von seinem Leben, seinen weiteren Verantwortlichkeiten und den Schulden, die er von seinem Vater übernommen hatte. Wirtschaftlich wäre er erledigt. Er liebte Shadi auf seine Weise und wollte am liebsten kommen und gehen, wie es ihm reinpasste. Ich erklärte ihm, dass das für ein Kind keine Basis für eine Bindung darstellte. Lieber sollte er Shadi seltener besuchen, dafür aber verlässlicher, beispielsweise wäre es auch in Ordnung, seinen Jungen nur einmal im Monat zu besuchen. Ob er das wohl einrichten könnte, wollte ich von ihm wissen und fügte hinzu, dass er sich das ruhig noch überlegen dürfte.

Die Stunde mit Shadi und seinem Vater verlief gut. Die Mutter hatten wir schon bald rausschicken können, weil Shadi sich auch so sicher fühlte. Vater und Sohn sprachen vorsichtig ein wenig miteinander. Dann wollte Shadi aber lieber mit dem Vater mit den gepolsterten Schwertern kämpfen. Einige Male schlug er kräftig auf den Vater ein. Dieser nahm es hin. Das Kämpfen passte für mich genau zu dem Beziehungsstatus zwischen Vater und Sohn. Shadi war sehr vorsichtig mit Kritik, aber nachvollziehbarerweise war er wütend auf den Vater. Der Kampf war ein gutes Mittel für seinen Zorn. Dem Vater wiederum schien es zu schmeicheln, dass sein Sohn ein so männliches Kommunikationsgeschehen gewählt hatte.

Natürlich brauchte es noch einige Gespräche und Bemühungen von meiner Seite, um den Vater zu gewinnen, wenigstens in einem kleinen Maße. Aber da ich respektvoll mit ihm umging und er ein stolzer Mann war, fanden wir bald eine belastbare Basis. Die Ambivalenz bezüglich der Kontakte zwischen Vater und Sohn war spürbar und besprechbar mit der Mutter. Einerseits war sie froh und erleichtert, den Vater für Shadi nicht verloren zu haben, andererseits fürchtete sie, der Vater könnte in seiner Verlässlichkeit wieder einbrechen. Und dann müsste sie ihren Sohn wieder über die Enttäuschungen und geplatzten Träume hinweghelfen und trösten. Sie hätte ihm diese Schmerzen gern von vornherein erspart.

Ich verstand ihre Bedenken und Sorgen. Deshalb bot ich an, dass die nächsten Treffen noch in unserer Einrichtung stattfinden könnten. Ich würde die Stunden mit allen Beteiligten ein wenig nachbesprechen und wir würden erleben, ob der Vater es schaffte, sein Wort zu halten.

Das Familiengericht fand seinerseits eine salomonische Lösung. Es übertrug der Mutter einige Teile des Sorgerechts, sodass sie es im Alltag bei Entscheidungen für Schul- und Gesundheitsangelegenheiten leichter hatte. So musste der Vater sich nicht seines Sorgerechts beraubt fühlen.

Aber eines war sicher: Shadi war überglücklich, dass wir seinen Vater zurückgewinnen konnten. Ich freute mich mit ihm. Glücklicherweise hatte er mir das richtige Zeichen zum rechten Zeitpunkt gegeben.

21 Shirin ... Sterntaler
Die Mutter als Assistentin des Missbrauchers

Shirin hatte wunderschöne dunkle Augen und sehr lange wellige Haare, die kastanienrot schimmerten. Sie bewegte sich kaum, saß still lächelnd wie eine Buddha-Statue vor mir. Etwas Geheimnisvolles umgab sie. Weswegen sollte sie gekommen sein? Ihr Körper wirkte wie ein kräftiger Stamm, ihr Alter ist schwer zu schätzen. Die Kleidung lässt keine Taille erkennen. War sie eine etwas rundliche Jugendliche oder eine junge Mutter mit einem Rest an Schwangerschaftspfunden?

Shirin sprach leise, genauer, sie antwortete leise. Kein einziger Satz kam ihr spontan von den Lippen. Von der Jugendbehörde hatte ich erfahren, dass sie gern eine Therapie machen wollte. Aber Warum? Was war passiert?

Shirin hatte mit ihren zwei Brüdern in einer Großfamilie viele hundert Kilometer entfernt vom jetzigen Aufenthaltsort gewohnt. Es gab in der Familie noch fünf kleinere Geschwister, um deren Bedürfnisse sich Shirin und ihre Brüder gekümmert hatten. Eigentlich wäre das ja die Aufgabe der Eltern gewesen, aber die führten ein Partyleben und waren tagsüber müde. Sie überließen ihren älteren Kindern die gesamte Versorgung der Kleinen und die Organisation des Haushalts. Shirin und ihre Geschwister litten, versuchten aber dennoch mit der Überforderung zurechtzukommen. Oft wünschten sie sich in ein anderes Leben.

Und dann sollte eines Tages etwas völlig Unerwartetes geschehen. Ihr ältester Bruder hatte beim Herumstöbern interessante Unterlagen in einem sonst meistens verschlossenen Schrank gefunden. Darunter waren auch die Geburtsurkunden der drei ältesten Geschwister. Die Urkunden offenbarten, dass der Mann an der Seite ihrer Mutter nicht ihr leiblicher Vater war. Nur die fünf »Kleinen« waren Kinder des Stiefvaters. Außerdem hatte der Stiefvater noch drei weitere Söhne aus einer vorherigen Ehe. Sie kamen oft zu Besuch und führten sich wie anspruchsvolle Gäste auf. Ich erfuhr, dass diese Söhne Shirin und ihren jüngeren Bruder vergewaltigten.

Shirins ältester Bruder entsann einen Fluchtplan. Er recherchierte und fand ihrer aller leiblichen Vater. Heimlich nahm er Kontakt auf und bat ihn um Hilfe. Der Vater war sofort dabei, seinen Kindern, die er schon so lange nicht mehr gesehen hatte, zu helfen. Alles fühlte sich an wie ein Traum. Ihren Vater hatten sie 15 Jahre nicht mehr gesehen. Er hatte sich vor Jahren von der Mutter getrennt, weil seine Frau aus seiner Sicht streitsüchtig war und er es nicht mehr ausgehalten hatte. Allerdings hatte er damals oft zu viel getrunken und an Automaten zu viel Geld verspielt. Deswegen wollte die Mutter ihm die Kinder auch nicht mehr überlassen.

Der Vater hatte sich nie um den Umgang bemüht und deswegen hatten die Kinder ihren Vater bedauerlicherweise auch nicht mehr zu Gesicht bekommen. Es war ein Kontaktabbruch ohne Abschied gewesen, berichtete mir Shirin. Schließlich war die Mutter mit den Kindern häufig umgezogen und war wechselnde Männerbeziehungen eingegangen. Sie hatte ihre neuen Wohnorte nicht mehr gemeldet und der Vater hatte sich seinerseits auch nicht mehr um Kontakt bemüht. Das blieb sein Versäumnis. An manchen Tagen, besonders an Festtagen, litt der Vater allerdings unter diesem Verlust. Zum Glück hatte er mit dem Trinken und Spielen wieder aufgehört. Gerade noch rechtzeitig. Beinahe hätte er seine Fahrerlaubnis verloren und das wäre ein Drama gewesen, für einen, der die Freiheit und das Leben im Wohnwagen liebte. Shirins Vater war seine Sinti-Zugehörigkeit heilig und sie war ein wesentlicher Teil seiner Identität.

Mit Unterstützung einer guten Freundin hatten es seine Kinder schließlich geschafft, sich in Sicherheit zu bringen. Diese Frau kannte die Zustände in der Familie und half den Kindern bei ihrer Flucht. Sie brachte die Kinder in ihrem Auto zu ihrem Vater.

Vom Vater erfuhr ich, dass seine Kinder von Mutter und Stiefvater eingesperrt und geschlagen worden waren. Sie hätten sich »von Gott und der Welt« verlassen gefühlt und wegen der Vergewaltigungen durch ihre Stiefbrüder und den Stiefvater ein Martyrium erlitten. Sie hätten das Haus kaum verlassen und keine Freundschaften pflegen dürfen. Das hätte die Mutter nicht gewollt. Außerdem wären die Kinder immer wieder von ihrer Mutter vom Schulbesuch befreit worden, damit sie die Hausarbeit für die zehnköpfige Familie leisten sollten. Stiefvater und Mutter hätten kein Erbarmen gezeigt, sie hätten besonders die Großen wie Haus- und Sexsklaven behandelt und ihnen bei Widerstand schwere Strafen angedroht. Außerdem hatten sie Fotos und Filme von Ihnen ins Netz gestellt und damit Geld gemacht.

Die Jugendlichen litten unter Panikattacken und Schlafstörungen und fügten sich selbst Schnittwunden zu. Sie hatten zu niemanden mehr Vertrauen. Deshalb suchten sie lange weder zu Lehrern noch zur Polizei Kontakt. Mich erinnerte das Ganze an die Straftaten des Österreichers Joseph Fritzl, der eine seiner Töchter 24 Jahre lang in ein selbstgebautes Kellerverlies einsperrte, vergewaltigte, bedrohte und Kinder mit ihr zeugte.

In die erste Stunde kam Shirin in Begleitung ihres Vaters und ihrer zwei Brüder. Andere Kollegen übernahmen die psychische Versorgung der Geschwister. Wir erklärten Ihnen, dass sie Rechte besäßen, beispielsweise ein Mitspracherecht und das Recht auf einen vertraulichen Umgang mit ihren Daten. Sie dürften jederzeit den Raum verlassen und hätten stets die Freiheit auf Fragen zu antworten oder nicht. Diese jungen Menschen waren gequält und traumatisiert worden. Deswegen wollten wir ihnen die Möglichkeit zur Partizipation garantieren. Wir wollten ihnen auf gar keinen Fall weitere Kontrollverluste, wie sie Traumatisierungen darstellen, zumuten. Wir hatten den Eindruck, dass alle drei schon lange auf eine Therapie warteten. Fast ein Jahr war seit ihrer Flucht vergangen und sie wollten ihre Vergangenheit auch seelisch zurücklassen.

Vor der ersten Einzelstunde gingen mir viele Gedanken durch den Kopf und Gefühle der Sorge und des Mitgefühls stiegen in mir auf. Ich legte mir Papier zum Malen bereit und einige Luftballone. Irgendwie wusste ich noch nicht, warum mein Blick im Materialschrank gerade auf diese Medien gefallen war. Ich begrüßte Shirin herzlich und wir setzten uns. Ihre Augen leuchteten erwartungsfroh. Ob sie noch Fragen oder Anmerkungen aus der ersten Stunde hätte und wie es ihr nach ihrem ersten Besuch bei uns ergangen war, wollte ich wissen. Eine lange Pause entstand. Dann sagte Shirin leise, dass sie nachts nicht gut schlafen könnte und grübelte. Ich fragte sie, ob ich ihr ein paar Fragen stellen dürfte und ob sie Lust auf ein kleines Experiment hätte. Nun lächelte sie.

Ich bat sie, sich selbst zu malen, den ganzen Körper oder nur das Gesicht von vorn oder von der Seite. Sie könnte nichts falsch machen und sie dürfte aber auch aufhören, wenn sie nicht mehr wollte. Shirin schaute mich ein wenig verwundert an. Ich erklärte ihr, dass es in der Therapie um ihre Gefühle und ihre Lebenserfahrungen ginge und dass es ja auch beim Sprechen darum ginge, Inneres nach außen zu transportieren, also einen Ausdruck mit Worten für ihr Innenleben zu finden. So verhielte es sich auch mit dem Malen: Malen ist Selbstausdruck. Shirin schien zu verstehen.

Immer wieder musste ich, während ich Shirin mein Vorgehen erläuterte, daran denken, dass Shirin eine junge Frau war, die Ausnahmesituationen durchlebt und schließlich überlebt hatte. Sie hatte sich unzählige Male in Momenten des Überwältigtwerdens befunden. So wie Soldaten auf dem Felde oder Menschen, die eine Naturkatastrophe miterleben und sich in Todesangst noch rechtzeitig vor den Lavamassen in Sicherheit bringen konnten.

Ich wollte Shirin Sicherheit vermitteln, deshalb betonte ich immer wieder, dass sie eine Entscheidungsfreiheit besäße und dass sie wählen dürfte, was sie in der Therapiesituation tun wollte. Das zu betonen, empfand ich als sehr bedeutsam. Ein Trauma zeichnet sich durch Machtlosigkeit aus, oft meint das ein blitzartiges Erkennen eben keine Wahl mehr zu haben. Diese bittere Realität, dass weder Flucht noch Kampf einen retten können, lassen häufig ein Krankheitsbild mit Panikattacken, Flashbacks und anderen gravierenden Belastungssymptomen entstehen. Ein Leben danach fühlt sich häufig wie eine chronische Erkrankung mit schweren Erschöpfungszuständen an.

Shirin konnte dem Malen zustimmen. Aber sie brauchte lange, bis sie sich für einen kleinen Strich entschied. Lange überlegte sie, wie und wo sie eine Bleistiftspur aufs Papier bringen sollte. Aus zwei Metern Entfernung, also von meinem Stuhl aus, war fast nichts zu erkennen. Mehrfach radierte sie alles weg. Schließlich entstand eine stämmige Figur mit rundem Kopf ohne Gesicht und ohne Haare. Es war ein Schattenumriss, der Unterkörper und die Arme fehlten, genauso wie die Kleidung oder eine Umgebung.

Als sie fertig war, dankte ich ihr für ihre Einlassung. Ob ihr ein Titel für ihr Bild oder ein Text für eine Sprechblase einfiele, hakte ich nach. Nach kurzer Überlegung schrieb Shirin in eine schöne wolkenähnliche Blase: »Auch wenn dein Leben schlecht ist, verliere nie dein Lächeln.« Ich traute mich noch ein wenig weiter. Ich fragte sie nach drei Wünschen, die sie frei hätte, wenn eine Fee sie fragte. Wieder schaute mich Shirin verwundert an und antwortete nach kurzer Überlegung: »Ich möchte die Vergangenheit hinter mir lassen.« Weitere Wünsche hatte sie nicht.

Natürlich hätte ich sie auch nach ihren Therapiezielen fragen können, aber in bestimmten Situationen scheint mir der magische Zugang, wie z. B. die Frage einer Fee, angemessener. Er eröffnet größere Assoziationsfelder, geht weg vom rein Kognitiven. Manchmal lenkt so eine Frage ab oder verwirrt ein wenig; das möchte ich nutzen, um dem Spontanen, Tieferen näher zu kommen. Hierbei bediente ich mich der '»Tools« der Hypnotherapie. Imagination (z. B. sich eine Fee vorstellen) und Suggestion (»Stellen Sie sich vor«) können kleine Trancezustände herbeiführen und so eine allzu starke Zensur des Kopfes mildern. Es wird ein Weg frei hin zu Sehnsüchten und tieferen Wünschen.

Schließlich betrachteten wir gemeinsam ihr Bild. Dabei deute ich nie. Ich möchte nur einen kleinen Dialog über das Geschaffene führen. Deshalb ging ich nicht auf den stark reduzierten Selbstausdruck von Shirins Zeichnung ein, sondern wiederholte noch einmal mit großem Respekt ihren Lebensmottosatz: »Auch wenn dein Leben schlecht ist, lächle!«

Mir fiel ein Workshop mit Insoo Kim Berg ein. Sie arbeitete stets lösungsorientiert in der Familientherapie und eine ihrer am häufigsten gestellten Fragen war die Ressourcen akquirierende Frage: »Wie hast du das geschafft?« Sie stellte sie Paaren, wenn sie nach deren Eheerfolgsrezept fragte oder jugendlichen Straftätern im Gefängnis, wenn sie sich erkundigte, wie jemand es durchstand, auf Gewalt und Drogen zu verzichten (Berg, 2015). Also stellte ich Shirin die Frage, wie sie es geschafft hatte, ihre Schönheit und ihr Lächeln zu bewahren, obwohl sie so viel Gemeines und Hässliches erlebt hatte. Shirin schmunzelte: »Das weiß ich auch nicht.«

Diese Antwort ist typisch für fast alle Menschen. Vermutlich aus Bescheidenheit oder fehlender Reflexion. Aber Letztere ist gewünscht bei dieser Frage. Insoo Kim Berg wurde nicht müde ihre Frage viele Male mit einem scheinbar nie enden wollenden Interesse zu stellen, um ihre Klienten in einen Such- und Reflexionsprozess zu befördern, damit sie selbst sich ihrer Potentiale und ihrer Fähigkeiten bewusst würden und damit den eigenen Selbstwert stärken konnten.

Auch ich wiederholte meine Frage. »Ja«, begann Shirin, »ich helfe gern anderen Menschen. Und dann freue ich mich, wenn es Ihnen besser geht.« »Ja, das sind zwei großartige Eigenschaften: helfen und sich mitfreuen. Außerdem pflegst du dich und ziehst Dich schön an und legst passenden Schmuck an«, erweiterte ich ihre Liste. »Und du lächelst, bist immer höflich zu mir.« »Und ich gehe gern allein spazieren, da kann ich dann so schön zu mir kommen«, erzählte Shirin weiter. Ich zählte sie alle nochmal auf. Sie freute sich sichtlich. »Ich wusste gar nicht, dass ich so vieles richtig mache«, resümierte sie.

Das wiederholte Benennen von Ressourcen und Erfolgen ist eine einfache und sehr wirksame Intervention. Im Falle eines therapeutischen Prozesses ist Redundanz notwendig, um eine neu gewonnene Sicht auf die eigene Person oder eine Erkenntnis zu bekräftigen und um sie auf diese Weise wahr werden zu lassen. Manchmal beginne ich die folgende Stunde mit einer Zusammenfassung des Erarbeiteten. Ganz besonders vernachlässigte und zu kurz gekommene Menschen zehren davon, kennen sie doch keine stetige Fürsorge und Anerkennung. Solch ein Tun würdigt all die Anstrengungen, die ein Kind oder auch älterer Klient während einer Therapie vollzieht.

Noch einmal stieg ich ein in unseren Dialog über ihre Zeichnung. Ich wollte wissen, wie sich die Person, also sie, auf dem Bild wohl fühlte. Shirin antwortete: »Irgendwie schwer und müde, irgendwie nicht fit, eher erschöpft.« Ich nickte nur und freute mich, dass sich Shirin auf mein Gesprächsangebot einlassen konnte und eine so bedeutsame Antwort in sich gefunden hatte. Dann setzte ich fort: »Ich weiß, dass dein Leben bereits sehr hart und schwer war! In meiner Vorbereitung auf unsere Stunde fielen mir die gelben Luftballone ins Auge. Wir könnten sie mal aufblasen.« Shirin war gleich dabei. Und dann begannen wir, uns die Luftballone zuzuwerfen. Wir mussten viel lachen, während wir versuchten, die Ballone in der Luft zu erwischen. Mit jedem Stupser gegen die Ballone wurden wir leichter. Als einer platzte, prustete Shirin los. Sie war über ihre spontane Reaktion wohl am meisten überrascht.

Ich fragte sie nach ihren Gefühlen und Gedanken. Dabei bemerkte ich, dass Shirin zwar für unser Spiel von ihrem Stuhl aufgestanden war, sich aber keinen Millimeter wegbewegt hatte. Ich bot ihr an, sich ein wenig von ihrem Stuhl entfernen. Shirin traute sich eine Fortbewegung zu und im selben Moment konnte sie erleben, dass sie sich aus ihrer Starre herausbewegen kann. Der starre Baumstamm wurde für Sekunden wieder ein junger Baum, der sich vom Wind wiegen und biegen lassen kann. In unserem Fall ließen uns die sonnengelben Ballone biegen und hüpfen.

So entwickelte sich in jeder Therapiestunde ein neuer Dialog aus Agieren, Reflektieren, Spüren, Wachsamkeit, alten und neuen Impulsen, Angeboten zum Experimentieren, Fühlen, Erfahrungen sammeln, Einsichten und Entscheidungen finden. Aus dem Forschungsgeschehen über menschliche Bindung wissen wir, dass ein Mensch, der experimentiert, sich also für neue Erfahrungen öffnet, gesunden wird. Die Freude am Lernen und die Zuversicht auf immer neue Optionen lassen einen Menschen gesund bleiben, weil er in der Lage ist, sich an veränderte Ausgangsbedingungen anzupassen und gegebenenfalls neue Bedingungen mitzugestalten. Ich war gespannt, wie es Shirin möglich sein würde, in ihren Neu-Schöpfungsprozess einzusteigen und diesen zu gestalten.

Die ersten Therapiestunden vergingen und schon bald folgten neue Turbulenzen. Meine Kollegin berichtete mir gelegentlich von Shirins Bruder und von dessen Suizidgedanken. Ich ging davon aus, dass diese selbstdestruktiven Gedanken nicht neu waren, sondern in gewissen Stresssituationen auftraten. Wir mussten die Stressquelle auffinden. Gemeinsam überlegten wir auch, wer davon erfahren sollte oder erfahren musste: der Vater, die Vormundin oder das Jugendamt? Wir entschieden uns zunächst für die Vormundin und später sollte auch der Vater informiert werden. Dazu beraumten wir ein Familiengespräch an.

Von Shirin hatte ich bereits im Vorfeld erfahren, dass die gute Zeit mit dem Vater zu Ende zu gehen schien. Immer wieder schien der Vater in der Fürsorge emotional völlig überfordert zu sein. Dann begann er zu trinken oder Cannabis zu rauchen. Und am Ende begann er, seinen Kindern wegen lächerlicher Anlässe Vorwürfe zu machen oder behauptete, dass er an ihren Schilderungen über die erfahrene psychische und sexuelle Gewalt zweifle. Das war auf jeden Fall ein Destabilisator und damit Stress. Das Vertrauensverhältnis zwischen Vater und Kindern schien extrem belastet, wenn nicht gar zerrüttet. Die jungen Erwachsenen entschieden sich deshalb immer häufiger, am Wochenende zu ihren mütterlichen Großeltern zu reisen. Das wiederum verärgerte ihren Vater, woraufhin er ihnen drohte, die Polizei zu rufen und sie allesamt ins Heim stecken zu lassen. Solche Äußerungen bedrohten die jungen Menschen in ihrer neu gewonnenen Freiheit. Immer wieder versicherte ich Shirin, dass sie in solch einer Familienkrise mich oder meine Kollegen anrufen könnten und wir mit den Polizeibeamten sprechen würden. Außerdem sollte sie bedenken, dass ihr Bruder bereits volljährig wäre, sie in einem halben Jahr 18 würde und über ihren kleinen Bruder würde die Vormundin entscheiden. De facto hätte der Vater vor dem Gesetz eigentlich weder Macht noch Zugriff mehr auf sie.

Mit diesem Wissen über die Zerwürfnisse, den Einschüchterungen und Drohungen gepaart mit dem Suchtverhalten des Vaters starteten wir in die Familienkonferenz. Der Umgangston der Familienmitglieder blieb erstaunlicherweise lange recht gemäßigt. Es wurde jedoch im Laufe des Gesprächs immer deutlicher, wie schwer steuerbar dieser ältere Mann war und von welch begrenzter Dauer die von ihm vollzogenen emotionalen Einsichten und Evidenzen waren. Er widersprach sich permanent selbst, verlor die Fassung und begann vor unseren Augen seinen Kindern mit dem Heim zu drohen. Es hörte sich so an, als wollte er sie zur Verwahrung und Umerziehung in eine gefängnisähnliche Besserungsanstalt stecken.

Vermutlich kränkte ihn seine eigene Überforderung und die Abnabelung seiner Kinder so sehr, dass er sie für ihre – aus seiner Sicht empfundene – Undankbarkeit bestrafen wollte. Seine anfängliche – sicher von allen mit Erwartungen und Sehnsüchten überladene – Retterrolle war überflüssig geworden. Wir versuchten ihn damit zu trösten, dass wir ihm die Deutung anboten, dass seine Kinder sich bei ihm ein Jahr erholen konnten, um nun, erstarkt, altersangemessen ihre Bedürfnisse leben zu wollen. Das wäre doch der Lauf der Dinge. Es zeigte sich, dass der Vater nicht in der Lage war wahrzunehmen, wie kompetent seine Kinder waren und wie selbständig sie sich versorgten. Dabei wurde für uns ganz deutlich sichtbar, wie groß ihr Zusammenhalt war. Sie funktionierten bereits wie kleine Erwachsene, stritten eigentlich nie, sondern entwickelten stets neue gemeinsame Überlebenspläne.

Inzwischen wurde uns klar, warum der jüngere Bruder Suizidabsichten äußerte. Traumatisierte Menschen reagieren sehr sensibel auf erneute Bedrohungen, in der Regel mit Panik. Wenn es für sie keine Hoffnung auf Lösungen, wie beispielsweise eine Flucht, zu geben scheint, werden die Selbstschädigungsgedanken und -impulse stärker. Bevor es – zunächst in ihrer eigenen Vorstellung – zu einer Schädigung von außen kommen konnte, ziehen sie eine Schädigung, die sie selbst kontrollieren, vor.

In der Fürsorge der Großeltern kam es nicht zu Suizidgedanken, wie wir erfuhren. Dort wollten die drei Kinder lieber leben. Dass der Vater keine Alternative mehr darstellte, wurde durch eine weitere Information eindeutig. Der Vater hatte während des ganzen letzten Jahres Kokain konsumiert. Er hatte seine Kinder um Geheimhaltung seiner Süchte gedrängt und gedroht, dass sie anderenfalls wieder von ihm weggenommen würden. Anfänglich hatte diese Nachricht die jungen Menschen verunsichert. Das Schädliche daran war, dass die jungen Menschen erneut zur Geheimhaltung gezwungen wurden, genauso wie in ihrer Ursprungsfamilie.

Geheimnisse sind nur angenehm und dienlich, wenn sie den seelischen oder konkreten Schutz einer Person garantieren. Erzwungene Geheimnisse machen Menschen unfrei und isolieren sie, die Verbindung zu anderen Menschen und die Unbeschwertheit von Kindern geht verloren. Wir erfuhren des Weiteren, dass der Alkoholkonsum wie auch der Drogenkonsum des Vaters im Laufe des Jahres immer stärker geworden war. Der Vater hätte seit ein paar Wochen sogar ihre Versorgung eingestellt. Deshalb hätten sie versucht, ihr Kindergeld und das Unterhaltsgeld von ihm zu bekommen, um sich selbst mit Nahrung und dem Nötigsten versorgen zu können.

Es wurde dringend nötig, das Jugendamt in alles einzubeziehen. Im Rahmen einer Konferenz zwischen Familie und Helfern versuchten wir eine erstes Clearing. Die jungen Menschen wurden ausführlich gehört und ihre Pläne, Bedürfnisse und Wünsche sollten erfasst und mit in die Überlegungen zu ihrem neuen Aufenthaltsort berücksichtigt werden.

Für alle Beteiligten wurde es schließlich ein langer Nachmittag im Amt. Die Pädagogen konnten umfänglich Einblick in das bestehende Dilemma erhalten. Man wollte die Kontinuität in der schulischen und therapeutischen Versorgung erhalten wissen, sah sich jedoch einer untragbaren elterlichen Versorgungssituation ausgesetzt. Die jungen Erwachsenen wollten an dem großelterlichen Wohnort ihre neue Heimat finden. Allerdings empfanden die Jugendamtsmitarbeiter diesen zukünftigen Lebensmittelpunkt als räumlich zu nah an dem Wohnort der Mutter. Sie hatten Sorge, dass es erneut zu unguten gewalttätigen familiären Begegnungen kommen könnte.

Alle drei jungen Menschen sehnten sich so sehr nach einen liebevollen sicheren Ort, dass sie die Bedenken der Behörde gar nicht wahrnehmen wollten. Sie lehnten jegliche öffentliche Jugendwohneinrichtung ab. Sie wollten zu den Großeltern und endlich Liebe und Fürsorge erhalten, um sich gehalten und geborgen im Schoß einer Familie erleben und fühlen zu können. Sie wollten endlich auftanken. Verständlicherweise.

Für die Sommerferien erteilte das Jugendamt den Geschwistern eine vorläufige Erlaubnis, bei den Großeltern leben zu dürfen. Allerdings konnte ich die Sorge der Behörde bezüglich einer Gefahr, dass man die Kinder möglicherweise zukünftigen Übergriffen durch Mutter und Stiefvater aussetzen würde, durchaus nachvollziehen. Schließlich lief eine umfängliche Strafanzeige wegen Kindesmisshandlung und schweren sexuellen Missbrauchs. Andererseits konnte ich bei der Vernehmung der jungen Menschen hautnah miterleben, wie vordringlich ihr Bindungswunsch an ein sie versorgendes »Liebesobjekt« war und dass sie möglicherweise deshalb eine mögliche Gefährdung verleugneten.

Abschließend ging ich davon aus, dass für diese jungen Menschen noch mehrere Zwischenlösungen gefunden werden müssten. Ich vermutete, dass diese drei nochmal eine Flucht antreten würden, um sich aus unhaltbaren Zuständen zu befreien und ihr Glück zu suchen. Für Shirin könnte ich mir eine frühe Mutterschaft vorstellen. Wie wir erfuhren schwängerte der große Bruder auf dem Höhepunkt dieser Krise bereits eine junge Frau. Dieses gravierende Detail wurde dem Vater allerdings aus guten Gründen vorenthalten, um sich nicht wieder mit irgendeiner entgrenzten Reaktion seinerseits herumschlagen zu müssen.

Ich bin zuversichtlich, was die Zukunft der drei Geschwister angeht. Diese drei schafften es aus eigener Kraft, sich aus ihrem seelischen und kriminellen Misshandlungsszenario zu befreien. Sie verfügen dennoch über eine Zugehörigkeit zu ihrer Sinti-Kultur, sprechen deren Sprache, und lernten nach ihrer Flucht, sich gesellschaftliche Unterstützung zu sichern. Nicht zuletzt gelang es Ihnen scheinbar mühelos, uns drei Therapeuten jeweils so in die Pflicht zu nehmen, dass wir uns für sie ohne großes »Wenn und Aber« engagierten.

22 Penny ... Die kleine Hexe
Enttäuschung tut weh oder wie ich meine Eltern in die Therapie brachte

Im wahren Leben stehen Hexen im Dienste der Menschheit und wollen mit ihren Fähigkeiten Tiere und Menschen wie auch die Natur heilen. Manchmal sind sie auch die Hüterinnen geheimen Wissens.

Ich traf Penny, als sie gerade vier Jahre alt war. Sie wirkte ein bisschen misstrauisch, ihre feinen brünetten Löckchen wurden von einem Pferdeschwänzchen gehalten. Ich konnte an den Spuren um ihren Mund erkennen, dass sie schon ein Schokoladeneis gegessen hatte. Sie wirkte müde und unwirsch. »Na, das kann ja noch heiter werden«, dachte ich mir.

Penny wurde von ihrer Mutter begleitet. Eine hübsche junge Frau mit lustigen dunklen Augen schaute mich erwartungsvoll an. Sie wirkte ein wenig wie Lara Croft in ihren engen Hosen und dunklen Stiefeln. Sie und Pennys Vater waren bereits seit über zwei Jahren getrennt und erhielten einzeln Beratung von meinen Kollegen. Pennys Vater hatte im Rahmen seines Umgangs mehrfach Pennys Neugier nachgegeben und sie seinen erigierten Penis halten lassen.

Irgendwann hatte Penny nicht mehr ohne die Mutter und nicht mehr über Nacht bei ihrem Vater bleiben wollen. Im Kindergarten hatte sie erzählt, dass Penisse groß werden können und sie wisse, wie das gehe. Penny hatte ihrer Mutter erklärt, dass es »aus Penissen regnen kann«, als sie eine Wölbung im Bett über dem Bauch des Partners ihrer Mutter wahrgenommen hatte. Der Partner hatte dann darauf bestanden, dass seine Freundin eine Fachberatung aufnehmen sollte.

Penny hatte offenbar ganz unschuldig ihr Wissen und ihre Erfahrungen an ihre Umwelt weitergegeben. Natürlich ohne dass sie ahnen konnte, welche Lawine sie damit lostreten würde und welche Folgen das für ihr kleines Kinderleben haben sollte.

Nachvollziehbarerweise wurde die Mutter in den Kindergarten zitiert, so jedenfalls erlebte sie den Anruf der Kindergartenleitung. Inzwischen war sie ohnehin schon selbst so aufgewühlt und erschrocken darüber, wie derartiges Wissen zu ihrer Tochter gelangt sein konnte. Zunächst konnte sie weder annehmen noch für möglich halten, dass es von Pennys Vater gekommen sein könnte. Ich erläuterte Pennys Mutter meine Aufgabe und meine Art des Vorgehens. Ich würde zunächst versuchen, einen Kontakt zu Penny aufzunehmen und ihr erläutern, dass ich eine Psychologin wäre, zu der Kinder und Eltern kämen, wenn sie Streit oder Sorgen hätten.

Penny weihte ich beim ersten Zusammentreffen entsprechend ein und sagte ihr, dass ich sie ein wenig kennenlernen und mit ihr spielen wollte. Sie dürfte das Spieltherapiezimmer gern unter die Lupe nehmen, alles anfassen und Spielsachen auswählen. Ich wüsste, dass sie seit einiger Zeit nicht mehr allein beim Papa bleiben wollte. Das sei für mich ganz in Ordnung. Penny schaute mich erleichtert an und ihr Gesichtsausdruck hellte sich deutlich auf. Natürlich weiß ich aus der Erfahrung, dass fast alle Eltern sich wünschen, dass ihre Kinder mir ihr Herz mit allen kritischen Erlebnissen ausschütten, sie dann endlich Klarheit und das Unrecht mit Brief und Siegel bestätigt vor sich liegen hätten.

Es sind nur allzu nachvollziehbare Wünsche. Aber nur selten legen Kinder die ganze Geschichte auf den Tisch, noch wollen sie die blöde Geschichte das x-te Mal erzählen. Schließlich sollten sie diese vielleicht schon mal der Oma, der Freundin der Mutter und dem Kinderarzt berichten. Kein Mensch schätzt es, sich selbst in peinlichen oder schambesetzten Situationen anderen zu zeigen oder gar vorgeführt zu werden.

Also muss man abwarten, aber nicht auf der Lauer liegen. In der Regel spielen oder inszenieren Kinder die emotionalen Themen und Gefühlswelten, die sie bedrängen, derer sie sich schämen oder vor denen sie sich fürchten. Darauf vertraue ich. Und auch hier gilt: weder zu früh interpretieren noch zu früh Deutungen anbieten. Stattdessen könnte man lieber mal das vom Kind Gesagte wiederholen. Häufig begleite ich ihr Tun, indem ich zum Beispiel ihre besonderen Verkleidungen oder ihre Playmobilaufbauten staunend beschreibe. Ich frage auch oft: »Hab ich das richtig verstanden, meintest du das so oder so, möchtest du, dass ich das so machen soll?«« Kinder lieben es, wenn sie Erwachsene führen oder deren Handeln steuern können. Diese Vorliebe mache ich mir zunutze.

Penny legte in der ersten Stunde gleich los. Trotz ihres kleinen Wuchses war sie stark genug, die großen Sessel und Stühle allein im Zimmer zu einer Eisenbahn zusammen zu schieben. Penny erklärte mir, dass in dieser Eisenbahn nur Kinder reisten und verteilte währenddessen alle Puppen auf ihre Plätze. »Sie fahren fort«, kommentierte Penny kurz. Es wirkte, wie wenn der Zug vor einer nicht näher beschriebenen Gefahr flüchtete. Ich folgte den von ihr inszenierten Szenen. Ein anderes Mal spielte sie mit den Kuscheltieren im Raum, bereitete ihnen ein frisches Lager im Stall, fütterte die Tiere und danach mixte sie mir und ihrer Mutter leckere Obstsmoothies aus dem Sand der sich im Spieltherapiezimmer befindlichen Sandkiste.

Penny versorgte uns alle. Das ist ein ganz klassisches Spiel, weil es im Erfahrungshorizont eines Kindes liegt und weil es in der Regel jeden Tag das Versorgtwerden erlebt. Es könnte aber auch deshalb inszeniert werden, weil ein Kind meint, dass die Erwachsenen bedürftig seien und die Versorgung von ihrem Kinde erwarteten.

Jedes Mal malte Penny in ihrer Stunde die Figur Elsa aus dem Zeichentrickfilm »Die Eiskönigin« und zwar direkt in die Mitte eines weißen Papierbogens. Elsa trug auf Pennys Bildern wunderschöne Kleider und ihre lange Haarpracht schmückte sie mit zahlreichen Dekorationen. Es schien, als hinterließe Penny ihren Fingerabdruck mit einem Bildnis von Elsa. Diese mächtige, aber unendlich einsame Eisprinzessin Elsa hatte es Penny angetan. Elsa muss laut Geschichte durch unzählige Prüfungen des Schicksals gehen. Zudem lebt sie nach dem Tod ihrer Eltern und nach dem Verlust ihrer Schwester in innerer Isolation, bis sich die Botschaft dieser Geschichte in ihrem eigenen Dasein ereignet: Nur wahre Liebe kann ein gefrorenes Herz auftauen und nur wer im Besitz von Empathie ist, kann glücklich werden.

Eine Sache fiel mir bei Penny schon bald auf: Sie wollte meistens, dass ihre Mutter im Raum blieb, obgleich ihr Vertrauen zu mir bereits vorhanden war. Ich ließ es geschehen, auch wenn ich noch nicht verstand, warum und wozu. Manchmal bezog sie ihre Mutter ins Spiel ein. Allerdings mochte sie es überhaupt nicht, wenn die Mutter ihre Ideen ins Spiel einbrachte. Sie war schließlich die Regisseurin ihrer Stunde.

Wenn Penny manchmal zustimmte, dass wir ohne ihre Mutter die Stunde im Therapiezimmer verbrachten, fiel mir immer wieder auf, dass sich Pennys Mutter auffallend langwierig und umständlich von ihrem Kind verabschiedete. Oft machte sie im Gehen sogar noch ein neues Thema auf oder verabschiedete sich mit Worten wie: »Viel Spaß, bis gleich mein Schatz, nicht wahr?« Wenn Penny, weil sie vielleicht schon ins Spiel vertieft war, nicht gleich antwortete, folgte von der Mutter erneut ein: »Nicht wahr, mein Schatz, bis gleich.« Ich wunderte mich über dieses Verhalten, da die Trennung nur 45 Minuten dauern würde. Am Ende würden wir die Mutter ohnehin – soweit es Penny recht wäre – in unser Spielthema ein wenig einweihen. Mir fiel eine Aussage Platons zum Spiel ein: »Beim Spiel kann man einen Menschen in einer Stunde besser kennenlernen als im Gespräch in einem Jahr.« Das hatte sich für mich bezüglich des zögerlichen Verhaltens von Pennys Mutter bewahrheitet.

Dennoch: Das Verhalten von Pennys Mutter gab mir Rätsel auf. Ebenso der Umstand, dass Penny die Mutter oft dabei haben wollte. Deshalb wollte ich gern mal in Ruhe mit Pennys Mutter sprechen. Dazu rief ich sie an, weil es so schwierig war, einen Termin mit ihr zu finden. Im Telefonat fragte ich sie direkt, wie sie den Abschied von ihrer Tochter aus dem Therapiezimmer erlebte. Sie konnte darauf nicht antworten. Vermutlich hatte sie über ihr Hinauszögern des kleinen Abschieds kein Bewusstsein. Vorerst beließ ich es dabei.

Stattdessen entschied ich mich dafür, Pennys Mutter nochmal zu erläutern, wie wertvoll und wichtig mir die spontanen Äußerungen von Penny wären. Ich wollte gern, dass Penny in ihrer Stunde Platz für ihre spontan geäußerten Impulse hätte. Das wäre auch der Grund, weshalb ich ihrer Tochter kaum Spiel- oder Interventionsangebote gäbe. Denn ich wollte Penny weder unterhalten noch beschäftigen. Ich bat die Mutter, ihre ideenreichen Spielideen und Plaudereien zukünftig bitte nicht mehr einzubringen. Außerdem würde ich sie bitten, mich anzurufen, wenn sie eine wichtige Information für mich hätte und bat sie nochmal um Verständnis für meine Wünsche. Sie wären ausschließlich dadurch motiviert, dass ich die bewussten und unbewussten Impulse, meine Arbeitsbausteine, ihrer Tochter nicht abgelenkt oder unterbrochen sehen wollte. Ich ginge davon aus, dass die Therapiestunden – mochten sie auch wie ewige Wiederholungen des Gleichen aussehen – einen roten Faden beinhalteten.

Ich erläuterte weiter, die Kinder würden mit der Zeit von ganz allein spüren, dass sie die Regisseure und Agierenden der Therapiestunde wären: Zeit und Raum wären ihre. Ich wüsste, dass sie es nur gut meinte und ja nicht wissen könnte, was eine Kindertherapie ausmachte, versuchte ich die möglicherweise entstandenen Kränkungen abzufedern. Mit der Zeit schien Pennys Mutter zu verstehen, was es zum Gelingen einer Therapieatmosphäre brauchte. Dennoch blieb mir die »Trödelei« der Mutter beim Hinausgehen besonders im Gedächtnis.

Aus einem Gespräch mit meiner Kollegin blieb mir eine Information zu Pennys Vater ebenfalls in besonderer Erinnerung. Ich erfuhr nämlich, dass der Vater berichtet hatte, dass ihm in dem Moment, als Penny seinen Penis ergriff, eigentlich schon bewusst war, dass er diese Handlung eigentlich beenden sollte, es aber »zu spät« getan hatte. Nun könnte man ihm selbstverständlich unterstellen, dass die Berührung ihm angenehm war und er sie deshalb nicht unterbrochen hatte. Nach seinem Motiv befragt, antwortete er, dass er Penny nicht begrenzen oder frustrieren wollte. Das klingt zunächst eigenartig. Wenn ich jedoch davon ausgehe, dass seine Erklärung wahrhaftig war, hieß das, dass er seine Tochter bei ihrem Tun (Peniserkundung) weder unterbrechen noch sie in ihrem Erkundungsinteresse enttäuschen wollte. Beide Eltern schienen demnach Schwierigkeiten damit zu haben, ihre Bindung zu ihrem Kind – und sei es auch nur für Momente – zu unterbrechen.

All diese Phänomene führten mich auf eine neue Fährte bzw. zu neuen Hypothesen: Konnten oder wollten beide Eltern Penny nicht enttäuschen? Und wenn ja, warum? Was waren ihrer beider Lebenserfahrungen mit den Themen Frustration, Abschied, Loslassen und Enttäuschungen-Aushalten gewesen?

In einem Elterngespräch, bei dem auch meine Kollegen anwesend waren, bot ich beiden Eltern meine Hypothese zum Thema »Enttäuschen« an. Sie waren sichtlich erstaunt, hatten sie doch eher Erziehungstipps oder Ähnliches erwartet. Ich teilte Ihnen mit, dass mein Eindruck wäre, dass sie beide ihr Kind sehr liebten und gut förderten, es allerdings nur schwer loslassen und enttäuschen könnten. In diesem als auch in Einzelgesprächen erfuhr ich dann von beiden Eltern Wesentliches und Interessantes aus ihrer beider Lebensgeschichten.

Auch ich erlebte mit Penny mehrere Situationen zum gleichen Thema. Es gibt in unserer Einrichtung ein Kindertherapiezimmer und ein weiteres mit nur wenigen, aber anderen Spielsachen. Natürlich interessieren sich die Kinder auch für diesen Raum und ich lasse sie auch dieses Zimmer erkunden. Eines Tages war Penny gerade dabei, diesen Raum zu erkunden, als ein Kollege mit einem anderen Kind daherkam, um seine Stunde abzuhalten. Ich bat Penny herauszukommen und den Raum dem anderen Kind zu überlassen. Das wollte sie nicht. Penny wollte auch nicht die Räume tauschen. Sie inszenierte eine große Dramaszene, in der sie halb jammernd, halb mit Vorwürfen und hoher Stimme wimmerte: »Ich will aber beide Räume haben!« Mein Kollege als auch das andere Kind schauten sich verdutzt an, weil sie den Willen Pennys nicht nachvollziehen konnten. Ich blieb ruhig, ließ sie sich ärgern, rebellieren und schließlich trauern. Ich sagte ruhig zu Penny: »Liebe Penny, wir hatten Glück, dass dieser andere Raum eine Zeitlang leer stand. Bei uns darf jedes Kind ein Zimmer haben und leere Zimmer anschauen. Das hast du bereits gemacht. Komm, wir spielen in unserem Raum weiter.«« Ich mutete Penny diese Enttäuschung, dass sie weder alles bestimmen noch alles haben darf, zu. Solch eine Begrenzung gibt in der Regel Halt, und den brauchte Penny. Sie stand die Situation durch und ich würdigte ihren Schmerz und ihre Tapferkeit.

Im einem weiteren Gespräch mit Pennys Mutter erfuhr ich Dramatisches: Diese war vor Jahren nach dem Studium nach Schweden gegangen, hatte sich verliebt und war schwanger geworden. Über das sich ankündigende Kind hatte sich das junge Paar sehr gefreut. Zur Entbindung war Pennys Mutter nach Deutschland zurückgekommen. Sie bekamen einen Sohn, der jedoch noch in der Klinik nach nur drei

Tagen verstarb. Ich war schockiert und mir stiegen Tränen in die Augen. So ein bedrückendes Leid hatte diese junge Frau überstehen müssen. Das Kind wurde begraben und lange betrauert. Sie hatten ihre Beziehung weiterzuführen versucht, aber letztlich war der Geliebte zurück in sein Heimatland gegangen. Er wäre eine große Liebe gewesen. Aber auch sie hatte nicht mehr den Mut gehabt, an der Beziehung festzuhalten. Ich empfand es als eine richtige Tragödie. Ich hörte einfach nur zu und war tief bewegt. Endlich fand ich meine Fassung wieder und konnte der jungen Frau mein tiefes Mitgefühl für den Verlust ihrer ersten kleinen Familie ausdrücken. Dieser Verlust war ja riesengroß – wie hatte sie das alles nur überstehen können?

Zu einer Stunde wurde Penny von ihrem Vater gebracht. Auch ihn wollte sie im Zimmer behalten. Zunächst setzte sie sich an das kleine Maltischchen und malte wieder ein Bild von Elsa. Zwischendrin lief sie zum Vater und setzte sich auf dessen Schoß, um sich an seine Brust zu legen und mit ihm zu kuscheln. Danach sollte auch er sich an den Tisch setzen und malen. Er folgte ihrem Wunsch. Ich fragte Penny, ob ihr der Abschied von den Eltern im Kindergarten auch so schwer falle. »Nein, natürlich nicht! Ich bin doch kein Baby mehr«, sagte Penny energisch. Das wäre nur ganz am Beginn der Kindergartenzeit so gewesen. Beide malten ruhig vor sich hin und waren ab und an im Gespräch über das, was man Perspektive nennt. Penny teilte mir mit, dass »die Mama« ihr bereits gezeigt hatte, wie sie gleichzeitig zwei Seiten eines Hauses malen könnte. Ich folgte ihren Ausführungen und spürte die friedliche Atmosphäre im Raum. Beide schienen die gemeinsame Zeit und den Moment zu genießen. Penny schien ihrem Vater wieder zu vertrauen.

Schließlich erklärte ich Penny, dass ich es verstände, wenn sie sich manchmal nicht trennen wollte, weil eine Trennung auch Traurigkeit und einen Trennungsschmerz nach sich zöge. Penny schien unberührt von meinen Ausführungen, aber für ihren Vater schienen meine Worte das Startsignal gewesen zu sein. Wie aus heiterem Himmel – denn bislang hatte er nur wenig gesprochen – sprudelte es förmlich aus ihm heraus. Er berichtete, dass er wegen einer Atemwegserkrankung als Kind mit vier und sieben Jahren jeweils vier Wochen für einen Kuraufenthalt von seinen Eltern getrennt wurde und dass er in der Kur, wenn er sein Mittagessen nicht aufaß, keinen Nachtisch erhielt oder den Brief der Eltern nicht vorgelesen bekam. Das hört sich für mich nach Schwarzer Pädagogik an. Diese Pädagogik hat aufgrund ihrer Härte und Brutalität so viel Schaden angerichtet. Vertrauen war lange eine Unbekannte zwischen Erwachsenen und Kindern. Dabei hätte so ein einsames Kurkind Einfühlung und Trost gebraucht. Mitfühlend sagte ich zu Pennys Vater, dass das ja wohl äußerst schmerzvolle Zeiten für ihn gewesen wären und dass man so eine Bindungsunterbrechung heute als ganz und gar unangemessen einschätzen würde. Auch für seine Eltern, stellte ich mir vor, müsste diese Zeit bestimmt furchtbar schmerzlich gewesen sein. »Ach, Frau Osten, mit den Gefühlen hatten wir es in unserer Familie nicht so!«, antwortete er prompt.

Diese Antwort enthielt einiges: Wollte er mir wirklich mitteilen, dass die Trennung zwischen Eltern und Kind ohne Gefühle vollzogen wurde? Wurde über den Trennungsschmerz und das gegenseitige Vermissen sowie die Einsamkeit des Kindes und die Sorge der Eltern, ob es ihrem kleinen Jungen dort auch gut ergangen sei, nie gesprochen? Wurden all diese Empfindungen, die vermutlich vor dem bevorstehenden zweiten Kuraufenthalt wieder an die Oberfläche gekommen waren, nicht angesprochen?

»Oh, das tut mir sehr leid für Sie!«, sagte ich mitfühlend. Mir waren schon bei der ersten Begegnung seine weit geöffneten Augen aufgefallen. Augen, die vielleicht noch den Schrecken von damals in sich trugen. Pennys Vater setzte seine Schilderung fort. Erst in seiner jetzigen Beziehung hätte er bemerkt, dass er sich überhaupt nicht mit Gefühlen auskannte und über keine Sprache für sie verfügte. Seine Freundin hätte ihn im letzten Jahr, als es ihm wegen des Missbrauchsvorwurfs und während der darauf folgenden Umgangsunterbrechung so schlecht gegangen war, ermutigt, eine Psychotherapie zu beginnen. Damals hätte er sogar suizidale Gedanken gehabt.

Mir fiel plötzlich meine erste Begegnung mit Pennys Vater wieder ein. Das war unser erstes Elterngespräch, bei dem meine Kollegen als auch Pennys Mutter anwesend waren. Damals bestritt er noch alles. Er beteuerte noch vor einem halben Jahr, dass er sich keines Fehlverhaltens schuldig gemacht hätte und dass er fände, dass Männer, die Kinder missbrauchten, weggesperrt werden sollten. Damals hatte es nur schwarz und weiß für ihn gegeben und keine Zwischentöne.

Diese versuchen wir zu entdecken, das heißt, wir versuchen in jedem Fall die individuellen Umstände und Motive einer grenzüberschreitenden Situation mit dem jeweiligen Mann zu ergründen. Wir wissen, dass keiner unserer Kandidaten, auch wenn sein Fehlverhalten offen daliegt, zur Kategorie Kinderschänder gehören will. Alle wähnen die Delikte anderer Männer als um ein Vielfaches schlimmer und widerwärtiger als das, was sie sich von einem Kind stahlen und damit diesem antaten. Jeder Täter spricht lieber von seinen suizidalen Absichten als dass er von seinen wahren Gefühlen spricht. Denn in Wahrheit fühlten sich die meisten Männer an dem besagten Missbrauchstag so elendig, einsam und allein, dass es für sie das Naheliegendste war, die Nähe zum Kind zu suchen und schließlich auszunutzen, um die eigenen drängenden Bedürfnisse nach Nähe, Liebe, Bestätigung und Sexualität oder Macht zu befriedigen.

Pennys Vater berichtete weiter, dass er der Empfehlung seiner Freundin gefolgt wäre. Es täte ihm gut, die ungeteilte Aufmerksamkeit seines Therapeuten zu erleben. Ich sagte ihm, dass ich auch bemerkt hätte, wie viel ansprechbarer er geworden wäre und wie präsent ich ihn inzwischen im Kontakt erlebte. Er schien sich über meine anerkennenden Worte zu freuen. Penny war während unseres kleinen Dialogs ganz still, so als wäre sie zufrieden mit dem Ergebnis ihrer Therapiestunde.

Irgendwie war es Penny gelungen, mir ihre Eltern zu »bringen«. So als wollte sie sagen: Dort liegt der Schlüssel zum Verständnis unserer Familiensituation. Ich war ihr intuitiv gefolgt und hatte mich vom herkömmlichen Setting der Kindertherapiestunden abbringen lassen, sodass wir eher familiensystemisch interagierten. Auf diese Weise hatte ich viel erfahren und verstanden: Pennys Eltern hatten beide schwere Traumatisierungen erlitten und waren mit diesem Hintergrund aufeinander getroffen. Eigentlich erwarteten sie beide ein ihnen endlich zustehendes Glück, eben ein Leben voller Bedürfnisbefriedigungen und Verschmelzung, aber bitte keine bitteren Enttäuschungen. Von denen hatten beide bereits genug erlebt.

Schon bald, nach wenigen Wochen des Kennenlernens, war die Mutter schwanger geworden, was die künftigen Eltern sehr freute. Schließlich waren sie beide im richtigen Alter gewesen. Beide waren beruflich sehr gefordert, mussten viel arbeiten. Wie sie das mit der Kinderversorgung hinbekommen sollten, wussten sie zum damaligen Zeitpunkt noch nicht so genau. Ihre Eltern lebten weit weg und seine Mutter war selbst noch berufstätig. Sie kannten einander und ihre Lebensgeschichten kaum. Es gab also genug Herausforderungen für das junge Paar. Als Penny auf der Welt war, waren sie überglücklich, bemerkten aber auch schon bald die zusätzlichen Anforderungen. Ihr Alltag sah so aus, dass sie einander das Kind schließlich nur noch übergaben und dass sie abends beide todmüde ins Bett fielen. Nachvollziehbarerweise hatte sich nach und nach immer mehr Unzufriedenheit eingestellt. Es kam zur Trennung und die kleine Penny wanderte fast täglich von einem zum anderen. Es wäre eine schwere Zeit, besonders auch für Penny, gewesen. Penny wurde immer anhänglicher, sodass die Eltern kaum ein Zimmer verlassen konnten, ohne dass sie zu schreien und weinen begann.

Während dieser Zeit musste es zu den unangemessenen sinnlichen Kontakten zwischen Penny und ihrem Vater gekommen sein. Da die Liebesbedürftigkeit und das Nähebedürfnis von Pennys Vater groß waren, schien es so, als wäre ihm die Neugier und das Interesse seiner Tochter an seinem Penis »gerade recht gekommen«. Fast alle Übergriffe erotisch-sexueller Art sind Bedürftigkeitstaten. In der Mehrheit der Fälle spielen die Sehnsucht und der frustrierte Wunsch nach Nähe, Bedeutsamkeit oder Sexualität die entscheidende Rolle. Diese Motive stellen die Triebkraft für die fehlende Kontrolle und Begrenzung der eigenen Triebe dar.

In einer der nächsten Stunden erzählte ich Penny, dass ich erfahren hätte, dass sie eigentlich einen großen Bruder gehabt hätte, der leider schon vor ihrer Geburt gestorben wäre. Penny erwiderte daraufhin, dass sie und die Mutter häufig ans Grab gingen und ihm Blümchen und einmal einen Teddybären gebracht hätten. Sie wäre sehr traurig, dass sie ihn nicht kennenlernen konnte. Aber sie dachte oft an ihn und er hätte es im Himmel sehr gut. Er wäre sogar ihr Schutzengel.

Wieder einmal hatte die bestehende Krise – so wie in Pennys Familie – eine ausführliche Anamnese im Vorfeld unmöglich gemacht. Sonst hätte ich vielleicht schon vorher einigen Hypothesen oder Fragen nachgehen können, wie die Mutter den Tod ihres ersten Kindes verarbeiten konnte oder ob es besondere Ereignisse im Leben des Vaters gegeben hatte. Jetzt erfuhr ich eben alle wichtigen Fakten im fortgeschrittenen Stadium von Pennys Therapie.

Immerhin konnte ich inzwischen verstehen, warum beide Eltern ihrem Kind und wohl auch ihrem jeweiligen inneren Kind keine oder keine weiteren Enttäuschungen zumuten wollten. Sie hätten Penny am liebsten jeden Wunsch von den Lippen abgelesen und sofort erfüllt. Inzwischen verstand ich auch Pennys Gejammer darüber, dass ich ihr nicht ihren – wenn auch entgrenzten – Wunsch nach Okkupation von gleich zwei Therapieräumen erfüllen wollte. Beide Eltern wollten ihrem Kind jeden Wunsch um jeden Preis erfüllen, sodass Penny ja keinen Enttäuschungsschmerz fühlen brauchte.

Nach einem Jahr Therapiegeschehen war Penny offensichtlich tüchtig gewachsen, körperlich wie seelisch. Ein weiteres Jahr hatte sie noch bis zu ihrem Schulbeginn. Penny wollte ihren Vater wiedersehen. Nur selten kann sich das ein Kind nach so unangenehmen Erfahrungen mit dem väterlichen Elternteil vorstellen. Pennys

Mutter war natürlich noch in Sorge, ob es nicht zu weiteren Übergriffen kommen könnte.

Pennys Fall ist einer von fünf Fällen in 30 Berufsjahren in diesem Arbeitsfeld, in dem ein neuer Kontaktversuch vertretbar schien. Allerdings gab es für den Vater Bedingungen zu erfüllen. Da er inzwischen Grenzverletzungen an seinem Kind einräumte, sich in Therapie begeben hatte, die regelmäßigen Treffen in unserer Einrichtung absolvierte und sich den konfrontierenden Nachfragen stellte, wagten wir eine Vater-Tochter-Annäherung. Ein erster Schritt der Annäherung waren Treffen im Beisein Dritter. Außerdem werde ich Penny weiter begleiten und die Mutter wird aufmerksam bleiben.

Es bleibt ein Restrisiko, das schließlich alle tragen: der Vater, die Mutter, wir Therapeuten, das Jugendamt und letztlich auch Penny. Aber was wäre die Alternative? Sie wäre eine Entfremdung und eine lebenslange Sehnsucht nach dem Vater. Penny könnte zudem ein Getrenntsein so verstehen, dass ein Teil von ihr selbst, nämlich der väterliche Teil ihrer Identität, schlecht sei. Eine Identitätskrise wäre vorprogrammiert.

In vielen Fällen haben wir keine andere Wahl als den Kontaktabbruch, weil die Männer weder Therapie noch Bedingungen akzeptieren. Dann bleibt nur der Schutz des Kindes und eine gegebenenfalls therapeutische Reflexion bezüglich des väterlichen Erbes, des guten wie des negativen. Insofern hatte Penny Glück im Unglück.

23 Chiara und Bella ... Die sich vor dem Lehrer fürchteten
Es ist ja zum Glück nichts passiert

Eines frühen Abends rief mich eine Nachbarin an, um zu erfragen, ob ich zufällig Zeit hätte, denn sie hätte eine Frage zu Ereignissen, die der Tochter einer Kollegin in der Schule passiert seien. Ich sagte ihr, sie dürfe meine Telefonnummer gern an das junge Mädchen weitergeben. Ich hatte kaum aufgelegt, da rief mich auch schon das besagte Mädchen an und fragte, ob sie und ihre Freundin nicht noch heute zu mir in die Praxis kommen könnten. Ich sagte zu, obgleich so eine Anmeldung die Ausnahme darstellt. Eine halbe Stunde später saßen zwei sympathische 15-Jährige in meinem Praxisraum. Offensichtlich hatten sie viel loszuwerden. Ich holte meinen Block, um mir Notizen machen zu können. Auch das tue ich nicht immer, weil ich gern meine gesamte Aufmerksamkeit den Klienten zur Verfügung stellen möchte und hernach protokolliere. Die jungen Mädchen berichteten von ihrem Mathematiklehrer, von dem sie zu Schuljahresbeginn sehr begeistert gewesen waren, den sie mittlerweile jedoch als äußerst zudringlich erlebten.

Chiara und Bella berichteten mir, dass dieser Lehrer die Homeschooling-Situation regelrecht ausnutzte. Sie hatten den Eindruck, dass er die Telefonate oder Zoomsitzungen dazu nutzte, sie privat auszufragen oder sich nach ihren Sorgen und Nöten zu erkundigen. Das gefiel ihnen überhaupt nicht. Sie fanden es ganz unangemessen. Manchmal sagte er auch etwas zu ihrem Aussehen, machte ihnen Komplimente oder ließ Bemerkungen fallen, um andere Mädchen zu diskreditieren. Seine Äußerungen klangen nicht selten anzüglich und sie wussten sich ihrer nur schwer zu erwehren. Immer wieder nahm er sich heraus, auch im Unterricht seinen Schülern und Schülerinnen etwas über seine Vorstellungen über Männlichkeit und Weiblichkeit mitzuteilen. Meist waren es jedoch sexualisierte Phantasien, wie zum Beispiel, dass Männer nicht anders könnten, als Frauen auf den Busen oder Po zu schauen.

Die beiden Jugendlichen waren sehr aufgeregt und konnten kaum abwarten, bis die jeweils andere ihren Redebeitrag beendete. Sie hatten begonnen, etliche elektronische persönliche Nachrichten ihres Lehrers an sie und noch drei weitere Klassenkameradinnen vorzulesen. Sie kamen kaum dazu, mich nach meiner Meinung zu fragen, so vertieft und getrieben schienen sie. Es fühlte sich an, als schütteten sie all den ekligen Ballast ab.

Die Übergriffigkeiten ihres Lehrers hatten beständig zugenommen und sie hatten beinahe jegliches Interesse am Mathematikunterricht verloren. Am liebsten würden sie diesen Mann nicht wiedersehen. Chiara berichtete, dass sie so empfinde, seit er ihr in der letzten Woche im Klassenraum vor aller Augen von hinten kommend mehrfach in ihre Taille gegriffen hätte. Sie wäre vor Schreck erstarrt und mit ihr einige Mitschülerinnen. Danach hätte sie ihren Eltern davon erzählt und diese hätten sich mit einigen anderen Eltern besprochen. Allerdings mussten sie erfahren, dass der Direktor ihrer Realschule die Eltern versuchte loszuwerden, statt mit Ihnen gemeinsam eine Strategie zu erörtern. Das beunruhigte die Betroffenen noch mehr.

Ich konnte nicht glauben, was ich hörte: Ein Realschullehrer groomt in aller Öffentlichkeit, sexualisiert seinen Kontakt zu seinen Schülerinnen und missbraucht seine Rolle und Autorität für seine erotischen Phantasien und Bedürfnisse. Auf diese Weise verunsichert und beschämt er mehrere Schülerinnen in nur einer Klasse. So ein Fehlverhalten sollte sofort begrenzt und sanktioniert werden.

Die Jugendlichen berichteten weiter, dass ihr Lehrer über das Internet versuchte, Informationen über die wirtschaftliche Lage und die Wohngegend seiner Schüler zu ergründen. Dieses Wissen nutzte er, um seine Schüler zu verunsichern und zu dominieren. Er nähme sich ein Verhalten heraus, dass die Schülerinnen herabwürdigte und manchmal nannte er sie wütend »Bonzenkinder«. Mir fiel es nicht leicht, die unverhohlenen Grenzverletzungen bzw. die Verfügungsgewalt dieses Lehrers an seinen Schutzbefohlenen zur Kenntnis zu nehmen.

Während ich kaum hinterherkam, alles mitzuschreiben, würdigte ich ihre Empörung und ihr rechtmäßiges Bemühen um Schutz. Nebenbei überlegte ich, wie ich die Schule mit meiner Expertise erreichen könnte. Immer wieder sagte ich den beiden, wie recht sie hätten, das Geschehene nicht hinzunehmen, und dass ich verstände, dass sie keine weitere Stunde bei diesem Übeltäter zu überstehen bereit waren.

Die Jugendlichen hatten sich viel Mieses anhören müssen. Seine sexualisierten Äußerungen reichten von »heiße Granaten« und »geile Schlampen« bis hin zu Bemerkungen, dass sich die Männerwelt nach ihnen verzehren würde. Dieser Lehrer hatte völlig seine Form verloren und seine Rolle verlassen. Ich fühlte mit den jungen Frauen.

Dieser Lehrer hatte oft zu ihnen gesagt, dass er so gerne ein ganz nahes Verhältnis zu ihnen hätte, so wie er es an anderen Schulen bereits mit Schülerinnen gehabt hätte. Beide Schülerinnen konnten gar nicht aufhören, sich verbal zu erleichtern. Schließlich musste ich auf ein erstes Ende der Unterredung drängen. Es waren bereits eineinhalb Stunden vergangen und ich wollte noch das weitere Vorgehen und meinen Arbeitsauftrag mit ihnen besprechen.

Erst dann erfuhr ich, dass sie bereits ein ausführliches Gespräch mit zwei Vertrauenslehrerinnen und eines mit dem Rektor ihrer Schule geführt hatten. Die Lehrerinnen wären sehr einfühlsam gewesen und der Rektor hatte den Mathematiklehrer verwarnt. Er hoffte auf Einsicht und Besserung seines jungen Lehrers. Die Mädchen hatten so sehr auf eine Suspendierung gehofft. Gemäß des gesetzlich geforderten Schutzkonzeptes nach bestehender oder drohender Kindeswohlgefährdung wäre die vorläufige Amtsenthebung das Mittel der Wahl gewesen.

Wie wenig die Verwarnung des Rektors Wirkung zeigte, sollte sich schon bald herausstellen. Statt eines angemessenen Entschuldigungsbriefes an seine Schülerinnen und deren Eltern verschaffte sich der Lehrer in einer Pause erneut unzulässigen Zugang zum persönlichen Raum seiner Schülerinnen. Er nutzte eine große Pause, um sich an den Schultaschen seiner Schülerinnen zu schaffen zu machen, weil er fand, dass es angemessen wäre, Ihnen eine Schachtel Pralinen und ein kleines privates Entschuldigungsbriefchen zuzustecken. Wieder hatte er die Grenzen seiner

Schülerinnen mit Füßen getreten. Die Verwarnung hatte gänzlich ihren Sinn verfehlt. Das gesamte Vorgehen des Lehrers zeigte, wie wenig Schamgefühl und Respekt er besaß.

Von den beiden Jugendlichen erfuhr ich noch, dass sie sich am nächsten Morgen nochmal mit ihren Vertrauenslehrerinnen verabredet hätten, um das weitere Vorgehen zu besprechen. Sie sagten mir, wie gut Ihnen meine eindeutige Position täte. Das wäre das, was sie sich auch von ihrem Schulleiter wünschen würden. Dieser Mathematiklehrer wäre noch Referendar und eben noch nicht verbeamtet. Er hätte ihnen erzählt, dass er an seinem vorigen Arbeitsplatz ähnlich »schöne« nahe Kontakte zu Schülerinnen geknüpft hätte. Hatte ihn dort auch niemand aufgehalten?

Ich versprach den Mädchen, dass ich noch am gleichen Abend ihren Lehrerinnen eine Mail mit meiner Einschätzung zum Missbrauchsgeschehen zustellen würde. Aufgewühlt und erleichtert verließen die Schülerinnen die Praxis. Noch spät am Abend schrieb ich einen Brief an die Lehrerinnen, sodass sie die nötigen Informationen zum gesetzlich vorgegebenen Umgehen noch vor dem Gespräch mit den beiden Schülerinnen erhalten würden. Zum späteren Zeitpunkt würde ich gern mit ihnen telefonieren wollen. Es sollte sich herausstellen, dass die Lehrerinnen äußerst erleichtert waren, Unterstützung durch eine Expertin zum Vorgehen in solch einer Krisensituation zu erhalten. Ich erfuhr auch, dass die beiden Lehrkräfte ihrem Rektor von der Beteiligung unserer Fachstelle bereits unterrichtet hatten.

Ich hatte mich ohnehin am selben Tag noch dem Schulleiter vorstellen wollen und am folgenden Tag hatte ich ein erstes Telefonat mit ihm. Selbstverständlich folgte er meiner Bewertung, dass es sich bei dem übergriffigen Verhalten seines Angestellten um ein nicht zu duldendes Verhalten handelte. Wie ich ja bereits wüsste, hätte er mit ihm ein sehr ernstes Gespräch geführt. Und am Ende des Schuljahres würde er diesem Kollegen seinen Vertrag nicht verlängern wollen. Er wäre nur froh, dass noch nichts passiert wäre. Dieser verharmlosenden Schlussfolgerung konnte ich selbstverständlich nicht folgen. Ich vermute, dass dem Rektor zu diesem Zeitpunkt die umfängliche Brisanz des missbräuchlichen Verhaltens seines Lehrers noch nicht bewusst war.

Ich würdigte sein Engagement und teilte ihm mit, dass genug passiert wäre und dieser Lehrer suspendiert werden und er außerdem eine Therapieauflage erhalten müsste. Er sollte sich unverzüglich in einer Fachstelle wie unserer zur Diagnostik einfinden, um sodann an einer Therapiegruppe für Männer mit sexualisiertem, grenzverletzendem Kontaktverhalten verpflichtend teilzunehmen. Mit diesen deutlichen Empfehlungen sollte ich den Schulleiter gehörig erschrecken. Er konnte nicht glauben, dass ich seinen jungen Kollegen in die Riege solcher »Schwerverbrecher« stecken wollte.

Ich versuchte ihm zu erläutern, dass es sich bei dem Fehlverhalten seines Lehrers nicht um ein zufälliges, tollpatschiges Verhalten handelte, sondern dass dessen Verhalten deutliche und typische Anteile eines planvollen Groomingverhaltens zeigte. Dazu gehörten die Beziehungswünsche an die Mädchen, sein wechselvolles Verhalten von Schmeichelei und Abwertung, seine sexualisierte Sprache, seine zudringlichen Berührungen, die Benennung von attraktiven und unattraktiven Attributen seiner Schülerinnen sowie seine verobjektivierenden sexuell gefärbten Demütigungen. Außerdem wären bereits mehrere Mädchen Opfer seines despektierlichen Verhaltens geworden. Auch das wäre ein wichtiges Indiz. Aus der Literatur wüsste man, dass so ein entgrenztes Agieren nicht von sich aus beendet würde (Berner et al., 2007). Es bräuchte eine konsequente Bewertung und einen radikalen Stopp. Die Mächtigkeit der Lehrerrolle gepaart mit einem Manipulationswillen, der Bedürftigkeit nach Nähe, Aufmerksamkeit und Zuwendung wären der »Giftcocktail«, den dieser Lehrer seinen Schülerinnen ungefragt anboten hätte.

In einem zweiten Telefonat teilte ich dem Schulleiter mit, dass er diese Vorfälle dem Ministerium melden müsste. Wenn er dieses Vorgehen nicht wählen würde, sagte ich, dass dann unsere Kinderschutzeinrichtung sich an den zuständigen Ministerialbeauftragten wenden würde. So kam es schließlich, da der Schulleiter in seinen Forderungen gegenüber seinem jungen Lehrer nicht hinreichend fordernd aufgetreten war. Unbeabsichtigterweise schonte er seinen Lehrer. Zur Ehrenrettung könnte man sagen, dass auch ein Schulleiter im Feld des sexuellen Missbrauchs ein Laie ist. Aber er hat die Pflicht, seine Schüler vor Schaden zu schützen, seinen Lehrern deutlich Grenzen aufzuzeigen und sie bei Bedarf einer angemessenen therapeutischen Versorgung zuzuführen. Der Schulleiter von Chiara und Bella hatte sich geirrt. Der Mathematiklehrer hatte das psychische Wohl mehrerer Mädchen bereits beschädigt und hatte seinen Rektor manipuliert und in die Irre geleitet. Diese Manipulation gipfelte in dem bagatellisierenden Satz des Rektors: »Es ist ja nichts passiert.« Dabei war bereits wirklich genug passiert!

24 Justus... Wenn Eltern immer streiten
Das verzeihe ich dir nie

Nomen est omen. Justus mühte sich redlich seine Eltern gerecht zu behandeln, so wie es die Bedeutung seines Namens vorgibt. »Das ist doch verkehrte Welt«, würden Kinderexperten wahrscheinlich urteilen. Nicht Kinder sollen ihre Eltern, sondern Eltern sollen ihre Kinder versorgen, fordern das Gesetz und der gesunde Menschenverstand. Diese Ordnung wird jedoch bedroht, wenn Eltern bedürftig sind oder ganz und gar mit sich und wie in diesem Fall mit ihrem Paarkonflikt beschäftigt sind. Dann versuchen Kinder für ihre Eltern zu sorgen. Die Fachwelt nennt diesen Prozess Parentifizierung (Hilker, 2018)

Justus war knapp fünf Jahre alt, als ich ihn kennenlernte. Beide Eltern stritten sich um ihn. Er lebte zu 60 % bei seiner Mutter und zu 40 % bei seinem Vater. Dieser Vater wollte seinen Sohn retten, weil er fand, dass es dem Kind nicht gut bei seiner Mutter ging. Außerdem hatte Justus laut seinem Vater denselben Wunsch. Die Mutter sah hingegen überhaupt keinen Grund für eine Veränderung. Sie glaubte, dass ihr Sohn vom Vater und dessen Partnerin manipuliert wurde.

Beim Ersttermin traf ich einen kleinen müden, ein wenig traurig wirkenden blonden Jungen an. Justus wiederholte brav auf Vaters Wunsch hin dessen Botschaft. Aber es stimmte, der große Bruder nervte und drangsalierte ihn oft. Er popelte sogar in Justus' Nase, bis diese blutete. Außerdem wäre der neue Freund der Mutter blöd, berichtete Justus. Dieser hätte nie Zeit für ihn so wie sein Vater sie für ihn hätte. Er liebte es beim Vater und dessen Partnerin zu sein. Diese wäre viel netter als die eigene Mutter. Denn diese würde viel schimpfen und er dürfte nichts herumliegen lassen und sich nie schmutzig machen. Außerdem wäre er gern bei seiner großen Schwester Eli, die ganz beim »Papa« lebe, führte Justus aus. Warum die Schwester ganz beim Vater lebte, wollte ich von Justus wissen. »Weil Mama einmal ganz gemein zu Eli gewesen ist«, fügte er schnell hinzu.

Über Justus' Mutter erfuhr ich, dass sie gerade wieder schwanger wäre. Sie freuten sich sehr darüber. Mit ihrem neuen Partner wäre sie privat glücklich und beruflich führten sie gemeinsam einen Getränkemarkt. Sie hätte deshalb immer viel zu tun und hätte nicht viel Zeit, um mit ihrem Sohn zu spielen. Da müsste Justus sich schon oft auch mal allein beschäftigen. Justus liebte seine Mutter, aber dennoch wünschte er sich, beim Vater zu leben. Der Vater konnte sich viel mehr Zeit für ihn nehmen und dessen Partnerin schimpfte ihn nie. Eli war deutlich netter als der große »ätzende« Bruder, sagte Justus. Irgendwie wäre es bei seinem Vater gemütlicher. Außerdem besuchten sie öfter Oma und Opa und die Cousins. Es machte immer viel Spaß, dort zu sein. Der Vater bestätigte Justus' Gesagte. Justus wäre der Jüngste in der Großfamilie und alle würden den »kleinen süßen Blondschopf« gern um sich haben und verwöhnen.

Aber manchmal waren es Justus auch zu viele Leute – und die Mutter blieb eben die Mutter, auch wenn sie mehr schimpfte. Aber er merkte auch, dass es der Mutter nicht so gefiel, wenn er von seinen schönen Erlebnissen am »Papawochenende« berichtete. Manchmal hatte er den Eindruck, dass sie eigentlich gar nichts hören wollte. Das verstand er nicht. Außerdem hatte die Mutter immer irgendetwas auszusetzen an seinem Vater, sagte Justus. Dabei waren sie doch schon seit der Zeit, als er ein Baby war, getrennt. Die Mutter machte dem Vater fast jedes Mal Vorwürfe, wenn der Vater Justus zurückbrachte, weil die Sachen nicht ordentlich im Koffer lagen oder weil die Schuhe nicht geputzt waren.

Der Vater hingegen hatte der Mutter nie verziehen, dass sie damals Eli so heftig geschlagen hatte und dass sie – weil Eli dabei ausgerutscht war – sogar wegen einer Platzwunde im Krankenhaus genäht werden musste. Seit diesem Vorfall lebte Eli ganz beim Vater. Irgendwie war er Elis Held. So jedenfalls fühlte es sich an. Justus wusste nie, ob der Vater wirklich in Sorge um ihn war oder ob er wieder ein Retter sein wollte.

Die Mutter hatte ihm erzählt, dass sein Vater früher über zwei Jahre arbeitslos gewesen wäre. Deshalb wäre sie arbeiten gegangen. Überhaupt hätte damals alles an ihr gehangen. Sie hatte neben der Arbeit noch den Haushalt versorgt und zusätzlich alles für die Kinder gemacht. Der Vater wäre zu der Zeit sehr unzufrieden gewesen, hätte schon tagsüber Bier getrunken und hätte oft mit der Mutter geschimpft. Das konnte Justus sich eigentlich gar nicht vorstellen, aber sein Vater sagte selber über sich, dass er damals unausstehlich und ungerecht zu seiner Frau gewesen wäre. Schließlich hätten sie nur noch gestritten und dann hätte die Mutter gewollt, dass der Vater auszöge. Der Vater wäre lange sehr enttäuscht und wütend auf die Mutter gewesen.

Justus berichtete, der Vater sage immer, wenn er nicht seine Freundin Becki getroffen hätte, dass er nicht wüsste, ob es ihm heute so gut ginge. Justus wusste, dass sein Vater jetzt keinen Alkohol mehr trank, sich gesünder ernährte und seit langem schon Krafttraining machte. Das fand Justus alles ziemlich »cool«. Immer, wenn er bei seinem Vater war, trainierte er mit ihm. Allerdings würde der Vater ihm die Hanteln, auch die leichten, verbieten, weil er noch zu jung wäre.

Als Justus der Mutter mal mit voller Begeisterung von einem Training mit dem Vater erzählte, fing die Mutter gleich wieder an sich aufzuregen. Das wäre Kindeswohlgefährdung, das sollte das Jugendamt ruhig wissen, sagte sie. Justus wollte nicht, dass das Jugendamt informiert würde. Aber die Mutter war davon nicht abzubringen. Justus ärgerte sich über sich selbst. Warum hatte er es überhaupt der Mutter erzählt? Ich sagte ihm, dass es ganz normal wäre, seiner Mutter etwas vom Wochenende beim Vater erzählen zu wollen. Es wäre die Reaktion der Mutter, die nicht angemessen sei. Ich fragte Justus, wie es ihm ginge, wenn er von einem zum anderen Elternteil wechselte. Wenn er von der Mutter zum Vater wechselte, wäre er total happy, aber umgekehrt, hätte er immer Bauchweh, sagte er. Meistens sollte er gleich duschen, wenn er vom Vater kam, obwohl er doch schon beim Vater geduscht hätte. Und dann sollte er immer in sein Zimmer gehen. Das fände er nicht schön. Er fühlte sich dort sehr allein und würde seinen Vater vermissen.

Einmal wäre er weggelaufen zu seinem Judotrainer, um ihn zu bitten, seinen Vater anzurufen, damit dieser ihn holen sollte. Das tat der Trainer, aber er rief auch die Mutter an. Schon vor der Haustier hörte er die Eltern streiten und sich gegenseitig Vorwürfe machen. Justus fürchtete sich. Der Vater hatte gleich die Polizei gerufen, weil er hoffte, seinen Sohn dann mitnehmen zu dürfen. Die Polizisten fragten allerdings nach der letzten Gerichtsentscheidung und deshalb musste Justus zur Mutter zurückkehren. Schon am nächsten Tag beauftragte der Vater seinen Rechtsanwalt, ein Schreiben aufzusetzen, in dem er das Familiengericht bat, seinen Antrag auf alleinige Sorge in seinem Sinne zu bescheiden. Warum musste diesmal der Vater eine so große Sache daraus machen, fragte Justus sich. Justus hatte einfach Sehnsucht gehabt und war weggelaufen, weil er es in seinem Zimmer so ganz allein nicht mehr ausgehalten hatte und die Mutter ihn gebeten hatte, sie nicht zu stören. Bald sollten sich die Eltern wieder im Gericht sehen, weil sie sich gegenseitig beschuldigten, die Umgangszeiten nicht korrekt einzuhalten. Außerdem bezichtigte der Vater die Mutter, ihren Sohn zu vernachlässigen. Und die Mutter warf dem Vater vor, den Sohn zu manipulieren.

Einmal sagte ich zu Justus, dass ich ganz erschöpft und ratlos sei von den ewigen Streitereien, Vorwürfen und Beschuldigungen. Ich wollte mir gar nicht ausmalen, wie schlimm die Situation für ihn wäre. Beide Eltern wollten ihn haben, sagte ich. Justus nickte und weinte leise. Ich jedenfalls würde ihn nicht mehr fragen, wo er leben wollte bzw. wo er mehr Tage verbringen wollte. Mein Eindruck wäre, dass er gern ein oder zwei Tage mehr in der väterlichen Familie verbringen würde. Das jedoch würde die Mutter so sehr kränken, dass Justus gar nichts mehr sagen könnte. Ich sagte ihm, dass ich sähe, wie sehr er sich bemühte, zu beiden Eltern gerecht zu sein. Es läge nicht an ihm, die Eltern könnten sich einfach nicht verzeihen, dass sie es miteinander nicht hinbekommen hätten. Wenn man immer stritt, würde man auch verbunden bleiben, fügte ich hinzu.

Es folgte eine relativ ruhige Zeit. Justus bekam eine kleine Schwester und alle schienen glücklich und waren wohl auch irgendwie abgelenkt. Die Urlaubszeit kündigte sich an und dank der genauen richterlichen Umgangszeitenverteilung würde es hoffentlich besser laufen mit den Umgangsübergaben.

Wenn ich an die letzten zwei Jahre zurückdachte, erinnerte ich mich an unzählige Krisenanrufe, weil beide Eltern immer und immer wieder angenommen hatten, dass der andere Elternteil ihn hinterging, manipulierte, schlecht von ihm redete, in Summe also einfach nicht vertrauenswürdig wäre. Sie gingen sogar soweit in ihren Fehlüberzeugungen, dass sie annahmen, dass der andere Elternteil sie vernichten wollte. Die Eskalationsspirale steuerte immer wieder auf ihren Zenit zu.

Solche Eltern, die nach einer Trennung auch streitend nicht voneinander lassen können, werden als hochstrittige Eltern bezeichnet. Sie scheinen nicht in der Lage zu sein, ihren alten Konflikt loszulassen. Der österreichische Konfliktforscher Friedrich Glasl (2020) entwickelte ein neunstufiges Skalenmodell. Darin beschreibt er folgende Eskalationsstufen von Konflikten: Verhärtung, Polarisation, Taten statt Worte, Sorge ums eigene Image, Gesichtsverlust, Drohstrategien, begrenzte Vernichtungsschläge, Zersplitterung und Gemeinsam in den Abgrund. Das Schlimme an so einem Geschehen sind der Machtkampf und die Rache- und Vernichtungsfeldzüge. Auf die Kinder wird keinerlei Rücksicht mehr genommen. Glasl geht davon aus, dass die Kämpfenden, die sich schließlich nur noch der Dämonisierung des anderen hingeben, aus so einer Sackgasse nicht mehr allein herausfinden, sondern Hilfe von außen brauchen. In unserem Fall ist es das Familiengericht, das die Aufenthaltszeiten bei dem jeweiligen Elternteil genauestens festgelegt hat.

Trotz des genauen Terminplans gelang es Justus' Mutter, die väterliche Familie samt Justus und seiner Schwester aus einem Italienurlaub »zurückzupfeifen«. Die Mutter hatte die Polizei angerufen und erklärt, der Vater hätte ihren Sohn entführt, sie wüsste nicht, wo ihr Kind wäre. Weil den Polizeibeamten die Geschichte eigenartig vorkam, baten sie die Mutter Ihnen die Telefonnummer des Vaters zu nennen. Der Vater und seine Partnerin erklärten den Beamten die Situation plausibel. Da auch sie von einer Racheaktion ausgingen, delegierten sie das Konfliktgeschehen an das Jugendamt. Wegen der Urlaubszeit war allerdings nur eine Vertretung zu erreichen, ihr versuchte der Vater zu erklären, dass, wie im gerichtlichen Beschluss nachzulesen wäre, sie entgegen der Regel eine Sommerferienwoche mehr hätten, weil die Mutter die Herbstferien dazubekommen hätte.

Der Vater nahm an, dass die Mutter an jenem Abend möglicherweise wieder mal zu viel Wein getrunken und darüber diese Regelung vergessen hätte. Schlussendlich hätten alle eine Woche früher aus Italien heimfahren müssen, weil die Vertreterin die Akte mit den genauen Gerichtsunterlagen nicht hatte finden können. Die Mutter hatte gewonnen. Der Vater hatte neben aller Enttäuschung und Ärgernis noch die Buchungskosten und die neuen Fahrkarten zu tragen gehabt. Alles in allem ein Verlust von über 1000 Euro. Der Vater und seine Partnerin waren fassungslos und die Kinder weinten. Die erzwungene verfrühte Rückkehr schmeckte für alle bitter.

An diesem Beispiel wird deutlich, wie sehr der Machtkampf um das Durchsetzen der eigenen Ansprüche das Geschehen bestimmt und die Oberhand hat. Die Einfühlung ins eigene Kind und in die gefühlsmäßigen Folgen der erneuten Zeugenschaft einer weiteren zerstörerischen Runde im Elternkampf wurden völlig außer Acht gelassen. Ich nahm an, dass der Vater diese Aktion der Mutter – trotz meiner Deeskalationsversuche und Unterstützungsangebote bei Gericht – nicht ungesühnt lassen würde.

Zusammenfassend kann ich schmerzlich konstatieren, dass sich derartige »Endlos-Streits« zwischen Eltern ganz besonders schädigend auf die kleinen Kinderseelen auswirken, weil es sich bei derartigen Konfliktbewältigungsversuchen der Eltern letztlich um rohe psychische Gewalt handelt. Deshalb entschließen sich Familienrichter manchmal sogar dazu, die Kinder aus der Erziehungsgewalt der Eltern zu entlassen und sie fremdunterzubringen. Gelegentlich kommt es vor, dass das Sorgerecht beschnitten oder ganz entzogen wird, wenn Eltern gar nicht zur Besinnung kommen oder die Gewaltspirale einfach nicht unterbrechen wollen oder können. Was soll ich Justus wünschen? Was kann ich noch für ihn tun? Diese Fragen werden mich auch weiterhin begleiten.

25   Lotti ... Ein Kriegskind
Trauer und Schmerz bleiben

Irgendwann konnten Lottis Eltern den Aufbruch ihrer Töchter nicht mehr hinausschieben, auch wenn sich alle Familienmitglieder vor diesem Zeitpunkt fürchteten. Einige wenige, aber wichtige Dinge waren eingepackt und mehrere Kleidungsstücke übereinander gezogen worden. So konnten sie mehr mit auf die Flucht mitnehmen.

Dem Kind hatten sie gesagt, dass sie eine Tante besuchen wollten. Die Mutter hatte ihnen als Proviant Schinken, Brot, Kuchen, Dosenwurst, gekochte Eier und einige kleine Äpfel in den Leinenrucksack mit den Lederriemen gepackt und der Vater hatte einen etwas kleineren Rucksack für das kleine Mädchen gekauft. In diesem befanden sich ein Teddy, ein Buch, ein Heft, das Lieblingskleid und ein paar leichte Turnschuhe. Vorne in der kleinen Außentasche steckten ein paar Bonbons, ein Bleistift und ein kleiner Anspitzer. An den letzten Tagen war es irgendwie stiller im Haus gewesen, sogar der Großvater machte weniger Scherze und die Mutter weinte öfter, scheinbar ohne Anlass. Lotti freute sich auf die Reise als eine kleine Abwechslung. Der Papa würde sie mit dem Pferdeschlitten zum Zug bringen, sie und ihre große Schwester, die einige Menschen für ihre junge Mama hielten.

Ihre Schwester hatte schon mit 17 Jahren geheiratet, aber ihr Ehemann musste in einer Gemeinde viele Kilometer entfernt seinen Dienst verrichten. Ihr geliebter großer Bruder war im Krieg mit nur 18 Jahren gefallen. Sie hatte damals vor drei Jahren die Mutter gefragt, warum er nicht einfach wieder aufgestanden wäre. Die Mutter war darauf in Tränen ausgebrochen. Sie hatte gar nichts verstanden, bis der Großvater ihr erklärt hätte, dass ihr Bruder im Krieg gestorben war und die Eltern so sehr um ihren einzigen Sohn trauerten. Das kleine Mädchen mochte den Krieg auch nicht. Denn schon oft war die Schule ausgefallen und immer wieder fehlten bestimmte Lebensmittel. Und im letzten Jahr gab es keine neuen Schuhe mehr, wo sie doch bislang immer im Frühling zu ihrem Geburtstag neue Schuhe bekommen hatte.

Die letzten mit acht Jahren und sie hatte sie sich immer allein aussuchen dürfen. Die Schlittenfahrt machte Freude, auch wenn sie sich gar nicht von der Mama verabschieden konnte. Die Mama wäre schon zum Gottesdienst gegangen, hatte der Papa erklärt. Alle anderen hatte sie herzlich in den Arm genommen. Sie hatte sich sogar von einigen Tieren im Stall verabschiedet.

Der Sonntagszug war viel voller als beim letzten Mal und fast alle Leute hatten Koffer dabei und viele weinten. Sie mussten zwei Tage im Zug verbringen, weil der Zug nicht vorankam. Es war ziemlich kalt gewesen in der Nacht und Lotti hatte sich gefürchtet. Dann mussten sie in einen anderen Zug umsteigen, der noch voller war. Einige kleine Kinder weinten. Das mochte Lotti gar nicht. Wieder dauerte die Fahrt sehr lange. Die Zugfahrt wollte gar kein Ende zu nehmen. Irgendwie waren die Menschen nicht fröhlich, obwohl sie doch eine Reise machten, fiel ihr auf. Ihre große Schwester erzählte ihr, dass sie nicht die ganze Reise mit dem Zug unternehmen würden. Sie würden auf ein großes Schiff umsteigen, weil einige Schienenstrecken zerstört worden wären. Warum wurden so viele gute Dinge im Krieg kaputt gemacht? Das verstand Lotti nicht. Man musste dann ja alles wieder »heil machen«. Aber auf das Schiff war sie gespannt. Davon würde sie der Mama beim Wiedersehen erzählen. Ein bisschen Heimweh hatte sie schon und einmal musste sie in der Nacht, als sie glaubte, ihre Schwester verloren zu haben, sehr weinen. Dabei war diese nur auf der Toilette gewesen. Zunächst mussten sie noch einige Kilometer über das Eis laufen, um den Hafen zu erreichen. Aber wie sollte das gehen? Einige Familien fuhren mit ihren Pferdewagen auf dem Eis, es war bitterkalt. Manchmal schienen ihre Hände und Füße gar nicht mehr spürbar und einige Male kamen Tieflieger und warfen Bomben. Gott sei Dank war es oft diesig oder Schneetreiben verunmöglichte die Kampfflüge, dachte Lotti. Immer wieder fragte sie ihre Schwester, wann sie endlich ausruhen könnten. Die Eiswanderung schien unendlich. Es waren nur 8 Kilometer, aber sie brauchten einen ganzen Tag und eine Nacht. Dann endlich die Ankunft im Hafen. Soldaten versuchten zu helfen.

Das Schiff war unglaublich riesig. Sie kannte nur die kleinen Segelboote auf den heimischen masurischen Seen, aber so ein großes Schiff hatte sie noch nie gesehen. Und was ihr gar nicht gefiel, war, dass schon so viele Menschen in einer langen Schlange anstanden. Es hatte begonnen zu schneien, ihr war kalt und ein bisschen Husten hatte sie auch. Viele Menschen wurden ungeduldig und begannen zu drängeln und zu streiten. Lotti bekam Angst und schmiegte sich immer näher an ihre große Schwester. Schließlich musste sie sehr weinen und konnte kaum noch aufhören. Sie hatten einen kleinen Unterschlupf gefunden und so konnte sie ein wenig verschnaufen. Lotti bettelte, nicht auf das Schiff gehen zu müssen. Aber wie sollten sie ihre Reise dann fortsetzen? Schließlich hörten sie, dass noch ein weiteres Schiff anlegen sollte. Sie entschieden, sich dafür gleich anzustellen. Auch dieses füllte sich schnell, es gab ein großes Schieben und Drängeln. Die Soldaten und Matrosen halfen den Frauen und Kindern und den Alten. Später gab es eine warme Suppe. Die schmeckte nicht so gut wie die von der Mama. Lotti vermisste sie schon jetzt sehr. So hatte sie sich ihre erste größere Reise nicht vorgestellt.

Die Reise übers Meer dauerte eine Nacht. Dann erreichten sie den rettenden Hafen und gingen erst einmal in ein Lager. Es roch gar nicht gut und es war eng. Viele Menschen waren krank, jammerten, träumten schlecht und schrien, andere waren verletzt und die Kinder hatten ihre Freude am Spielen verloren. Wann kamen sie endlich bei der Tante an? Alles schien so schwierig, die Essenrationen waren klein und sie hungerten oft. Ihre Schwester schien immer dünner und durchsichtiger zu werden. Sicher weil sie Lotti oft ihre Portion anbot.

Es vergingen noch lange bange Wochen, bis sie endlich bei der alten Tante und deren Tochter, der Schwiegermutter und Schwägerin, Zuflucht fanden. Alle waren so unendlich erleichtert, dass die Schwestern es doch noch geschafft hatten. Jetzt konnten sie sich in richtigen Betten ausschlafen, baden und essen. Lotti fühlte sich wie im Paradies. Ihre Schwester hatte große Angst um ihren Mann, weil sie ihn lange nicht gesehen hatte und auch keinen Brief mehr von ihm erhalten hatte.

Nach ein paar weiteren Wochen, der Frühling war inzwischen gekommen, war der Krieg vorbei. Inzwischen passten Lotti ihre Schuhe nicht mehr, sie waren vom Schnee ausgelaugt und ihre Füße waren gewachsen. Sie erhielt Holzpantoffeln. Die waren schwer und laut, aber sie liebte sie dennoch. Wann würde sie ihre Eltern und den Großvater endlich wiedersehen? Niemand konnte ihr darauf eine Antwort geben. Die Erwachsenen verstummten regelmäßig, wenn sie nach daheim fragte. Alle gaben sich Mühe, es dem Kind ein bisschen schön zu machen. Aber es litt still unter dem Getrenntsein von Mutter, Vater und Großvater und unter der Ungewissheit. Schließlich wurde Lotti sehr krank.

Am Jahresende erfuhren sie, dass Vater und Großvater wohl umgekommen waren und die Mutter mit einigen anderen Frauen des Dorfes in Gefangenschaft geraten war. Das war alles zu viel für Lotti. Ihre große Schwester sah sie auch kaum noch lächeln, diese wirkte oft wie versteinert. Sie konnte keine Tränen mehr trocknen und sie verlor Lotti langsam aus den Augen. Immerhin gab es Fürsorge und Trost von der älteren Tante und die Junge nähte Lotti ab und an neue Kleider aus alten Röcken oder Blusen oder flocht ihr die Zöpfe. Dass es ihr Zuhause nicht mehr gab und die Eltern nicht mehr lebten, war einfach unvorstellbar. Aber in ihren Gedanken lebten alle in der Heimat weiter.

Eines Tages kam der Mann der Schwester aus der Gefangenschaft heim. Er erhielt eine Arbeit in einer Stadt weiter weg. Das bedeutete, dass sie die Tanten verlassen mussten. Das war nicht leicht für Lotti. Und der Schwageronkel war viel strenger. Ihm rutschte schnell mal die Hand aus. Oft wusste sie nicht, warum. Und er war schrecklich misstrauisch und launenhaft, schrie wegen Kleinigkeiten herum. Bis zu ihrem 14. Geburtstag blieb sie in dieser Lebenssituation. Dann wurde sie in verschiedene Arbeitsverhältnisse verpflichtet. Das war damals üblich.

Lotti lernte viele Orte und Menschen kennen. Nicht alle waren gut zu ihr. Aber sie hatte den festen Willen, sich ein neues schönes Leben aufzubauen. Das schaffte sie auch. Nach zehn Jahren der Wanderschaft heiratete sie in eine ländliche Großfamilie ein, bekam zwei Kinder und baute ein Haus mit ihrem Mann. Mit Freude und großer Dankbarkeit lebte sie ihr Leben und hielt an vielen alten Bräuchen und Gewohnheiten fest, die sie aus der alten Heimat mitgebracht hatten.

Lotti erinnerte sich, dass sie einmal im Zug ein Gespräch zweier alter Frauen über die Kriegszeiten mitgehört hatte. Immer, wenn sie Menschen über den Krieg sprechen hörte, wurde sie ganz aufmerksam, weil sie endlich noch besser verstehen wollte, welchen Sinn und Zweck dieser unglückselige Krieg gehabt haben soll. Beim Mithören erfuhr sie, dass damals das erste Schiff, die Gustloff, von Torpedos getroffen worden war und in der Ostsee versank. 9000 Menschen starben und nur gut 1000 Personen konnten gerettet werden. Lotti erschrak und glaubte von da ab, dass sie damals wohl einen Schutzengel gehabt hätten. Die Trennung von ihrer Familie und die immensen Verluste, die Lotti bereits als Kind überstanden hatte, hatten Narben in ihrer Seele hinterlassen. Das frühe auf sich Alleingestelltsein und die entbehrungsreichen Nachkriegsjahre sowie die vielfältigen Anforderungen des Lebens hatten immer wieder zu Überlastungsreaktionen geführt. Gewohnheitsmäßig ertrug sie diese, auch wenn sie ihr schadeten. Beispielsweise ging sie immer zu spät oder gar nicht zum Arzt. Lieber »dokterte« sie selber an sich herum, so hatte sie wenigstens die Kontrolle. Das hielt sie ihr ganzes Leben so durch.

Als ihre Kinder erwachsen waren und ihrer eigenen Wege gingen und die im Haus lebenden Großeltern verstorben waren, kam Lotti nach einem vollem Leben erstmalig wieder zur Besinnung und ihre Kindheitserinnerungen traten wieder mehr in den Vordergrund. Sie dachte viel über ihr Elternhaus und ihre ausgelöschte Familie nach. Lotti erinnerte sich auch an all das Verlorengegangene und fühlte sich sehr einsam. Zwar besuchten sie gern zahlreiche Verwandte, die ihre Gesellschaft und ihre Gastfreundschaft schätzten, aber innerlich fühlte sich Lotti eigentlich so verlassen wie damals, als sie auf der Flucht war. Ihre Gefühle brachten die Erinnerungen an diese schmerzhaften Zeiten immer wieder herauf und immer wieder fiel sie in tiefe Abgründe oder konnte dann keinen Schritt mehr tun, ihr Körper schien wie gelähmt. Auch diese Zustände ertrug sie fast wortlos. Dabei blieb sie für Außenstehende wie unerreichbar.

Jahre später erfuhren ihre Kinder von der Schwester ihrer Mutter, dass Lotti auf der Flucht tagelang geweint hätte. Als sie dann noch von dem Tod der Eltern erfahren hätte, wäre sie schwerkrank geworden und hätte auch sterben wollen. Lotti hätte auf der Flucht oft umkehren wollen und hätte lange die Überzeugung gehabt, dass die Eltern noch lebten, wenn sie nicht weggegangen wären. Lotti hätte sich schuldig gefühlt. Sie wusste ja nichts von dem Drängen der Eltern, dass sich ihre Töchter in Sicherheit bringen sollten.

Endlich, 40 Jahre nach Ende des Krieges, erhielt Lotti über Umwege einen Brief von einer alten Frau aus ihrem Heimatdorf. Diese schrieb, sie wäre mit ihrer Mutter noch kurz vor Kriegsende mit einigen anderen Frauen des Dorfes in Gefangenschaft geraten. Alle hätten die einjährige Gefangenschaft überlebt, nur die Mutter wäre bereits nach wenigen Wochen verstorben. Die Wintermonate 1945 wären sehr kalt gewesen, die Frauen hätten sich in der Nacht gegenseitig gewärmt, das Lager hätte im Wald gelegen, in Karelien, und sie hätten Holz bearbeiten müssen.

Es tröstete Lotti, dass ihre Mutter in ihrer Todesstunde nicht allein war und keiner tödlichen Gewalttat zum Opfer gefallen war. Aber 40 Jahre hatte sie unter der Ungewissheit gelitten, ihre Mutter schrecklich vermisst und sich die schlimmsten Szenarien, wie Vergewaltigung und Misshandlung, vorgestellt. Diese Vorstellungen waren oft unerträglich für sie gewesen.

Zwei Jahre später erkrankte Lotti schwer. Da war sie erst Ende 40. Im gleichen Alter war ihre Mutter damals gewesen, als sie in Gefangenschaft geriet. Nicht selten ereignen sich solche zeitliche Analogien, die quasi eine »Gleichheit beschwören« und die auch ein bisschen magisch wirken. Aber eigentlich bezeugen sie eine starke bestehende Eltern-Kind-Bindung, die auch noch über den Tod hinaus wirken kann. Lotti ging noch einen längeren Leidensweg, auf dem sie beide Beine und ihr Augenlicht verlor, bevor der Tod sie von allen Leiden erlöste.

III Therapiegeschichten von Erwachsenen

26   Helga … Die Verleugnende
Mein Mann hat unsere Tochter geschändet

»Ich trenne mich nicht von meinem Mann« sind Helgas erste Worte, als wir am Telefon miteinander sprechen. »Die anderen nehmen mich nicht, und Sie?« »Warum nicht?«, wollte ich wissen. »Mein Mann ist in Untersuchungshaft, weil er unsere Tochter sexuell missbraucht hat. Er hat es zugegeben. Aber ich trenne mich nicht! Wir bleiben doch eine Familie«, sagte Helga. Was für eine Ouvertüre! Was für eine Lebensgeschichte eröffnete sich da?

Helga erschien zum ersten Termin voller Dankbarkeit. Sie war eine sympathische, höfliche Frau Anfang 40. Ihre Tochter hätte sich einer Nachbarin anvertraut. Diese hätte der Tochter geraten, die Vertrauenslehrerin in der Schule einzuweihen. Diese wiederum hätte das Jugendamt und danach die Polizei informiert. Ihr Mann hätte damals gerade mit dem jüngsten Sohn Flöte geübt, als er zuhause im Wohnzimmer festgenommen wurde. Man hätte sie an ihrem Arbeitsplatz erreicht und auf die Wache bestellt. Ihr Mann hätte sofort gestanden, die gemeinsame zwölfjährige Tochter über längere Zeit in verschiedene sexuellen Handlungen verwickelt und vergewaltigt zu haben, meistens morgens vor der Schule, wenn sie selbst bereits das Haus verlassen hatte. Die jüngeren Brüder hätten währenddessen ihr Frühstück vor dem Fernseher einnehmen dürfen. Natürlich sollten sie von diesem Privileg nichts der Mutter sagen.

Helga war unendlich tapfer. Keine Träne, kein Selbstmitleid, nur Schock und Starre! Sie beabsichtigte ihren Mann im Gefängnis zu besuchen. Sie bat mich darum, dass ihre Söhne die wahren Gründe noch nicht erfahren sollten. Ihre Tochter nahm eine Psychotherapie bei einer niedergelassenen Kollegin auf. Ich erfuhr auf kollegialem Wege, dass der Vater häufig jähzornig geworden war und den älteren Bruder dann brutal verprügelt hatte. Schließlich hätte der Bruder mit einer extremen Schulverweigerung reagiert. Diese Gewalt am jüngeren Bruder hätte die ältere Schwester nicht mehr ertragen wollen. Da die Kinder zu wenig Unterstützung von ihrer Mutter erhalten hätten, hätte ihre junge Klientin sich entschieden, dem Schrecken ein Ende zu setzen.

Ich fragte Helga jede Stunde nach ihrem Ergehen und ihren Gefühlen. Es war schwer für sie, mir zu antworten. Leichter fiel es ihr, sich zu empören, darüber, dass sie ihren Mann noch nicht besuchen dürfte, dass die Söhne ihn lange nicht sehen würden und dass das neu gebaute Haus noch nicht abgezahlt wäre. Aber ihre Brüder würden ihr unter die Arme greifen. Den Nachbarn, die sie fragten, sagte sie, dass sie eine Krise hätten und ihr Mann für einige Zeit ausgezogen wäre. Später vertraute sie sich zwei Nachbarfamilien an.

Dann kam das Urteil: sechs Jahre Gefängnis wegen schweren sexuellen Missbrauchs an der eigenen Tochter und schwerer Körperverletzung am Sohn. Dazu kamen Schmerzensgeldzahlungen, die der Vater an seine Kinder zahlen sollte und ein Bußgeld an eine soziale Einrichtung. Helga brachte mir das Gerichtsurteil zum Lesen mit. Beim Lesen kamen mir die Tränen, während ich im Detail von all der Gewalt erfuhr, die der Vater seinen Kindern im Laufe von zwei Jahren angetan hatte. In der nachfolgenden Beratungsstunde berichtete ich Helga von meinen verschiedenen Gefühlen und von meinem Mitgefühl für sie, ihren Sohn und ihre Tochter. Wie es ihr mit dem Urteil ginge, fragte ich sie. Darauf konnte sie mir keine Antwort geben. Stattdessen antwortete sie, dass sie nach vorn schauen wollte und dass sie froh wäre, dass ihr Mann ihr schreiben dürfte. Er hätte sich in seinen Briefen schon mehrfach bei ihr entschuldigt.

Helga fuhr fort, dass ihr Mann auf eine Sexualtherapie im Gefängnis hoffte, in deren Rahmen er sich mit seiner Sexualität und seinen Sexualdelikten befassen wollte. Außerdem wollte er sein sexuelles Interesse wieder ausschließlich auf sie konzentrieren. Deshalb hätte sie für ihn erotische Fotos von sich machen lassen. Zu so etwas hätte sie noch nie zuvor den Mut gefunden. Außerdem wären beide Partner die ersten füreinander gewesen. Ihr Mann hätte ihr mal gestanden, dass er, wenn er nicht so schüchtern wäre, gern mal eine andere Frau als Sexualpartnerin hätte. Das sollte sie nicht gegen sich gerichtet sehen. Dazu hätte sie jedoch nie etwas gesagt. Helga ertrug einfach alles: unsensibles, gemeines und brutales. Ihre Kränkungen schien sie zu schlucken.

Im Gefängnis richtete sich Helgas Mann ein, schon bald leitete er den dortigen Kirchenchor. Ihr Mann wäre froh, dass er endlich etwas arbeiten durfte. Schließlich hätte er immer gearbeitet: In seinem Beruf als Ingenieur und als Soldat hätte er sich dann für zehn Jahre verpflichtet und im Jugoslawienkrieg gedient. In seiner Freizeit wäre das Tüfteln an Computern seine Leidenschaft geworden. Er wirkte auf viele Menschen im Gefängnis sehr höflich, angepasst und engagiert. Der Pfarrer schätzte ihn bereits nach kurzer Zeit und hätte ihm – trotz Kontaktverbots – angeboten, ihn an Weihnachten heimlich mit seiner Familie telefonieren zu lassen. Helgas Mann war ein Meister der subtilen Manipulation und Berechnung. Helga wusste nicht, was sie von all dem halten sollte, aber ihre drei Kinder hätten die angebotene Sonderregelung verabscheut und ihre Eltern zur klaren Einhaltung der gesetzten Grenzen gezwungen.

Fast fünf Jahre verbrachten wir im Gespräch. Helga schwankte zwischen Selbsterkenntnis und Verleugnung. Erst nach langer Zeit gelangte sie an ihre zurückgehaltene, ungeheure Wut und konnte dann endlich auch aus tiefster Seele weinen. In jener Zeit begann Helga, ihrem Mann ihre Gefühle und ihre Meinung vorzutragen. Sie begann fernerhin, Bedingungen zu stellen für den Fall, dass er nach der Inhaftierung zurück in die Familie kommen wollte. Lange hatte er ihr im Leben wie auch anfangs noch aus dem Gefängnis Ansagen gemacht.

Die Zulassung zur Therapiegruppe im Gefängnis hatte sich herausgezögert und deshalb den Unmut ihres Mannes geweckt. In der Therapie für Sexualstraftäter geht es im Wesentlichen darum, über sich selbst, über die eigene Lebensgeschichte und erlebte Gewalterfahrungen sprechen zu lernen. Die meisten Täter haben selbst schwere emotionale Vernachlässigungen und rohe Gewalt, d. h. Traumatisierungen, erlebt. Das eigene Gefühlsleben ist ihnen fremd. Gefühle in all ihren Facetten zu spüren, sie zu reflektieren und sie als Auslöser unzähliger Fehlhandlungen zu entlarven, fällt den meisten Männern unendlich schwer. Ebenso stehen die persönlichen sexuellen Phantasien im Mittelpunkt. Wesentlich dabei wird, inwieweit der Mann die aus den Phantasien entstehenden Impulse lernt zu kontrollieren. Selbstkontrolle zu erlangen ist sehr bedeutsam und ein wesentliches Therapieziel. (Berner, Briken & Hill, 2007)

In der Gruppentherapie für Sexualstraftäter wird erwartet, dass sich die Täter mit ihren miesen Absichten und der Planung der Straftaten auseinandersetzen, um sich so ihrer Verantwortung zu stellen. Sexuelle Übergriffe »passieren« nicht einfach, wie zunächst alle Männer behaupten. Außerdem liegt ein weiteres Augenmerk darauf, zu prüfen, ob ein Täter in der Lage ist, aufrichtige Reue zu zeigen. Und ob er Mitgefühl für sein kindliches Opfer zu empfinden bereit ist und sein ausbeuterisches Tun als solches verantwortet.

All das gelang Helgas Mann auch nach einem Jahr der Therapie gar nicht. Im Gegenteil, es kam heraus, dass er weiterhin dem Sex mit seiner Tochter nachhing und die sexuellen Übergriffe und Vergewaltigungen als Stimuli für Masturbation nutzte. Deshalb war die Begutachtung seines Therapieerfolgs äußerst negativ ausgefallen. Seine Gutachter schrieben, er ließe sich nicht auf die Therapie ein, bereute sein Tun wenig. Stattdessen idealisierte er den »Sex« mit der Tochter weiterhin. Helgas Mann könnte den Schaden, den er seinem Kind zugefügt hätte, nicht wahrnehmen und sich nicht in sein Kind einfühlen, er bagatellisierte und verleugnete.

Diese Einschätzung schwarz auf weiß zu sehen, erschütterte Helga. Sie hatte für ihren Mann bereits einen neuen Arbeitsplatz organisiert, weil beide hofften, nach der Therapie mit einem Hafterlass rechnen zu können.

Helga ließ in der Erinnerung die Ehejahre an sich vorbeiziehen und konstatierte, dass nach dem Hausbau und der Schwangerschaft mit dem dritten Kind das Paar kaum mehr gemeinsame Zeit gehabt hätte. Es wäre hauptsächlich ums Arbeiten und ums Funktionieren im Alltag gegangen. Da wäre die gemeinsame Zeit und Sinnlichkeit des Paares auf der Strecke geblieben. Ich folgte Helga in ihren Ausführungen, nahm Anteil an ihrem Leid und erklärte ihr, dass das alles jedoch nicht der Anlass für die Gewalt und den Missbrauch an ihren Kindern gewesen sein könnte. In der Regel wären persönliche Gewalterfahrungen und die darauf folgende emotionale Verrohung die Ursache für das Ausleben der Gewalt. Die eigens erfahrene und gefühlte Lebensbedrohung werde quasi erneut in Szene gesetzt. Viele Täter hätten ihre Gewalttaten bereits mehrfach im Geiste durchlebt. Außerdem wüsste man, dass sexuelle Gewaltphantasien im Vorfeld entstünden, dass Delikte geplant würden und dass bereits in der Vorstellung die geplanten Vergewaltigungen die eigenen Masturbationsphantasien beflügelten. Mit dieser grausigen Realität konfrontierte ich Helga – ich hatte großes Mitgefühl mit ihr.

Die Ausführung bzw. die Umsetzung der Gedankenwelt in die Realität wären ausschließlich vom Willen und der eigenen Impulskontrolle ihres Mannes abhängig gewesen. Auch wenn ihre Tochter schon immer ein Papakind gewesen wäre, hätte dieser Umstand nichts mit dem Vollzug der sexuellen Übergriffe zu tun. Ebenso wenig wäre die brutale Gewalt ihres Mannes am älteren Sohn mit dem Schulversagen des Kindes zu rechtfertigen. Helga ergänzte, dass ihr Sohn einfach kein Interesse am Lernen entwickeln konnte. Die gemeinsamen Lernsituationen zwischen

Vater und Kind hätten regelmäßig mit großem Geschrei, beidseitigen Frustrationen und später mit Gewalt geendet.

Ich fragte Helga, ob sie nie den Impuls gehabt hätte, ihren Kindern zu helfen und ob sie je mit ihrem Mann über seine Gewalttätigkeit gestritten hätte. Helga bejahte zögerlich und fügte hinzu, dass sie es bedauerte, nicht früher schon Hilfe von außen gesucht zu haben. Sie schämte sich sehr.

Während all der Jahre der Beratung suchte ich den Austausch zur Therapeutin der Tochter. Wir tauschten uns über Konflikte der Familie, über die Mutter-Kind-Beziehung und Therapieziele aus. Manchmal rangen wir auch um die Deutung eines Verhaltens, natürlich immer aus der Parteilichkeit unserer jeweiligen Rolle heraus. Gelegentlich veranstalteten wir gemeinsame Termine mit Mutter und Tochter, z. B. um der Mutter die Nöte und Bedürfnisse ihrer Tochter nahe zu bringen. Gelegentlich stritten wir fast, weil die jeweiligen Identifikationen mit unserer Klientin, Mutter oder Tochter, sich besonders in uns abbildeten und es sich im Moment so anfühlte, als wäre ich die Mutter und meine Kollegin die Tochter. Viele Male sprach mich meine Kollegin mit dem Familiennamen der Mutter an.

Nach vielen Jahren nahm die Therapeutin der Tochter wieder Kontakt zu mir auf. Die inzwischen erwachsene junge Frau drängte auf eine Aussprache mit ihren Eltern. Wir veranstalteten ein Vorgespräch. Ich hörte, dass Helgas Tochter im Gefängnis nur einmal die Gelegenheit gehabt hätte, ihren Vater zu konfrontieren. Damals hätten die Gefängnispsychologin und ihre Therapeutin die Themen für das Zusammentreffen umfassend vorbereitet. Nun wäre es an der Zeit, dass sie ihren Eltern nochmal als Erwachsene darlegen wollte, wie der Missbrauch ihr Leben verändert und wie er sie aus der Bahn geworfen hätte. Sie wollte ihnen mitteilen, wie oft sie an Suizid gedacht hätte und dass Alpträume und Schlafstörungen sie noch heute quälten. Bis in die Gegenwart müsste sie manchmal ohne erkennbaren Anlass weinen oder sich für mehrere Tage wegen tiefer depressiver Gestimmtheit ins Bett legen. Es fühle sich an, als fiele sie immer, immer wieder aus ihrem eigenen Leben heraus.

Als der Mutter kürzlich im Streit die Worte »Du kannst dich doch nicht beschweren, du hattest doch eine schöne Kindheit« entflohen, wäre sie erneut zusammengebrochen. Das konnte die Mutter nicht ernst gemeint haben nach allem, was ihr angetan worden war. Und diese Worte fühlten sich so an, als hätte die Mutter sie in jenem Moment erneut verlassen. Das wäre noch nicht alles gewesen. Die Mutter hätte immer wieder von Enkelkindern gesprochen, auf die sie sich freute. Helgas Tochter ergriff die Situation und sprach Bedeutendes aus: »Ich werde euch meine Kinder niemals überlassen. Mein Vertrauen habt ihr für immer zerstört!«

Die Aussprache fand unter meiner Moderation in den Räumen der Beratungsstelle statt. Die junge Frau kam in Begleitung ihrer Therapeutin und ihres Partners zum Krisentermin. Ich begrüßte alle freundlich und dankte allen für ihre Bereitschaft zu dieser Aussprache. Schnell wurde deutlich, dass es Helga und ihrem Mann schwerfiel, sich auf ihre erwachsene Tochter einzulassen und all die Nöte und Schwierigkeiten als Folge ihres Fehlverhaltens anzuerkennen. Ihnen fiel es leichter zu betonen, dass ihre Tochter doch immerhin ihren Schulabschluss und ihre Ausbildung absolviert hätte. Das zeigte doch, dass es ihr nicht so schlecht gehen könnte. Außerdem hätte sie einen Freund, mit dem sie zusammenlebe. Immer wieder bat ich die Eltern, ihr Herz sprechen zu lassen und Mitgefühl zu zeigen. Damit könnten die seelischen Wunden ihres Kindes heilen.

Schließlich konnte der Vater zugeben, dass er damals brutal und gefühllos gehandelt hätte und die Mutter konnte erkennen, dass sie damals so sehr damit beschäftigt gewesen wäre, die Familie zu erhalten, dass sie blind für die Realität gewesen wäre. Was die Eltern noch nicht wissen konnten, war, dass ihre Tochter weiter wegziehen und den Kontakt zu ihnen abbrechen wollte. Am Ende des Gesprächs übergab sie ihren Eltern feierlich die Haustürschlüssel des Elternhauses. Sie wollte Abstand nehmen und sich einen neuen sicheren Ort schaffen.

Am Ende unseres Termins kündigte die junge Frau außerdem an, dass sie – sollten ihre Brüder eines Tages heiraten wollen – ihren künftigen Schwägerinnen die Gefahren für die zukünftigen Enkelkinder offenbaren wollte. Sie könnte es nicht ertragen, wenn noch einmal Kinder zu Schaden kämen. Insgeheim hatte Helga auf eine Versöhnung gehofft, ein Happy End für die Familie. Aber das wurde es nicht. Warum war eigentlich alles so geschehen? Was hatte sich in den Lebensgeschichten der Eltern Außergewöhnliches ereignet?

Ich konnte Folgendes erfahren: Helgas Schwiegervater war lange im Krieg gewesen und mit schweren Traumatisierungen zurückgekommen. Bei Streitigkeiten zwischen dem Ehepaar hatte die Schwiegermutter stets den Kürzeren gezogen. Sie wäre von ihrem Mann immer wieder schwer misshandelt worden. Helgas Mann und seine Geschwister wären stille Zeugen der Grausamkeiten gewesen und hätten selbst schon bei kleinsten Verfehlungen schwere Prügelstrafen erhalten. Niemand, weder Pfarrer noch Nachbarn, wären damals eingeschritten, obwohl Helgas Schwiegermutter regelmäßig eine Sonnenbrille trug, um die blau geschlagenen Augen zu verstecken. Die blauen Flecken und die seelischen Narben der Kinder sah auch niemand. Diese biographischen Details hätte Helga von ihrem Mann erfahren.

Helga berichtete zudem, ihre Eltern hätten ein Restaurant und dann ein zweites besessen. Die Arbeit hätte nie aufgehört. Auch sie und ihre Geschwister mussten ungefragt mitarbeiten. Für Gefühle hätte es keinen Raum gegeben. Helgas Vater hätte sich ganz freizügig im Haushalt der Familie eine Geliebte genommen. Die Mutter wäre daraufhin immer wieder fortgelaufen oder erst nach Tagen zurückgekehrt. Über ihre Angst konnten die Kinder mit niemandem sprechen. Helgas zwei jüngere Geschwister hätte ihr Vater nur wenige Monate nach deren Geburt an Verwandte verteilt, damit Helgas Mutter schnell wieder im Geschäft mitarbeiten sollte. Offensichtlich hatte diese sich nicht wehren können.

Dennoch hätte Helgas Mutter lange durchgehalten und ihr Schicksal stumm ertragen. Kurz nach Helgas 17. Geburtstag hätte sich die Mutter jedoch in einer Dusche erhängt. Helga hätte sie dort gefunden. Sie wäre damals so wütend auf die Mutter gewesen. Außerdem hätte sie sich unendlich hilflos und allein gefühlt. Damals hätte Helga beschlossen, dass sie ihre Familie niemals aufgeben würde, egal, was im Leben auch passierte.

Beide Eltern waren von ihren Eltern und ihrem sozialem Umfeld als Kinder im Stich gelassen worden. Man hatte sie mit all der Gewalt und den Grausamkeiten allein gelassen. Aber das was am schwersten wog, war, dass niemand mit ihnen ihre Gefühle geteilt hatte. Mit der Zeit erstarrten sie. Sie erwarteten in ihrem späteren

Leben weder Anteilnahme noch Hilfe von außen. Auch dann nicht, wenn sie wieder einmal von Ohnmacht, Angst und Hilflosigkeit überfallen wurden.

27   Heinz ... Der Besserwisser
Von nichts kommt nichts

Das Erste, was mir an Heinz auffiel, war seine Besserwisserei. Dennoch rührte er mich. Heinz hatte mehrere Berufsausbildungen und sprach sehr gewählt. Er hatte schon vieles im Leben verloren. Seine kleine Schwester starb kurz nach ihrer Geburt und sein Vater hatte sich nach diesem Ereignis sehr verändert. Heinz hatte auch immer wieder Freunde verloren, weil er des Öfteren die Schulen wechselte. Seine Mutter starb, als er Mitte 20 war. Gott sei Dank lebten die Großeltern noch. Sie waren sehr wichtig geworden für Heinz. Seine erste Ehe endete nach einer Fehlgeburt. Heinz hatte in einer Reihe von Firmen gearbeitet, letztlich war er mit den Chefs nicht klargekommen.

Schließlich hatte Heinz noch den Führerschein der Klasse B erworben und sich einen Kleinbus gekauft. Seitdem war er Unternehmer. Das fühlte sich richtig gut für ihn an. Es gab seinem Selbstwert einen Schubs. In seiner Freizeit kiffte Heinz ab und an, ansonsten hatte er nicht sehr viele Interessen. Seine Urlaube verbrachte er gern in Asien und dort lernte er auch seine zweite Frau kennen. Sie war nach seinem dritten Besuch mit ihm nach Deutschland gekommen. Dadurch fand er neue Motivation, um beispielsweise endlich die Renovierungen an seiner Wohnung voranzutreiben.

Seine junge Frau musste erst einmal die Sprache erlernen. Sie war dabei jedoch sehr ambitioniert, da sie schon ziemlich klare Vorstellungen von ihrer Zukunft in Deutschland hatte. Sie wollte eine eigene Massagepraxis eröffnen. Heinz beeindruckte ihre Entschlossenheit, er verspürte aber auch schon bald starke Impulse, sie zu kontrollieren, zu bremsen und zu bevormunden. Er war auch gegen ein eigenes Bankkonto seiner Frau und er versuchte ihre Telefonzeit mit ihren Familienangehörigen zu reglementieren. Außerdem war seine Begeisterung für die Wohnungsrenovierung schon bald wieder ins Stocken geraten. Nur zwei Zimmer waren bewohnbar. Es fiel Heinz schwer, eine Sache, die er sich vornahm, auch durchzuhalten.

Die gemeinsame Sexualität war bestimmt von Heinz' Vorlieben und Fetischen. Zum Beispiel gehörte zu seinem präferierten Liebesspiel, dass er seine junge Frau oder sich selbst in bunte transparente Tücher wickelte oder er ihre Nylons trug. Er hatte überhaupt viele besondere Bedürfnisse in der Sexualität. Jedoch verlor er dabei seine Frau mit der Zeit immer mehr aus den Augen und so kam, was kommen musste: Sie wurde immer unglücklicher. Dennoch wurde sie schwanger und beide freuten sich auf das gemeinsame Kind. Sie bekamen eine wunderschöne kleine Tochter und Heinz war sehr glücklich und dankbar. Sein Leben schien sich zu normalisieren. Die Bevormundungen gegenüber seiner Frau nahmen jedoch weiter zu.

Heinz entwickelte tausend Ängste, ohne sich darüber bewusst zu werden, besonders Verlustängste. Deshalb diktierte er seiner Frau das gesamte Leben. Schließlich gelang es Ihr, heimlich zu anderen Landsleuten Kontakt zu knüpfen, um ihnen ihr Herz auszuschütten. Seine fehlende Einfühlung in ihre Lage ließ sie sich einsam und isoliert fühlen. Schließlich verließ sie ihn und rettete sich in ein Frauenhaus, später in ein Mutter-Kind-Heim.

Es gab lange Streitigkeiten vor dem Familiengericht, weil Heinz seinen Umgang wahrnehmen wollte. Seine Frau traute ihm nicht, und sie traute ihm auch nicht zu, das Kind angemessen zu versorgen. Er kiffte weiterhin, trank manchmal zu viel Alkohol und bei der Polizei sagte sie aus, dass sie nicht sicher wäre, ob er nicht auch Kokain konsumieren würde. Außerdem würde sie sich von ihm beobachtet fühlen und seine geschriebenen Mitteilungen enthielten unzählige Vorwürfe und Androhungen. Sie hätte Angst, dass er sie stalken könnte. Schließlich hätte sie eine Anzeige gegen ihn gestellt.

Heinz erhielt ein Näherungsverbot und keinen Umgang. Nach drei Monaten durfte er seine Tochter 14-tägig im Rahmen eines begleiteten Umgangs im Jugendamt sehen. Es war so beschämend und kränkend für ihn, sein eigen Fleisch und Blut nur unter Aufsicht zu sehen. Und es kam noch schlimmer. Eines frühen Morgens wurde eine Wohnungsdurchsuchung vorgenommen. Man fand nur wenig Haschisch, kein Kokain. Heinz wurde vom Gericht aufgefordert eine Haarprobe abzugeben, um feststellen zu lassen, ob er im letzten halben Jahr Drogen konsumiert hätte. Das alles wäre wichtig, um seine Erziehungsfähigkeit zu beurteilen. Außerdem hätte er besondere Ansichten zum eigenen Körper und zur Sexualität. Seine Frau sorgte sich, ob er mit dem Kind irgendetwas Schlimmes anstellen könnte. Sie erinnerte sich daran, dass ihre Tochter früher immer wieder mal eine rote Scheide gehabt hätte und sie sich nie gern vom Vater hätte wickeln lassen.

Um Licht ins Dunkel zu bringen, veranlasste der Familienrichter schließlich ein Erziehungsfähigkeitsgutachten. Heinz wurde eine eingeschränkte Erziehungsfähigkeit bescheinigt. Der Sachverständige empfahl Heinz ausdrücklich, eine Erziehungsberatung aufzunehmen, die zu gegebener Zeit in einer Kontaktanbahnung zur Tochter münden könnte.

Zum Kennenlernen bestellte ich beide Eltern einzeln ein. Ich wollte die Sicht auf die bestehende Situation und die jeweiligen Zielvorstellungen erkunden. Die Kooperation mit den Behörden war Heinz' einzige Chance, um die Beziehung zu seiner Tochter nicht zu verlieren. Das machte ich ihm höflich klar. Er verstand.

Wir führten etwa fünf ausführliche Gespräche und zwei weitere, um den ersten Kontakt zu seiner inzwischen viereinhalbjährigen Tochter vorzubereiten. Ich wäre bei jedem Treffen dabei und würde die Vater-Kind-Interaktionen beobachten, dokumentieren und bei Bedarf eingreifen oder Hilfestellung leisten. Ich erklärte ihm, er könnte seine Tochter gern herzlich begrüßen und auf sie zugehen, sollte sich aber schon mal darauf einstellen, dass seine Tochter zurückhaltend reagieren könnte. Er sollte sie nicht drängen, nicht zu viel fragen, und nichts Negatives über die Mutter sagen.

Heinz rührte mich, war es ihm doch gelungen, Vertrauen zu mir zu fassen. Er ließ es zu, dass ich so mit ihm sprach. Heinz machte es gut. Ich würdigte sein Tun der ersten Begegnung, er freute sich. Und seine kleine Tochter freute sich, ihren Vater zu treffen. Beide erinnerten sich an vergangene Zeiten und gemeinsame Aktivitäten. In den nächsten Monaten spielten Vater und Tochter in meinem Beisein im Sand, mit dem Kaufmannsladen oder kämpften mit Spielschwertern. Sie schauten alte Fotos am Handy an oder hörten zusammen Musik.

Zu jeder Stunde brachte Heinz seiner Tochter frische Früchte mit. Himbeeren mochte sie am liebsten. Die wollte sie dann oft nicht mit Heinz teilen, sondern allein essen. Außerdem machte die Kleine noch etliche Sprachfehler im Deutschen. Erste kleine Konflikte entstanden. Wie nun reagieren? Besserwisserei versus Einfühlung in kindliche Bedürfnisse! Heinz hätte ihr gern gesagt, dass teilen lernen wichtig fürs Leben wäre und hätte gern jedes falsch gesprochene Wort korrigiert. Aber ich gab ihm ein Zeichen, es nicht zu tun.

In ihm entstanden immer wieder solche Momente, in denen er seine Mitmenschen gern korrigiert hätte, weil er meinte, es besser zu wissen. Dennoch schaffte es Heinz, sich gegenüber seiner Tochter zu regulieren. Später erzählte er mir, dass jedes falsch gesprochene Wort seiner Tochter in ihm eine Gedankenlawine in Gang setzte. Dann spürte er einen starken Druck durch seine Sorge, dass seiner Tochter zwangsläufig ein Schulversagen bevorstände. Und weil so eine Lawine in ihm Gefühle von Ärger und Hilflosigkeit erzeugte, würde er am Ende die Mutter abwerten und ihr in seinen Gedanken unterstellen, kein Interesse an der Bildung ihrer gemeinsamen Tochter zu haben.

Jede Stunde besprachen wir nach. Ich versuchte ihn zu beruhigen: Seine Tochter würde die deutsche Sprache und das Teilen mit anderen schon noch lernen. Jetzt ginge es für das Kind darum, alles Gute und Wohlwollende vom Vater in sich aufzunehmen. Sie hätte einen großen seelischen Hunger, weil sie lange auf ihn verzichtet hätte. Außerdem machte ich ihn darauf aufmerksam, dass seine Tochter zunächst Akzeptanz von ihm benötigte, um sich sicher mit ihm zu fühlen. Ich wüsste, dass er es gut meinte, aber zurzeit ginge es um die Wiederaufnahme und Festigung der Vater-Tochter-Beziehung, nicht um Korrekturen. Außerdem bat ich ihn nochmal zu überdenken, ob er wirklich meinte, dass seine geschiedene Frau ihrem Kind keinen Schulerfolg wünsche.

Als letztes besprachen wir, dass er seiner Tochter nichts versprechen möge, von dem er bislang noch nicht wüsste, ob er es einhalten könnte. Beteuerungen wie: »Du bist das Wichtigste auf der Welt für mich« wären für ein kleines Kind nicht verständlich, genauso wenig wie »Ich bin immer für dich da.« Heinz lernte seine Lektionen. Vater und Tochter konnten ihre Beziehung beleben. Nur Körperkontakt wollte sie nicht zu ihm.

Körperkontakt benötigt sehr viel Vertrauen und Hingabe, besonders nach Kontaktunterbrechungen. Immerhin hatte es in der Vergangenheit Irritationen im Körperkontakt gegeben, bat ich ihn zu bedenken. Heinz schien dennoch nicht in der Lage zu sein, mögliche Auswirkungen seines früheren Verhaltens in Betracht zu ziehen. Er war einfach enttäuscht. Er wollte seine Tochter wie jeder andere Vater auch endlich auf den Arm nehmen, sie küssen oder im Arm halten. Aber an diesem Punkt der Beziehung wäre seine Tochter noch nicht angelangt, versuchte ich zu erklären. Ob er bemerkte, dass er gerade wieder bei seinen und nicht bei ihren Bedürfnissen nach Nähe und Zärtlichkeit wäre.

Mein Ansinnen bestand darin, Heinz' Aufmerksamkeit zu lenken und ihn zu lehren, dass ein Kontakt nur gelingen kann, wenn beide mit ihrer Aufmerksamkeit zwischen den eigenen und den Bedürfnissen des anderen zirkulierten. Und bei Interaktionen mit einem Kind müsste man sich noch viel mehr in die Bedürfnisse einfühlen.

Heinz' Tochter wollte ihren Vater erst einmal ein bisschen provozieren, Grenzen austesten und ihren Ärger über die verlorene Zeit demonstrieren, das hieß, sie benötigte Gelegenheiten, ihren Frustrationen Ausdruck zu verleihen. Heinz versuchte meinen Ausführungen dazu zu folgen. Seine Geduld wurde belohnt. Nach einiger Zeit hielt seine Tochter eine schöne Überraschung für ihren Vater bereit: Sie wollte ihm zeigen, was sie schon im Ballett gelernt hatte. Also begann sie zu tanzen. Diese tänzerischen Bewegungsabfolgen des kleinen Mädchens waren wunderschön anzuschauen; eine kleine asiatische Fee zeigte ihre Künste. Sie bewegte sich so grazil im Raum und führte dabei ihre Arme in eleganten Schwüngen durch die Luft. Heinz war wie verzaubert.

Er konnte den Liebreiz seiner Tochter und ihre Anmut wahrnehmen und er spürte, wie sehr er sie liebte. Aber er realisierte auch, dass er vieles ihrer Entwicklung verpasst hatte. Heinz trauerte. Das war gut. Die Liebe beider zueinander wurde immer sichtbarer. Aber seine Kleine blieb vorsichtig.

Heinz' Umgang mit seiner eigenen Ambivalenz bezüglich der abzugebenden Haarprobe blieb skurril. Lange Zeit hatte sich Heinz strikt geweigert, seine Haare für eine Haarprobe wachsen zu lassen. Einmal war er mit kahlrasiertem Kopf in die Klinik gegangen. Die Ärzte konnten nur mit dem Kopf schütteln, berichteten davon dem Richter. Ich sprach dieses Thema nicht an, aber Heinz tat es. Deshalb konnte ich ihm nochmal geduldig ins Gewissen reden: »Sie wissen, dass der Richter ohne Haarprobe nichts in Bezug auf ihren Kindesumgang entscheiden wird. Man wird glauben, sie hätten gute Gründe, ihre Haare noch nicht prüfen zu lassen. Und sie können sich darauf einstellen, dass der nächste Test nicht der einzige bleiben wird. Sie stehen vor einer Bewährungsprobe.« Meine Worte schmerzten ihn. Nach dieser Aussprache ließ Heinz seine Haare wachsen.

Ich bemerkte wieder einmal, wie viel Wohlwollen und Geduld es benötigte, alte Vernachlässigungswunden aus Kindertagen zu versorgen. Eigentlich hätte Heinz zu gegebener Zeit seiner Kindheit diese Art von Geduld und Wohlwollen benötigt, um zu lernen, wie man Konflikte besteht und wie sehr ein Kind Trost und Fürsorge benötigt, wenn es die eigenen Bedürfnisse verschieben oder sogar aufgeben muss. Heinz jedoch war in solchen Situationen allein gelassen worden oder hatte stattdessen Gewalt erfahren.

Heinz wollte es schaffen. Der Kontakt zu seiner Tochter ließ ihn aufblühen. Manchmal kam sein kleines Mädchen halb im Scherz und halb im Ernst beim Spielen zu mir gelaufen, um hinter mir Schutz zu suchen. Dann ermutigte ich sie: »Sag deinem Papa, dass dir das Spiel zu wild ist und er auf dein Signal hin stoppen soll.« Sie lernte sich zu behaupten und er lernte, seine von ihren Bedürfnissen zu unterscheiden. Nach einigen Monaten konnte ich dem Jugendamt und der Mutter von viel positiver Entwicklung berichten. Auch die Mutter spürte das wachsende Vertrauen ihres Kindes zu seinem Vater.

Die Sommerferien standen vor der Tür. Aus Sorgerechtsgründen musste Heinz für eine Reise seiner Tochter ins Heimatland der Mutter seine Zustimmung erteilen. Allerdings zierte er sich jedes Jahr und so musste die Mutter deswegen extra ein Gericht um Mithilfe bemühen. Rache musste sein, dachte er sich wohl. Ich erinnerte ihn daran, dass sein Verhalten auch seiner Tochter schadete. Das wollte Heinz nicht wahrhaben.

Nach den Ferien meldete sich die Mutter wie besprochen, um neue Termine für ihre Tochter auszumachen. Heinz meldete sich nicht. Schließlich rief ich ihn an und erkundigte mich nach seinem Ergehen. Eine Welle von Selbstmitleid schwappte mir entgegen: »Es wäre ungerecht, dass ein Vater in diesem Staat so hingehalten würde, es hätte alles keinen Sinn, er sei mal wieder vom Leben betrogen worden.«

Ich erinnerte ihn an all die vielen schönen Momente der wieder aufgelebten Vater-Tochter-Beziehung und daran, dass seine Tochter auf ihn wartete, dass sie eingeschult worden wäre und ich dem Gericht meinen positiven Bericht geschickt hätte. Zwei Wochen später rief ich Heinz erneut an, aber es gelang mir nicht, Heinz zu motivieren.

Ich musste daran denken, dass ich Heinz einmal danach gefragt hatte, wie seine Eltern mit dem Verlust seiner Schwester umgegangen wären. Er antwortete mir, sein Vater hätte ihm noch in der Klinik beim Hinuntergehen auf der Treppe eine brennende Zigarette auf die kleine Kinderhand gedrückt und niemals mehr mit ihm über die verlorene Tochter und seinen Schmerz gesprochen.

Ich konnte nur mutmaßen, warum Heinz den Kontakt zu seiner Tochter wieder abbrechen ließ. Hatte er in den Sommerferien wieder Drogen konsumiert? War die psychische Arbeit für ihn zu schmerzlich oder wollte er sein Kind vor ihm schützen? Vielleicht scheute Heinz auch den bevorstehenden langen Weg der Annäherung.

Ich war zunächst traurig und bedauerte die verlorenen Chancen für Vater und Kind. Allerdings erlebe ich es immer wieder, dass Jugendliche oder junge Erwachsene zu gegebener Zeit den verlorengegangenen Kontakt zu Eltern suchen, um sich ihr eigenes Urteil zu bilden. Darauf vertraue ich.

28   Linda... Die Einsame
Ich liebe meine Kinder

»Die Einsamkeit ist ein dichter Mantel, und doch friert das Herz darunter.« Ein Kalenderspruch. Bei Linda traf er ins Schwarze. Sie fühlte sich sehr einsam und allein in Deutschland. Linda war aus einer ehemaligen Sowjetrepublik nach Deutschland gekommen, um ihr Glück zu finden. Linda war eine hübsche junge Frau, die sich nichts sehnlicher als eine eigene Familie wünschte. Sie selbst war das siebte und jüngste Kind in ihrer Familie gewesen. Sie hatte zu beiden Eltern und ihren Geschwistern ein enges Verhältnis, konnte diese aber nur selten besuchen.

Da ihre Sprachkenntnisse noch dürftig gewesen waren, musste sie verschiedene Arbeiten annehmen, die wenig einbrachten und eigentlich nicht ihrem Können entsprachen. Dann fand sie eine Anstellung in einer Spedition mit Exportgeschäften. Dort konnte sie endlich ihre russischen Sprachkenntnisse anbringen. Sie verdiente auch endlich etwas besser. Und bald interessierte sich einer der Söhne des Chefs für sie. Auch sie hatte ein Auge auf ihn geworfen. Allerdings hatten sie ein wenig Probleme bei der Verständigung, denn er sprach Arabisch und Deutsch, sie Russisch und eben noch schlecht Deutsch. Dennoch fanden sie in der Sprache der Liebe zusammen. Und nach zwei Jahren wurde Linda mit ihrem ersten Sohn schwanger, drei Jahre später kam der zweite Sohn. Sie war sehr glücklich über ihre Mutterschaft und liebte ihre Söhne über alles. Auch der Vater der Kinder war stolz auf seine Stammhalter, aber einen Heiratsantrag hatte er Linda nie gemacht.

Die Familie des Vaters war muslimischen Glaubens und Linda hatte ihm zu verstehen gegeben, das sie nicht beabsichtigte zu konvertieren. Das erwartete er auch nicht, aber legalisieren wollte er ihre Beziehung eben auch nicht. So lebte sie mit den Jungen zusammen und er kam, blieb oder ging, wann er wollte. Zum Teil entsprach das auch Lindas Vorstellungen. Allerdings geriet das Paar mit der Zeit immer öfter in Streit, weil weder sie noch die Söhne sich auf den Vater verlassen konnten. Eines Tages erfuhr sie von einem Gerücht: Der Vater ihrer Kinder wollte wohl eine Muslima heiraten. Das alles ohne ihr ein Wort davon zu sagen. Sie fühlte sich übergangen und betrogen. Auch dann noch, als er ihr sagte, dass er diese andere Frau nicht liebte, sondern lediglich den traditionellen Erwartungen seiner Eltern nachkommen wollte. Das alles war für Linda Grund genug, die Beziehung aufzukündigen. Aber das wollte er nicht. Immer wieder warb der Vater ihrer Söhne um sie und er wollte auch nicht, dass die Kinder von der Heirat erführen.

In seiner häuslichen Umgebung hatten sie den Vater kaum besucht, obwohl die muslimischen Großeltern natürlich ihre Enkelsöhne kannten und liebten. Die kleine Familie traf sich höchstens mal im Geschäft. In der Regel fand das Familienleben in der mütterlichen Wohnung statt.

Als Linda erfuhr, dass die neue Frau, die zunächst keine Kinder bekommen konnte, doch ein Kind erwartete, war das »Fass für sie mehr als voll«. Ab diesem Zeitpunkt wurden ihre Auseinandersetzungen immer härter und brutaler. Weil der Lärm, der aus ihrer Wohnung drang, auch immer lauter wurde und auch für die Nachbarn immer bedrohlicher klang, riefen diese mehrmals die Polizei. Die Beamten befanden, dass auch die Kinder in keinem guten Zustand schienen, da sie diese weinend und unter ihren Betten kauernd fanden. Das Jugendamt wurde eingeschaltet. Die Mutter folgte den auferlegten Terminen im Amt, aber ihre Sachbearbeiterin verzögerte bedauerlicherweise eine zügige Überweisung in eine Fachberatungsstelle. Dadurch, und weil der Vater das Amt ignorierte, kam es zur dramatischen Verschlimmerung der familiären Konflikt- und Gefährdungslage.

Auch Linda blieb hin- und hergerissen, sie konnte die endgültige Trennung nicht vollziehen. Ihr Herz sagte »Nein«. Und auch der Mann und die Kinder redeten immer wieder auf sie ein, sodass sie Rückzieher machte. Seelisch tat ihr das alles gar nicht gut und sie provozierte ihren Partner oft. Er wurde schließlich handgreiflich und schlug sie, immer öfter auch vor den Kindern. Endlich warf sie ihn raus. Aber nach ein paar Tagen stand er wieder vor der Tür. Die schlimmen Szenen ereigneten sich immer häufiger. Ihre Einsamkeit spielte eine große Rolle. Auch nach zehn Jahren hatte sie nur eine einzige Freundin gefunden.

Alle diese Informationen erhielt ich in einem ersten Gespräch mit der Mutter und ihrer Sachbearbeiterin. Die Mutter saß weinend vor mir. Sie konnte gar nicht mehr aufhören und wirkte wie im Schock. Was war passiert? Zwei Tage zuvor waren ihre Söhne von der Polizei in Obhut genommen worden, nachdem aufgrund einer nicht enden wollenden nächtlichen Auseinandersetzung wieder Nachbarn die Polizei gerufen hatten. Es war die dritte Meldung innerhalb kurzer Zeit und die Beamten fanden die Mutter verletzt und blutend vor. Die Kinder hatten sich wieder unter ihren Betten versteckt. Das Ausmaß der Partnergewalt, der sogenannten häuslichen Gewalt, stellte eine extreme Kindeswohlgefährdung dar.

Bei dem ersten Termin konnte Linda kaum sprechen. Ich lud sie für den nächsten Tag nochmal ein. Dann wollte ich mit ihr in Ruhe ohne die Jugendamtskollegin sprechen. Sie erschien schon etwas gefasster, musste aber vor Aufregung schrecklich stottern. Ich nahm mir Zeit für diese Mutter in höchster Not. Damit hätte sie nicht gerechnet, dass man ihnen die Kinder nehmen würde wegen ihrer Streiterei, sagte sie. Ich erklärte ihr vorsichtig, dass derartige Auseinandersetzungen für Kinder sehr beängstigend wären und sie seelisch schwer belasteten. Dies nenne man psychische Gewalt. Die meisten Kinder wären dadurch genauso traumatisiert wie ihre Eltern. Linda nickte, sie verstand. Aber sie fühlte sich extrem schuldig und wertete sich selbst als schlechte Mutter ab. Ihr innerer Zustand war niederschmetternd. In drei Tagen dürfte sie ihre Kinder das erste Mal wiedersehen, wenn auch begleitet. Linda sehnte diesen Augenblick sehr herbei. Er war ihr einziger Lichtblick.

Ich konnte nicht viel mehr tun, als sie ein wenig zu trösten und einige Fragen zum Verlauf der Inobhutnahme beantworten. Sie gestand, dass sie früher gekommen wäre, wenn sie von der Existenz der auf Gewalt spezialisierten Beratungsstellen gewusst hätte. Später erfuhr ich, dass sie bereits seit einem Jahr regelmäßig bei ihrer Jugendamtsmitarbeiterin in die Beratung gegangen war. Diese hätte sie aber eher weiterschicken sollen. Die Kollegin gab zu, dass sie immer wieder die Mutter gebeten hatte, sich zu trennen und dass sie darauf gehofft hatte, dass sie es tat. Die Kollegin hatte die ambivalente Bindung des Paares unterschätzt und die Faktoren, die gegen eine Trennung sprachen, nicht berücksichtigt. Es waren die Sehnsucht nach einer heilen Familie, die Einsamkeit der Mutter, ihre Rivalität mit der zweiten Frau, die Sehnsucht der Kinder nach ihrem Vater und einiges mehr. So eine komplexe Konfliktsituation lässt sich nicht mit Empfehlungen bearbeiten, sondern diese bedarf des Durcharbeitens mit den beteiligten Personen. Die Mutter musste verstehen, dass sie die Verantwortung der gewalttätigen Beziehung nicht nur dem Vater überlassen konnte. Einzeln gesehen waren die Faktoren allesamt menschlich nachvollziehbar, aber in ihrer Anhäufung entwickelten sie enormen seelischen Sprengstoff.

Über zwei Jahre begleitete ich Linda in ihrer Trauer und Verzweiflung. Nach einem Jahr erholte sie sich langsam und die Selbstvorwürfe wurden weniger. Sie sammelte Kraft, nahm jede Beratungsstunde an und begann zusätzlich eine Psychotherapie. Außerdem nahm Linda an einer Elterngruppe teil, um sich mit anderen austauchen zu können. Schließlich fand sie eine neue Arbeit und belegte Deutschkurse. Sie hatte neue Kraft geschöpft und konnte nun Pläne für sich und ihre Kinder entwickeln.

Linda verpasste nicht einen Besuchstermin bei ihren Kindern im Heim, obwohl es ein weiter Weg mit dem Zug war. Sie wusste, dass es das Einzige war, das sie im Moment für sie tun konnte. Ihren Kindern ging es nicht gut. Sie litten sehr unter dem Verlust ihrer Mutter, der heimischen Umgebung, ihrer Freunde und Nachbarn. Zu alledem kam hinzu, dass der kleine Sohn im Heim von einem älteren Jungen in eine Missbrauchssituation hineingezogen wurde. Für ein wenig Handybenutzung stellte er seinen kleinen Körper zum Befummeln zur Verfügung. Glücklicherweise wurde der Missbrauch bald entdeckt.

Selbstverständlich können Institutionen, in denen Kinder leben, zu Tatorten von Kindeswohlgefährdungen werden. Man sollte damit rechnen, dass Kinder, die im Heim leben und in der Regel massive Grenzverletzungen und Gewalterfahrungen aller Art erleiden mussten, diese Entgrenzungen auch zeigen. Schlimme Misshandlungserfahrungen wie sexuelle Übergriffe, häufiges Geschlagen-Werden, Belogen- und Bedroht-Werden finden ihren Ausdruck, indem sie an anderen wiederholt werden. Diese Wiederholungen als Reinszenierungen von Erlebtem und Erlittenem zu verstehen, empfinde ich als diagnostische Pflicht.

Dennoch gerät eine Einrichtung durch die Aufdeckung von extremem Fehlverhalten natürlich in die Krise. Schnelles Handeln und die Hoffnung, endlich bald wieder Ordnung hergestellt zu bekommen, birgt die Gefahr der Relativierung oder Verharmlosung. Heimleitung und Mitarbeitern werden andererseits bereits bestehende extreme Verhaltensauffälligkeiten eines unterzubringenden Kindes verschwiegen, weil befürchtet wird, sonst keinen Platz für dieses grenzverletzende Kind zu ergattern. Es bräuchte eigentlich eine größere Anzahl von spezialisierteren Institutionen mit mehr Einzelzimmern und mehr Personal, um seelisch schwer verletzte Kinder angemessen zu versorgen. Wegen eben dieses Mangels an notwendigen Ressourcen versuchen Heime oft, ein Krisengeschehen klein zu halten und ausschließlich innerhalb der eigenen Mauern zu lösen. Manchmal entsteht in mir in solchen Situationen die Sorge und der Eindruck, dass das Tabu des Missbrauchs nur »verwaltet« und eben nicht thematisiert wird.

Ich erreichte die für Linda zuständige Kollegin im Jugendamt und geriet mit ihr über die Einschätzung der Gefährdungssituation für Lindas kleinen Sohn und weitere möglicherweise gefährdete Kinder ungewollt in einen fachlichen Disput. Ich empfahl zu prüfen, ob noch andere Kinder betroffen wären und kritisierte, dass eine Verlegung des missbrauchenden Jugendlichen in ein anderes Gebäude ein ausreichendes Schutzkonzept darstellte, da die Kinder, »Täter und Opfer«, im gleichen Speisesaal aßen und auf dem gleichen Hof Sport trieben. Das wollte die Amtskollegin nicht hören und empfand meinen Kommentar als unangemessene Einmischung. Selbstverständlich hatte die Einrichtung aus ihrer Sicht ihr Bestes getan und versucht, ein Schutzkonzept aufzustellen. Aber viele Fachkollegen unterschätzen die Dynamiken des sexuellen Missbrauchsgeschehens.

Es wird häufig davon ausgegangen, dass ein Erwischt-Werden oder die Aufdeckung automatisch eine Fortsetzung des Fehlverhaltens beenden würde. Auch das Einsetzen der Beratung schützt nicht per se. Selbst aufrichtige Entschuldigungen und umfangreiche Beteuerungen, das Fehlverhalten einzustellen, sind keine Sicherheitsgaranten. Ebenso wenig haben starke Schamreaktionen des Übeltäters prognostischen Wert. Oft führen die ersten Aufdeckungen nur dazu, dass der Missbrauchende seine Übergriffe noch strategischer und heimlicher ausführt oder die Gewaltandrohungen an das betroffene Kind noch brutaler werden. Deshalb müssen Opfer und Täter unbedingt räumlich voneinander getrennt werden.

Weil ich diese Dynamiken kannte, versuchte ich mich mit der zuständigen Heimpsychologin der Kinder auszutauschen. Auch sie wollte diesen üblichen kollegialen Austausch, gab mir aber zu verstehen, dass er vom Jugendamt und der Heimleitung nicht gewünscht war. Ein Umstand wie ich ihn nie erlebt hatte und eben ein Umgang, der sich ganz und gar gegen die gesetzlichen Bestimmungen in Kindeswohlgefährdungsfällen richtete.

Die Bewertung und die Qualität einer Kindeswohlgefährdungssituation lebt vom interdisziplinären Expertenaustausch. Allerdings weiß ich nur zu gut, dass ein Fall sexuellen Missbrauchs den »Supergau« für jede Einrichtung darstellt. Träger fürchten um ihren guten Ruf und um ihre Existenz. Häufig werden solche Vorfälle, meistens ohne Grund, schuldhaft und mit Selbstvorwürfen verarbeitet. Dabei muss das Fehlverhalten nicht zwingend auf Lücken in der Fürsorgepflicht hinweisen und wäre sodann nicht unbedingt die Schuld von Einzelnen.

Ich besprach mich mit meinen Kollegen und unserem Anwalt. Der riet mir gemeinsam mit der Mutter an das Familiengericht zu schreiben, um die Erlaubnis zum Fachaustausch zu erwirken. Die Antwort des Gerichts dauerte ein halbes Jahr und mein Ansinnen wurde negativ beschieden. Allerdings erwähnte ich den Missbrauch in meinem von Gericht und Amt angeforderten Bericht, sodass er in den Akten dokumentiert blieb und gegebenenfalls von einem anderen Richter oder dem Oberlandesgericht neu und gravierender bewertet werden könnte.

Schon zu Beginn des Beratungsprozesses lud ich auch den Vater der Kinder ein, um auch ihn kennenzulernen. Er verhielt sich relativ respektvoll, gab aber an, dass er es unglaublich fände, dass in Deutschland der Staat Eltern »einfach« die eigenen Kinder wegnehmen dürfte. Das gäbe es in seinem Land nicht. Es sei doch ganz normal, dass Paare stritten. Ich benötigte meine ganze innere Ruhe und Gelassenheit, um dieses vor Verleugnung strotzende Plädoyer zu ertragen. Dennoch blieb ich freundlich und zugewandt.

Zunächst bat ich ihn, mir ein wenig von seinen Söhnen zu erzählen, um sie ein bisschen durch seine Schilderungen kennenzulernen. Ich wollte auch gern etwas von seiner Beziehung zu seinen Kindern erfahren. Dabei konnte ich spüren, dass ihm seine Kinder am Herzen lagen, aber auch, dass dem Vater keinerlei Einfühlung mitgegeben war und er eigentlich kaum über Erziehungswissen verfügte. Er hatte in der Vergangenheit sehr selbstbezogen gehandelt, ohne sich der Auswirkungen seines Handelns bewusst zu werden. Er hatte sich auch nie gefragt, was die Streitigkeiten der Eltern für die Kinder bedeuteten. Aus seinen Schilderungen konnte ich erkennen, dass er große Schwierigkeiten hatte, seine Ärgerimpulse zu steuern. Mehrere Male geriet er in unserem Gespräch dermaßen in Rage, dass ich alle Hände voll zu tun hatte, ihn zu beschwichtigen und zu beruhigen. Ich konnte mir Eskalationen wegen dieses Handicaps gut vorstellen.

Im weiteren Gesprächsverlauf kam ich auf die Konfliktsituation des Paares zu sprechen. Ich bat den Vater um eine Einordnung der Gewalt zwischen ihm und der Mutter, schließlich hätte die Polizei öfter kommen müssen und er hätte die Mutter geschlagen, bis sie blutete. Er wüsste doch sicher, dass das Schlagen in Deutschland verboten wäre. Darüber wollte er nicht mit mir sprechen. Aber er müsste mir sagen, dass die Mutter seiner Söhne ihn oft provoziert hätte. Sie hätte auch nicht akzeptieren wollen, dass er sie nicht heiraten wollte. Warum er der Mutter nichts von der zweiten Frau erzählt hätte, wollte ich wissen. Das wäre ja wohl seine Sache gewesen, das ginge mich nichts an, gab er mir zu verstehen. Ich akzeptierte die Verweigerung des Vaters. Bislang hatte ich auch keinen Auftrag zur Erziehungsberatung für ihn. Also verabschiedete ich ihn freundlich. Ich hatte auf jeden Fall erfahren, dass der Vater sein Verhalten innerhalb seiner Familie nicht kritisch reflektierte. Seine Rolle in der zukünftigen Erziehung sollte ein Gutachter beurteilen und ein Richter beschließen.

Nach langen zwei Jahren durften die Kinder endlich zur Mutter zurückkehren. Der Vater durfte sich der Mutter nicht nähern. Aber er durfte seine Söhne treffen, wenn auch zunächst nur im Rahmen eines begleiteten Umgangs.

29   Erich... Der Quäler
Sag den Kindern nichts

Kürzlich las ich auf dem Monitor in meiner U-Bahn den Namen »Tortureslave«, es ist der Name einer Heavy-Metal-Band. Ich fragte mich, wie man einen so grausamen Namen als sein Markenzeichen wählen kann und las deshalb ein wenig nach. Bei meiner kleinen Recherche fand ich einen ebenso brutal klingenden Bandnamen: »My Darkest Hate«, mein tiefster oder dunkelster Hass. In einem ihrer Songs heißt es: »Voyeur, a life is lost, voyeur, pay the cost. A life is lost because of you ...«

Diese Worte klangen in mir nach, als ich mich einige Tage später wieder einmal im Jugendamt aufhielt, um einen Mann kennenzulernen, der bereits zweimal wegen Besitzes und Konsumierens von Kinderpornographie verurteilt worden war. Dieser Mann war gleichzeitig Vater zweier Kinder im schulpflichtigen Alter. Seine Frau saß neben ihm. Das Strafgericht hatte ihm ein erhebliches Bußgeld von mehreren tausend Euro auferlegt und ihn außerdem zu vier Jahren Bewährungsstrafe verurteilt. Außerdem musste er eine entsprechende Tätertherapie absolvieren.

Erich saß scheinbar gelangweilt und abwesend am Tisch an der langen Fensterseite. Er konnte nicht rausschauen, aber er versuchte trotzdem zu fliehen. Mein erstes Gefühl war Ekel, nicht nur wegen der abartigen Filme, sondern wegen seines Auftretens. Er hing am Tisch, trug ein viel zu enges und zu kurzes ausgewaschenes vergilbtes T-Shirt, sodass sein dicker weißer haariger Bauch darunter hervorquoll. Seine dichten Haare fielen ihm wirr vom Kopf. Seine nackten Füße ließen in den ausgetretenen Latschen die sehr ungepflegten und zu langen Fußnägel sichtbar werden. Wie konnte er sich so präsentieren? Wie konnte er sein Desinteresse und seine Wut so vor sich hertragen? Dieser Mann müsste nach meinem Empfinden eigentlich »winzig klein mit Hut sein«. Und er müsste eine Riesenangst haben, dass er seine Familie verliert.

Neben ihm saß eine junge sehr gepflegte, dezent geschminkte, sportliche und freundliche Frau mit blonden Haaren – seine Frau. Die beiden sollten ein Paar sein, fragte ich mich. Zwei Monate zuvor hatte ich Erichs Frau bereits kennengelernt. Ich hatte auf Wunsch des Jugendamtes versucht, dem Elternpaar Gesprächstermine anzubieten. Beide bekundeten ihren guten Willen, konnten jedoch keinen Termin wahrnehmen, da sie beide ganztags berufstätig waren. Schließlich war es mir gelungen, einen Termin auszumachen, zu dem dann jedoch nur sie erschien. »Gut«, dachte ich mir, »beginne ich eben mit der Frau des Täters.« Das hätte vielleicht auch seine Vorteile.

Die Ehefrau und Mutter hatte ebenso unwillig vor mir gesessen wie später ihr Mann im Amt. Misstrauisch schien sie mich zu mustern. Ihr gingen die Termine auf die Nerven, fuhr sie mich an. Denn schließlich wäre ihr Mann der Übertäter, nicht sie. Er sollte »die Suppe, die er sich eingebrockt hatte, gefälligst auch allein auslöffeln«. Sie hätte »genug anderes um die Ohren«, als in die Beratung zu kommen. Ich wagte mich kaum zu rühren, noch weniger wagte ich etwas zu sagen, wollte ich doch ihren Redefluss – wenn auch unverschämt und garstig – nicht unterbrechen. Dabei hätte ich ihr schon einige Argumente nennen können, warum auch sie in die Beratung gehörte. Aber ich sagte keinen Mucks, überließ ihr das Feld für ihren Ärger und ihre Empörung. Sie wäre so sauer auf ihren Mann, fuhr sie fort. Und ich war erleichtert, dass sie überhaupt etwas sprach. Diejenigen vom Amt hätten ja keine Ahnung und würden sie nur immer wieder fragen, warum sie sich nicht schon längst getrennt hätte. Und jetzt würden sie auch noch in den Schulen der Kinder »rumschnüffeln«. Was sie damit meinte, traute ich mich zu fragen. Na ja, ihre für sie zuständige Sozialarbeiterin würde mit den Lehrern reden und fragen, ob alles in Ordnung mit den Kindern wäre. Dabei wüsste »die Tussi vom Amt« doch, dass gar nichts in Ordnung war. Mit ihrer »Großen« müsste sie immer wieder zu Untersuchungen und Kontrollen wegen ihres plötzlich aufgetretenen Diabetes und der Kleine wäre ein totaler Zappelphilipp. Sie gehe davon aus, dass ich diese Verhaltensauffälligkeiten, die man als Aufmerksamkeitsdefizitsyndrom bezeichnet, kannte. Sie hielte diese Diagnose für einen »Schmarrn«. Ihr Kleiner wäre halt wild und chaotisch. So wäre ihr Mann laut Erzählungen der Schwiegermutter auch in seiner Kindheit gewesen.

Ich dankte Erichs Frau nochmal für ihr Kommen und beteuerte, dass ich sehr froh wäre, dass sie mich über die Familiensituation in Kenntnis gesetzt hätte. Ob sie mir noch erzählen könnte, wie sie ihren Mann getroffen hätte und was sie an ihm schätzte, bat ich sie. »Na ja, am Volksfest halt«, sagte sie in motzigem Ton. Und dann wären sie sich im Supermarkt wieder begegnet. Er hätte sie sehr nett nach einem Biergartentreffen gefragt. Da wäre ja nichts dabei gewesen. Danach hätte er sich immer weiter um sie bemüht. Und sie hätte ihm dann auch schon bald von ihrer kleinen einjährigen Tochter erzählt und dass sie dem Vater des Kindes im letzten Moment einen Korb gegeben hätte. Ihre Mutter hätte sie ermahnt, nur zu heiraten, wenn sie auch wirklich wollte. Da hätte sie sich damals getraut, jenen Mann stehen zu lassen, insbesondere, weil derjenige schon damals zu viel Alkohol getrunken hätte.

Ihren Mann hätte ihr Kind nicht abgeschreckt. Im Gegenteil: Er hätte sie und ihre Tochter immer liebevoll und korrekt behandelt. Und zwei Jahre nach dem Kennenlernen hätte sich ihr Sohn angekündigt. Da hätten sie dann geheiratet. Sie konnte nichts Schlechtes über ihren Mann sagen, er hätte viel gearbeitet und alles getan, dass es der Familie gutging. Allerdings hätte sie natürlich damals einen riesigen Schrecken bekommen, als die erste Wohnungsdurchsuchung stattgefunden hätte. Es wäre sogar sehr schlimm für sie gewesen, weil sie hochschwanger gewesen wäre. Das werfe sie ihrem Mann heute noch manchmal vor. Die Polizisten hätten alles durchwühlt, auch ihre Unterwäsche. Das Traurigste allerdings wäre für sie gewesen, dass auch die Babysachen, die sie schon frisch gewaschen und sortiert in eine kleine Kommode geschichtet hatte, durchsucht wurden. Darüber müsste sie heute manchmal noch weinen. Das läge alles wie im Nebel in ihrem Gedächtnis. Sie hätte sich nie genauer vorgestellt, was ihr Mann für Filme anschaue. Auch an dieser Stelle erklärte ich ihr nicht, dass die Kinder, mit denen kinderpornographisches

Material hergestellt wird, missbraucht würden und manche später sogar getötet würden.

Ich hatte einen starken Schonimpuls gegenüber Erichs Frau, auch wenn sie sich anfänglich unmöglich aufgeführt hatte. Ich fühlte sehr mit ihr. Auch ihre Privatsphäre war durch diese gesetzlich beauftragten Übergriffe betroffen. Man suchte nach Fotomaterial, Negativen, Sticks, CDs oder DVDs. Und diese hätte ihr Mann auch zwischen den Babystramplern versteckt haben können. Aber sie fanden nichts. Das hieß, sie fanden »nur« zwei kinderpornographische Darstellungen auf seinem Computer. Diesen Tag würde sie nie vergessen. Sie hätte den ganzen Tag geweint, die Ordnung wieder hergestellt und alle Kinderwäsche nochmal gewaschen.

Zum zweiten Mal hatte sie Pech mit einem Mann gehabt. Sie hätte ihren Mann angefleht, mit diesem Dreck aufzuhören – und er hätte es ihr versprochen. Sie hätte in der nachfolgenden Zeit das Gefühl gehabt, als wollte er den ganzen Ärger wieder gutmachen. Und ihre gemeinsame Sexualität war für sie auch erfüllend gewesen. Sie verstände das mit den Kinderbildern sowieso nicht. Als Letztes wollte sie mir noch sagen, dass sie natürlich manchmal schon an Trennung gedacht hätte, besonders als sie vor kurzem von der zweiten Anzeige erfahren hätte. Sie hätte es nicht glauben können. Daraufhin hätte sie ihrem Mann gesagt, dass sie ihn, wenn er ins Gefängnis käme, nicht besuchen würde. Dann wäre es »aus mit Ihnen«. Dann könnte er nicht mehr mit ihrer Loyalität und Unterstützung rechnen und sie würde mit den Kindern weggehen. Endgültig und für immer. Sechs Jahre waren seit der ersten Durchsuchung vergangen. Wieder kamen die Polizisten früh, gerade als die Kinder im Aufbruch zur Schule waren. Sie buxierte die Polizisten schnell ins Wohnzimmer und bat sie inständig, den Kindern nichts zu sagen. Sie würde die Kinder erstmal zur Schule begleiten und dann zurückkommen. Die Beamten in Zivil ließen sich darauf ein. Schnell, wie nebenbei, erklärte sie ihrem sechsjährigen Sohn und ihrer neunjährigen Tochter, dass es sich um Freunde vom Großvater und Vater handelte, denen Vater und Großvater an diesem Tag helfen sollten.

Lange saß ich nur da, nachdem ich Erichs Frau verabschiedet hatte. Ich ließ mir die verschiedenen Informationen nochmal ruhig durch den Kopf gehen. So eine Geschichte hatte ich in all den Jahren noch nicht gehört. Natürlich ploppten in mir viele Fragen auf: Warum war dieser Mann nicht im Gefängnis? Was war mit seiner Sexualität? War er selbst Opfer sexuellen Kindesmissbrauchs? War sie auch mal Opfer gewesen? Und was natürlich zu klären war: Waren die Kinder dieses Mannes gefährdet? Hatten sie irgendetwas mitbekommen von seiner geheimen Sucht? Lagen vielleicht entsprechende Materialien im Haushalt herum? Oder noch schlimmer: Waren sie beteiligt? Hatte er seine Kinder ausgebeutet oder Fotomaterial von Ihnen gemacht und vielleicht verkauft? Schließlich war er bei einer Ringfahndung aufgefallen. Gehörte er zu einem Kreis von Kinderpornoherstellern? Wie gefährlich war die Situation? Fragen über Fragen. Nach dem Gespräch mit Erichs Frau versuchte ich, endlich Erich selbst zu einem Gespräch zu bewegen. Aber meine freundlichen Bemühungen blieben ergebnislos, egal welche Sonderzeiten ich auch anbot. Also musste ich die Angelegenheit ans Amt zurückgeben.

Die Jugendamtskollegen beraumten eine Sitzung, die ausschließlich aus Fachkollegen bestand, an. Sie wollten vom Gespräch mit der Mutter erfahren und von mir wissen, was ich empfehlen würde. Ich plädierte dafür, alle Familienmitglieder genauer kennenzulernen und Treffen in verschiedenen Settings anzubieten. Ich wollte mir einen Eindruck über das Wohl der Kinder und das Familienklima machen. Würde der Vater sich weiterhin verweigern, sollte ihn eben der Familienrichter zur Mitarbeit verpflichten. Diesen Prozess würde das Jugendamt in die Wege leiten. Außerdem waren wir uns einig, dass Erichs Frau auch an den Familiengesprächen teilnehmen musste. Sie trüge schließlich für die Sicherheit der Kinder eine Verantwortung. Sie könnte sich nicht »raushalten«.

Beide Eltern hatten Angst, dass ihre Kinder Kenntnis von den verbotenen Vorlieben und Vergehen ihres Vaters erhalten könnten. Das machte sie fast panisch. Ich konnte es verstehen. Eine Eröffnung würde das Ansehen des geschätzten Vaters enorm beschädigen und ihn in seiner positiven Autorität für seine Kinder schwächen. Immer wieder diskutierten wir Fachleute, ob oder inwieweit die Kinder eingeweiht werden müssten. Würde sie so ein Wissen wirklich schützen oder sie nicht viel mehr destabilisieren? Das fragten wir uns.

Dank der gerichtlichen Anordnung konnten die Termine endlich beginnen. Erich konnte erleben, dass nicht er, sondern eine höhere Autorität die Regeln mitbestimmte. Ein halbes Jahr hatte ich ihm hinterhertelefoniert und unzählige Male auf seinen Anrufbeantworter gesprochen. Wir nennen das nachgehende Arbeit. Bei potentiellen familialen Gefährdungen findet meine Arbeit auch im Zwangskontext statt. Das ist für alle Beteiligten nicht sehr angenehm, aber notwendig, weil im Vorfeld keine Einsicht zur Kooperation erwirkt werden konnte. Wir Fachleute waren uns einig, Erich in die Pflicht zu nehmen. Das wirkte. Endlich vereinbarte Erich seinen ersten Termin. Es folgten eine Reihe von Treffen in unterschiedlichen Zusammensetzungen der Familienmitglieder. Ich wollte mir ein genaues Bild der Kommunikations- und Konfliktstrukturen dieser Familie machen.

Außerdem hatte der Druck des Gerichts bewirkt, dass Erich endlich mit seinem Chef sprach, um an einem Nachmittag früher von der Arbeit weggehen zu dürfen. Erich hatte ihm mitgeteilt, dass er aus privaten Gründen eine Psychotherapie absolvierte.

Vor dem ersten Termin mit Erich graute es mich. Erich kam zu diesem Termin nicht allein, sondern in Begleitung seiner Frau. Brauchte er ein wenig Geleitschutz? Erich lümmelte sich auf den Stuhl im großen Beratungsraum und setzte ein muffeliges Gesicht auf.

Er verstände das »ganze Brimborium« nicht. Schließlich hätte er sein Urteil: Bewährung und Geldstrafe. Gut sei es damit. Er würde am Bau arbeiten und hätte gar keine Zeit zum »Palavern«. Seine Familie würde das Geld brauchen und sein Chef hätte sicher langfristig kein Verständnis »für diesen Firlefanz« und würde ihn bestimmt bald kündigen, auch wenn er vorübergehend seine Zustimmung hätte. Das jedenfalls befürchtete Erich. Ich hörte mir die erste Welle der Abwehr und Abwertung geduldig an.

Dann fragte ich Erichs Frau, was sie von den Bedenken ihres Mannes hielt. Diese Frage hätte ich mir schenken sollen, danach setzte sie das Gemotze ihres Mannes fort. Auch für sie wären solche Termine untertags nicht möglich; sie wäre Verkäuferin und noch nicht so lang in ihrem Geschäft. Wann Sie denn Zeit hätte, wollte ich von ihr wissen. »Freitagnachmittag«, entfuhr es ihr. Er schaute sie grimmig an. Nein, das würde ihm gar nicht passen, das sei der einzige Zeitraum für Aktivitäten mit den Kindern oder für Arzttermine.

Sie müssten ja nicht jede Woche kommen. Ich würde gern zunächst einmal sechs Termine mit Erich im Zweiwochenrhythmus absolvieren, um ihn kennenzulernen. Danach gäbe es gelegentlich Elternpaartermine und einige Treffen mit den Kindern. So in etwa stellte ich mir das Ganze vor. Sie wüssten ja, dass ich mir einen Eindruck von der gesamten Lebenssituation machen sollte. Und außerdem wollte das Gericht wissen, wie es ihren Kindern ginge und ob sie aufgrund seines verbotenen Kinderpornographiekonsums irgendeiner Gefährdung ausgesetzt wären. Auch für mich klang die Zusammenfassung meines Handlungsauftrags in jener Kürze wie ein Schlag ins Kontor: Ende, Aus, Basta mit dem Gejammer, jetzt legen wir los!

Damit wäre es noch nicht genug. Ich müsste Ihnen einige gesetzliche Informationen geben. Ich erklärte Ihnen, dass in den meisten vergleichbaren Fällen die Ehefrau den Ehemann verließe. Wenn jedoch die Frau bei ihrem Mann bliebe, müssten die Kinder zu ihrem Schutz in Obhut genommen werden. Sodann würde geklärt werden, inwieweit es Hinweise auf irgendeine Gefährdung des Kindeswohls gäbe. Man könnte ja nicht sicher sein, ob die Mutter sich im Loyalitätskonflikt für ihre Kinder entscheiden würde. Meine direkten Worte waren »starker Tobak«, den ich ihnen zumutete. Ich musste sie endlich mit den gegebenen Realitäten konfrontieren. Dennoch tat ich es mit dem größten Respekt.

Ob sie manchmal über die Sucht ihres Mannes sprachen, wollte ich von ihnen wissen. Eine Pause entstand, dann sagte er: »Nein.« »Warum eigentlich nicht?«, fragte ich weiter. »Weil meiner Frau das Ganze unangenehm ist und sie mit meinen Widerwärtigkeiten nichts zu tun haben will. Das ist ganz allein meine Sache«, erklärte er mir die Situation. Sie nickte. Ihr Mann wäre ansonsten ein guter Vater und Ehemann und sorgte für die Familie, fuhr sie fort. Wäre das nicht der Fall, wäre sie längst von ihm gegangen. Und die Kinder liebten ihren Vater. »Gut, das freut mich sehr«, antwortete ich. Wie es für ihn sei, dass seine Frau mit dem negativen Teil seiner Person nichts zu tun haben wolle, setzte ich nach. Das könne er verstehen, antwortete Erich.

Wer denn alles von seinem Vergehen wüsste, fragte ich weiter. Seine Mutter und der Stiefvater, aber auch mit ihnen spreche er nicht darüber. Dass hieße ja, dass es zu einem Tabu geworden wäre und er sich sehr allein mit allem fühlen müsste, so wäre meine Vermutung. »Na ja, das wäre ja normal, wenn man Scheiße baute«, ergänzte Erich. Das sähe ich nicht so, da ich aus den Gesprächen mit anderen Männern aus der Therapiegruppe für Täter wüsste, wie einsam und schlecht sich die Männer fühlten. Viele hätten ein ganz schlechtes Selbstwertgefühl und dächten immer an Selbsttötung. Anfangs wäre es für viele Männer ein Reiz gewesen, der Reiz des Verbotenen. Etliche hätten das Darknet bemüht, um ihre sexuelle Gier mit immer neuen Angeboten zu befriedigen. Dabei hätten die meisten nur selten nachvollzogen, dass sie bereits süchtig waren. Viele hätten auch aufgehört sich zu fragen, warum sie in diese Sucht gerieten. Und an die armen Kinder, die sich für diese Filme prostituieren und entwürdigen mussten, hätte auch niemand denken wollen. Nur nachts, so wüsste ich von einigen, hätten sie manchmal Alpträume gehabt.

Natürlich ließ ich Erich und seine Frau nicht aus den Augen während meiner Ausführungen. Ihre Augen waren mit jedem Satz, den ich zu ihnen sprach, größer geworden. Ihr motziger Gesichtsausdruck war großem Erstaunen gewichen. Ich fragte sie nach ihren Gedanken und Gefühlen bezüglich meiner Ausführungen. Sie wunderten sich, dass ich sie nicht verurteilte. Ihn nicht als Menschen, sondern nur sein Kinder schädigendes Verhalten und sie nicht, weil sie bei ihrem Mann blieb. »Die offiziellen Stellen wollten uns getrennt sehen«, stammelte sie. Einige hegten sogar den Verdacht gegen sie, dass sie vielleicht mit ihrem Mann unter einer Decke steckte und sie im schlimmsten Fall mit ihrem Mann Kinderpornographie produzierte oder vertriebe. Das wäre erschütternd für sie. Ich bemerkte einen Anflug von Tränen in ihren Augen. Erich schien zum ersten Mal die Verurteilungen, mit denen sich seine Frau konfrontiert sah, in sein Bewusstsein zu lassen. Beide »saßen sie in einem Boot«. Jedenfalls zeitweilig. Das hatten sie jetzt verstanden.

Unsere Gespräche würden auch zukünftig so ähnlich verlaufen. Es ginge um Ihre Erfahrungen, ihre Gedanken und ihre Gefühle sowie um einen Diskurs zu diesem traurigen Thema der Kinderpornographie und ihren Umgang als Paar und Familie damit, da es seit langem ein Teil ihres Lebens wäre.

Zu den nächsten Terminen kam Erich allein. Ich fragte ihn nach Stationen aus seinem Leben. Er berichtete mir, dass er ohne Vater aufgewachsen wäre und er diesen auch nie kennengelernt hätte. Seine Mutter hätte sicher ihr Bestes gegeben, aber eigentlich hätte er immer machen müssen, was sie ihm auftrug und von ihm erwartete. Sie wäre eigentlich eine unselbständige Frau und glücklicherweise hätte er mit zehn Jahren einen Stiefvater bekommen, den er zwar sehr schätzte, der aber zu Zeiten, besonders in der Pubertät, sehr streng gewesen wäre. Auf Nachfragen erfuhr ich, dass Erich von beiden Eltern auch geschlagen worden war. Er hätte einen Handwerksberuf erlernt und dadurch einige finanzielle Freiheiten erworben. Die Mutter wäre eine sehr bedürftige Frau, die immer viele Wünsche an ihn gehabt hätte. Und eigentlich hätte er nicht »Nein« sagen dürfen. Zu ihren Enkelkindern wäre sie sehr lieb, aber hüten wollte sie diese nicht. Er glaubte, dass sie eigentlich nichts mit ihnen anzufangen wüsste und mit ihnen spielen könnte sie schon gar nicht. Ob es noch wichtige andere Menschen oder nahe Familienmitglieder gegeben habe, erkundigte ich mich. Nur eine Tante, die immer zu seinem Geburtstag gekommen wäre, ihm ein paar Wünsche erfüllt hätte und ihm auch Geld für den Motorradführerschein schenkte.

Als ich ihn nach seinen ersten körperlichen Liebeserfahrungen fragte, fiel ihm eine frühe Freundin ein. Ob es je unschöne Erfahrungen gegeben hätte? Erich überlegte eine Weile. Ich unterbrach ihn nicht. Dann erzählte er zögerlich, dass diese Tante ihm oft zu viele Küsse aufdrücken wollte. Er hätte sich oft weggedreht, aber dabei immer ihren Busen an seinem Leib gespürt, was ihm sehr unangenehm gewesen wäre. Und da hätte es noch so eine Nachbarin gegeben, die für ihren Mann erotische Fotos hatte machen lassen und ihm diese gezeigt hätte. Eigentlich hätte er gern »Nein« gesagt, konnte es aber irgendwie nicht. Es hätte noch einige unangenehme Erfahrungen gegeben, auch mit einem Nachbarn, als er etwa 13 Jahre alt gewesen wäre, aber darüber wollte er nicht sprechen. Das wäre ihm zu peinlich. Das akzeptierte ich selbstverständlich.

Ich fragte Erich nach seinen Motiven für das Suchen und Konsumieren der Kinderpornographie. Das wüsste er auch nicht, er hätte selbst darüber schon oft nachgedacht und gegrübelt. Ob er nicht wenigstens eine leise Ahnung hätte, hakte ich nach. Manchmal dächte er, er wäre an diese verbotene »Sache« geraten, weil er auch mal etwas Verbotenes hätte tun wollen, er hätte eben nicht nur immer der brave Junge sein wollen.

Ich fragte Erich nach seinen Gefühlen in der Situation, als die Nachbarin und die Tante gegenüber ihm aufdringlich wurden. Erich schien nicht zu verstehen, was ich meinte. Ich wiederholte meine Fragen noch einmal. »Nicht schön«, antwortete er. Was nicht schön bedeutete? Ob sie ihn erregt hätten? Erich war diese Frage extrem peinlich. »Ja schon, aber es ist auch eklig gewesen, weil die Frau im Alter meiner Mutter war«, sagte Erich. Ja, das könnte ich mir vorstellen, antwortete ich und ergänzte, dass Ekel ein sehr kraftvolles Gefühl wäre. Es wäre für ihn sehr ungewohnt, über das alles zu sprechen, gestand er.

Neben den regelmäßigen Einzelterminen beraumte ich bald einen Familientermin an. Das erste Mal als Erich und seine Frau die Kinder mitbrachten, entstand ein enormer Geräuschpegel. Erichs kleiner Sohn rannte über Stühle und Tische und seine Tochter malte unsere riesige Flipchart voll und fragte ihre Eltern alle 20 Sekunden, ob sie das von ihr Gemalte gut fänden. Es blieb schwierig, Ruhe herzustellen und geordnete Antworten auf meine Fragen zu erhalten. Zwischendrin begann der Sohn mit dem Galgenmännchenratespiel, obwohl er die Buchstaben noch nicht richtig kannte. Ich beobachtete, dass der Kleine nur mit Mühe in der Lage war, seinen kurzen Namen zu schreiben, obwohl er bereits sieben Jahre alt war.

Ich fragte mich, was dieser Tumult wohl bedeutete. Die Eltern schien die Situation nicht zu beunruhigen. Sie schritten auch nicht ein. Die Eltern schienen Spiele zu lieben, sie bemerkten mich kaum und spielten mit ihren Kindern. Alles schien chaotisch, aber alle Familienmitglieder waren damit zufrieden. Es wäre wie zuhause, bemerkte der Vater. Schließlich schickte ich jeweils ein Kind mit einem Elternteil in ein anderes Zimmer, um überhaupt so etwas wie eine Exploration zu beginnen.

Fast alle Familientermine verliefen so ähnlich. Mit der Zeit entwickelte ich die Hypothese, dass die Familie lieber Chaos ertrug, als dass Raum für Gespräche und eventuelle unangenehme Themen möglich wären. Die größte Sorge, eigentlich Panik, der Eltern war, dass ich ihre Kinder irgendetwas zum Missbrauchsthema fragen oder davon erzählen könnte. Zunächst war ja genau das mein Auftrag vom Jugendamt. Ich absolvierte mit beiden Kindern jeweils mehrere Termine, in denen ich versuchte, ihre Interessen, Sorgen, ihre Vorlieben und Hobbys zu erfassen. Eigentlich wollte ich das Lebensgefühl der Kinder erfassen. Ich stellte auch Fragen zum Beziehungsgeschehen innerhalb der Familie. Obwohl diese Kinder es nicht ganz leicht mit ihren Handicaps hatten, fiel mir auf, dass sie sehr fröhliche und zufriedene Kinder waren. Sie unterhielten sich auch gern mit mir. Der Kleine wollte unbedingt wiederkommen, um nochmal mit den Fingerfarben zu matschen. Natürlich gab es keine hundertprozentige Sicherheit, aber mein Resümee war, dass die Kinder nichts von Vaters Geheimnis ahnten.

Als ich einmal die Eltern fragte, ob ihre Kinder irgendwelches pornographisches Material zuhause finden könnten, reagierten beide überrascht bis ungläubig. Sie erschienen mir gegen alle Erwartung ein wenig bieder und calvinistisch. Sie könnten mir versichern, dass ihre Kinder auch noch niemals etwas von ihrer Sexualität mitbekommen hätten.

Über eineinhalb Jahre fanden regelmäßige Gespräche in großer Runde statt. Sie hatten zum Zweck, über die Kooperation und fragliche Gefährdungen der Kinder zu berichten. Das Jugendamt erkundigte sich in gewissen Abständen in den Schulen der Kinder nach ihrem Ergehen. Allerdings hörten sie von keinerlei Unregelmäßigkeiten. Auch mein Eindruck war, dass Erichs Kinder keinerlei Kontakt zu pornographischen Material hatten und dass es auch sonst keinerlei andere Grenzverletzungen in der Familie gab.

Zu so manchem Termin quälte sich Erich in unsere Einrichtung. Wir hätten ihn gern in unserer Gruppe für Männer mit gleicher Problematik gesehen. Aber er wollte und konnte sie aus arbeitstechnischen Gründen nicht absolvieren. Deshalb wurde er zu einer Psychotherapie bei einem männlichen Kollegen mit entsprechender Expertise verpflichtet.

In einer der letzten Sitzungen ergriff seine sonst eher schweigsame Frau das Wort und berichtete der Expertenrunde, wie schwer die Jahre für sie gewesen wären. Sie hätte sich immer wieder gefragt, ob sie trotz allem bei ihrem Mann bleiben sollte. Aber ganz besonders schlimm wäre für sie gewesen, dass sie mit niemanden darüber hätte reden können. Sie hätte sich oft isoliert gefühlt und ihre Sorgen und ihre Zukunftsangst ganz allein getragen. Wenn Kollegen sie an einem schlechten Tag nach ihrem Ergehen fragten, hätte sie ihren Kummer weggelächelt und gesagt, dass es ja immer irgendwelche familiären Sorgen gäbe. Oft hätte sie nachts geweint und nicht weiter gewusst. Zu allem wären die Geldsorgen und die Entwicklungsstörung ihres Sohnes gekommen. Sie hätte nicht gewusst, dass es Fachberatungsstellen zu diesem schwierigen Thema des Kinderpornographiekonsums gäbe. Sonst hätten sie sich früher Hilfe geholt. Die Runde war erstaunt und erleichtert, dass Erichs Frau endlich von sich aus das Wort ergriff. Es wurde für alle spürbar, wie schwer sie an allem getragen und wie sehr sie die Familie stabilisiert hatte.

Nach zwei Jahren intensiver Zusammenarbeit war das für die Familie erstellte Schutzkonzept umgesetzt. Ein wesentlicher Baustein stellte die noch zu absolvierende Psychotherapie dar, um Erichs Suchtverhalten und seinem Reiz, Regeln und Gesetze, also Grenzen, zu übertreten, auf die Spur zu kommen. Was mich besonders freute, war, dass Erich inzwischen in den Helferkonferenzrunden sein unflätiges Verhalten eingestellt hatte. In der letzten Sitzung erschien er gepflegt mit neuem Haarschnitt und Kleidung, die ihm passte. So eine Wandlung im Äußeren dokumentiert in der Regel die innere Entwicklung. Da Erich auf seinem Lebensweg deutliche Zeichen von emotionaler Vernachlässigung und Grenzverletzungen erlebt hatte, konnte er weder Empathie noch die so notwendige Selbstfürsorge ausreichend ausbilden. Damit war auch der Fremdschädigung in Gestalt des Konsums von Kinderpornographie Tür und Tor geöffnet.

Bei einem der letzten Treffen im Jugendamt hatte ich Erich im ersten Moment gar nicht erkannt. Er trug ein blaues Polohemd und sein gesamtes Auftreten wirkte angemessen. Ich glaube, er hatte erleben können, dass er seine Redezeit auch ohne sein Provokationsverhalten erhält und dass er gehört wird und wir sein Engagement würdigten. Erich betonte sogar, dass er froh wäre, dass die Bewährung andauerte. Auf diese Weise hätte er einen Rahmen, der ihn unterstützte, der Sucht abzuschwören. Mit der Zeit würden die Sitzungen in unserer Einrichtung seltener werden, aber die Kontrolltermine im Jugendamt würde es weiterhin geben, um

Erich zu signalisieren, dass wir die Unversehrtheit seiner Kinder weiter im Auge behielten. Mit seinem Therapeuten schien er gut auszukommen.

Was bleibt abschließend zu sagen? Es war ein hartes Stück Arbeit, diesen entgrenzten, aufmüpfigen Menschen zu Empathie für sich und die Welt zu führen. Ich hoffe, dass den Lohn für unsere therapeutische Arbeit Erichs Kinder davon tragen können.

30 Wolfgang ... Der Narzisst
Ich bin ein Kinderversteher

Wolfgang hatte seinen Namen von seiner Mutter bekommen, weil sie Wolfgang Amadeus Mozart so verehrte und dessen Musik so liebte. Wolfgang liebte die Musik auch sehr und deshalb trat er noch vor der Schule in einen Kinderchor ein. In der Schule hatte er sich nie wohl gefühlt und seine Noten waren mittelmäßig bis schlecht gewesen, aber er hatte immerhin den Mittelschulabschluss erworben. Für einen bestimmten Beruf hatte er sich nicht erwärmen können. Am liebsten saß er in seinem Zimmer und hörte Musik. Er hatte immer in Chören gesungen, das war seine Passion. Er wollte selbst auch Chorleiter werden und steckte gerade in einer Chorleiterausbildung für Laien. Ein bisschen Klavierspielen konnte er auch.

Er liebte es, mit Kindern Musik zu machen. Schon über ein Jahr leitete er einen kleinen Chor und Eltern wie Kinder liebten ihn. Er galt als geduldig und einfühlsam und die Kinder kamen gern. Er hielt die Proben abwechslungsreich und ließ die Kinder sich zwischendrin im großen Raum der Musikschule austoben. Oder er spielte mal Ball mit ihnen oder brachte ihnen das Jonglieren bei. Besonders mochte er es, mit seinem Chor auf die jährliche Sommerfreizeit zu fahren. Danach hatten die Kinder meistens große Fortschritte gemacht und die Freundschaften untereinander waren intensiver geworden. Manche Kinder hatten natürlich auch mit Heimweh zu kämpfen. Damit konnte er umgehen, er war ein guter Zuhörer und Tröster. Meistens schaffte er es schnell, sie abzulenken und wieder zu stabilisieren. Darauf war Wolfgang sehr stolz.

Eines Tages rief mich eine Vorstandsvorsitzende eines Musikvereins an, weil es eine Beschwerde von Eltern gegeben hatte und sie sich nicht sicher wäre, wie man damit umgehen sollte. Sie berichtete, dass Eltern der Musikschule in diesem Sommer auch einen zweiten Sohn mit auf eine Musikfreizeit schicken wollten. Ihr älterer Sohn hätte allerdings protestiert und die Eltern gebeten, den Bruder nicht mitreisen zu lassen. Nach dem Grund befragt hätte der ältere Sohn den Eltern berichtet, dass ihm der Chorleiter im letzten Jahr an seinem Penis berührt hätte. Die Situation wäre so gewesen, dass er Heimweh gehabt und der Chorleiter ihm sein Handy zum Musikhören geliehen hätte. Zuvor hätte er sich zu ihm auf das Bett gesetzt und ihn getröstet. Ein anderer Junge wäre auch noch dabei gewesen. Anfänglich hätten sie gemeinsam einen Film geschaut. Dabei hätte der Chorleiter erst seinen Rücken gestreichelt und dann unter der Decke seine Beine. Plötzlich wäre dessen Hand bis zu seinem Penis gewandert und dieser hätte den Penis in seine Hand genommen und ihn bewegt. Die Eltern hätten von ihrem Sohn auch erfahren, dass dieser nicht glauben konnte, was da geschah und sich weder hätte bewegen noch sprechen können. Das Ganze hätte auch noch ein zweites Mal stattgefunden. Er hätte sich so geschämt und deshalb den Eltern nichts davon erzählt. Mit dem anderen Jungen hätte er niemals darüber gesprochen. Aber er wollte auf keinen Fall, dass dem kleinen Bruder das Gleiche passierte.

Diese Eltern hätten die Schilderungen ihres Sohnes haarklein in einem Brief an den Vorstand niedergeschrieben, aber sie wollten den Mann nicht anzeigen. Ihr Sohn wollte auf keinen Fall von der Polizei befragt werden. Sie wollten die Verantwortung dem Verein übergeben. Ich teilte der Vorsitzenden mit, dass es sinnvoll wäre, sich Rat zu holen. Sie ihrerseits wäre bereits entschieden, sie wollte das Ganze sehr ernst nehmen. Sie bat mich, einmal mit den Eltern zu sprechen, eventuell auch mit dem Jungen. Das übernahm ich gern. Die Eltern berichteten mir alles noch einmal so wie ich es bereits von der Vorsitzenden kannte. Sie erklärten, dass ihr älterer Sohn mit niemandem darüber sprechen wollte. Es ginge ihm auch inzwischen wieder besser. Das Schweigen hätte ihm jedoch geschadet. In dem Jahr hätte er sich sehr verändert. Er wäre schnell aggressiv geworden, bei kleinsten Frustrationen weinerlich gewesen und hätte in der Schule nahezu völlig versagt.

Ich respektierte den Willen des Jungen. Die Eltern beriet ich noch einige Male. Ich beauftragte die Vorsitzende, den Chorleiter zu konfrontieren, ihm zu sagen, dass man keinerlei Zweifel an dem Vorwurf hegte und er sich an eine Facheinrichtung wenden sollte. Er sollte zudem Abstand davon nehmen, die besagte Familie zu kontaktieren. Dieser Chorleiter war Wolfgang. Es wäre für den gesamten Vorstand zunächst eine Überraschung und dann ein Schock gewesen. Dieser Schock hielte an und man überlegte, wie man alle Kinder schützen könnte und auf welchem Wege man die Elternschaft informieren müsste. Ich erklärte, dass sie Wolfgang beurlauben und in Folge seiner Aufgaben entheben sollten. Ich würde gern zeitnah mit Wolfgang sprechen und dann könnte ich ihnen Genaueres sagen. Außerdem erkundigte ich mich danach, ob Wolfgang ihres Wissens nach noch in weiteren Vereinen mit Kindern tätig wäre. Wenn ja, müsste man überlegen, ob man vorsichtig Kontakt zu den anderen Vereinen aufnehmen müsste.

Ein paar Tage später kam Wolfgang zum Erstgespräch. Das Gespräch führte ich gemeinsam mit einem Kollegen. Wolfgang erschien pünktlich. Er war groß, wirkte jedoch mit seiner Baseballkappe und seinem Sportoutfit eher wie ein 15-jähriger Fan eines Clubs. Sport war Wolfgangs zweite Leidenschaft, jedoch mehr passiv als aktiv. Wolfgang war Anfang 30. Bereits beim ersten Termin war sein Ärger auf unsere Einrichtung spürbar, weil der Verein ihn zum Pausieren gezwungen hätte. Und das obwohl demnächst ein Chorwettbewerb anstünde. Er fände die ihm vorgebrachten Vorwürfe völlig verrückt, »an den Haaren herbei gezogen«, sagte er. Das glaubten die Vorstandsmitglieder doch niemals von ihm. Alles wäre aus seiner Sicht ein großes Missverständnis. Er wollte mit dem Jungen sprechen und dann würde sich schon alles aufklären. Das ginge nicht, klärten wir ihn auf. Er könnte stattdessen mit uns sprechen. Es gäbe eine spezielle Therapiegruppe für Männer, an der er teilnehmen könnte. Dann würde der Verein von einer Anzeige absehen. Was wir denn von ihm dächten. Er wäre ein großer Kinderfreund, der niemals einem Kind etwas antun könnte. Wir könnten die Eltern und Kinder seines Chores fragen, wie gut er sein Fach beherrschte und wie beliebt er wäre. Wir fragten ihn, ob er sich an jenen heimwehkranken elfjährigen Jungen aus dem Vorjahr erinnern könnte, was er bejahte. Dieser Junge wäre einer seiner Lieblinge gewesen, sagte Wolfgang, aber eigentlich würde es keine Lieblinge bei ihm geben, er behandelte alle Kinder gleich liebevoll und fair. Unfairness könnte er nicht leiden, darum bemühte er sich, die Tugend der Fairness zu pflegen.

Er wäre aus gutem Hause und hätte eine schöne Kindheit gehabt. Wir könnten seine Eltern, bei denen er noch in einer Einliegerwohnung lebte, fragen, was für ein guter Sohn er wäre. Er überlegte es sich anders; bei genauerer Überlegung wäre er doch nicht dafür, dass wir sie einbezögen. Er wäre erwachsen und könnte für sich selber sprechen. Wir schlossen die erste Stunde und vereinbarten einen nächsten Termin in vier Tagen.

Wolfgang war eine »harte Nuss«. Er war von sich überzeugt. Er idealisierte sich selbst und sah sich als besten Chorleiter, den man sich vorstellen könne. Ich ließ meinen Kollegen mit Wolfgang allein sprechen. Mein Kollege berichtete mir, dass Wolfgang kaum neue Informationen geliefert hätte, es wären eigentlich Wiederholungen der ersten Stunde gewesen. Aber sicher wäre, dass sich Wolfgang zum Kinderchorleiter berufen fühlte. Selbstverständlich befragten wir Wolfgang auch zu seinem Leben. Zögerlich erzählte er uns Folgendes mit Tränen in den Augen: Die Suspendierung deprimierte ihn sehr. Er fühlte sich wertlos und allein. Die Situation erinnerte ihn daran, wie sehr er sich in seiner Jugend ausgeschlossen und gemobbt gefühlt hätte. Die Eltern hätten damals nur gesagt, dass er da »durch müsse« und zwar allein. Das wäre eine schlimme Zeit für ihn gewesen. Nur im Kirchenchor hätte er sich gut integriert gefühlt.

Die Termine mit Wolfgang zogen sich einige Monate hin. Mein Kollege berichtete mir, wie anhänglich Wolfgang nach anfänglicher Skepsis inzwischen wäre. Er hielte ihn für sehr bedürftig. Wolfgang sehnte sich geradezu nach Aufmerksamkeit und jammerte viel. Er schien vergessen zu haben, dass wir ihn als potentiellen Täter befragten, nicht als Opfer. Dass der Junge unter seinen Übergriffen leiden könnte, darauf kam Wolfgang nicht. Seiner Meinung nach wäre das alles ein »Dumme-Jungen-Streich«. Wir versuchten mit ihm zu reflektieren, welche Art von Beziehungen er zu Kindern eingehe. Es schien für uns so, als zielte er darauf ab, die Kinder in ein Abhängigkeitsverhältnis zu ihm zu bringen. Dadurch könnte er sich sehr mächtig fühlen. So ein Gefühl der Überlegenheit würde ihm wohl guttun. Wir erkundigten uns bei ihm, was er von dieser Annahme hielte. Wolfgang verstand unsere Absichten nicht.

In einem weiteren Termin fragte ich Wolfgang, ob wir ein wenig über seine Kinder- und Jugendjahre sprechen könnten. Er berichtete, dass er keine Geschwister hätte. Warum eigentlich nicht, fragten wir nach. Er sagte, das wüsste er auch nicht. Die Mutter wäre berufstätig gewesen wie auch der Vater. Wir fragten ihn noch vieles: Mit wem die Beziehung näher gewesen wäre, ob es Zärtlichkeiten gegeben hätte, ob die Eltern streng gewesen wären, ob es nette Verwandte gäbe, wie die Eltern Strafen ausgesprochen hätten etc.

Immer wieder fragten wir ihn auch nach seinen Erinnerungen auf dem Bett des Jungen. Ob es sein könnte, dass er sich nicht mehr erinnern wollte. Wir fragten ihn nach seiner sexuellen Orientierung. Dazu wollte er eigentlich nichts sagen, aber wir würden ja ohnehin keine Ruhe geben. Seit dieser Sache damals im Kino hätte er das Gefühl schwul zu sein. Wir fragten nach, was er meinte. Er berichtete, er hätte mit ungefähr elf Jahren mit einem Nachbarsjungen und dessen Großvater ins Kino gehen dürfen. Darauf hätte er sich unheimlich gefreut. Die Eltern hatten weder Zeit noch Lust mit ihm ins Kino zu gehen und außerdem hätten sie gefunden, dass er es wegen seiner schlechten Noten nicht verdient hätte. Er hätte den Großvater des Freundes immer gern gemocht, weil dieser so viele lustige Scherze mit ihnen gemacht hätte und da der Film damals so aufregend für ihn gewesen wäre, hätte er sich über die Stuhllehne an den alten Herrn geschmiegt und sein Gesicht verborgen. Das hätte er noch einige Male an diesem Nachmittag gemacht. Daraufhin hätte der alte Mann Wolfgangs Hand gehalten. Aber bald darauf hätte der Großvater Wolfgangs Hand zu seinem erigierten Penis geführt und damit Auf- und Abbewegungen vorgenommen. Er erinnerte sich noch genau an die offene Hose des Mannes und dass sein kariertes Hemd darüber hing.

Er wäre damals nicht wirklich aufgeklärt gewesen und hätte nicht gewusst, warum der Mann so etwas mit ihm machte. Der alte Mann hätte auch sein Vertrauen missbraucht, bot ich ihm als Deutung an, was er bestätigte. Danach wäre er nach Hause gelaufen und hätte sich erst einmal gründlich seine Hände gewaschen. Ich frage ihn, was er im Anschluss gemacht hätte. »Nichts«, antwortete mir Wolfgang. Er hätte seinen Freund danach nie mehr gesehen und so seinen einzigen Freund verloren. Wir fragten ihn noch, mit wem er über diesen Übergriff später hätte reden können. Wolfgang erklärte: »Mit niemanden, bis ich erwachsen war.« Vor ein paar Jahren hätte er mal eine Kurzzeittherapie gemacht, weil er eine Zeitlang Alpträume zu diesen Übergriff gehabt hätte. Nach jenem Ereignis mit dem Großvater hätte er einen Zwang entwickelt. Er müsste sich bis heute seine Hände fünfmal hintereinander waschen. Er hätte seinem Therapeuten davon erzählt und das Sprechen darüber und das liebevolle Therapieverhältnis hätten ihm gut getan. Wir erkundigten uns, an welche Gefühle von damals er sich denn erinnern könnte. Diese Frage schien Wolfgang nicht zu verstehen.

Seine Eltern hätte er nicht eingeweiht, er hätte es mit sich allein ausgemacht. Und außerdem wären die Eltern gar nicht seine Eltern. Das hätte er im Alter von 14 Jahren herausgefunden. Seine leibliche Mutter wäre noch sehr jung gewesen und hätte ihn auf Druck ihrer Eltern zur Adoption gegeben. Er hätte sie später nur einmal getroffen und bedauerte, dass sich kein freundschaftliches Verhältnis daraus ergeben hätte. Aber er hätte ja alles, was er brauchte. So würde es sein Vater auch immer sagen. Eigentlich ginge es ihm gut. Die Eltern hätten ihm vor Jahren ein Auto geschenkt. Das hätte er sehr geliebt. Allerdings hätte er mal einen ziemlich schlimmen Unfall gehabt. Damals hätte er öfter Drogen probiert und Alkohol dazu getrunken. Das machten die jungen Erwachsenen alle um ihn herum. Und er wollte dazugehören. Deshalb wäre er verunglückt. Die Genesung hätte sich hingezogen und er hätte manchmal keinen Lebensmut mehr gehabt. Immer wenn es ihm schlecht ginge, dächte er an Suizid. Das verstünden die Eltern nicht. Aber wenn er mit den Kindern zusammen wäre, wäre er glücklich. Er liebte seine Kinderchöre.

Immer wenn wir Wolfgang sagten, dass er vermutlich nicht mehr mit den Kindern arbeiten dürfte, glaubte er uns nicht. Seine Verleugnung war sehr ausgeprägt. Er hoffte immer noch, dass sich der Verdacht des Übergriffs in Luft auflösen würde. Natürlich sorgten wir uns auch um Wolfgang und wir hatten Mitgefühl mit ihm und seiner Lebensgeschichte. Aber er war nicht nur bedauernswürdig. Er blieb stur und warf meinem Kollegen vor, dass wir ihm gar nicht helfen würden. Immer wieder drohte er meinem Kollegen mit Suizid, wenn wir nicht endlich unsere Bedenken über Bord werfen würden. Seine Waffe war die emotionale Erpressung.

Der Vorstand des Musikvereins hatte sich inzwischen diskret an den Vorsitzenden des anderen Vereins gewendet und vorgefühlt. Auch hier war man äußerst erstaunt, fürchtete sich natürlich aber vor einer vergleichbaren Situation. Wir berieten auch diesen Verein und schlugen vor, Wolfgang vielleicht einen Erwachsenenchor anzubieten. Beide Vereine boten ihm an, mit älteren Menschen Musik zu machen. Das wollte Wolfgang aber nicht. Er lehnte trotzig ab, obwohl er keine andere Erwerbsquelle hatte. Seine Eltern kamen nach wie vor für seine Ausgaben auf. Auch nach über einem Jahr des Kontakts mit Wolfgang war kein Eingeständnis seinerseits in Richtung Übergriff möglich. Inzwischen hatte die Vereinsvorsitzende von den besagten Eltern erfahren, dass ihr Sohn und sein Freund, dem Chorleiter schon bald nach dem Camp eine Nachricht per Handy mit dem Inhalt geschickt hätten: »Du hast meinen Schwanz angefasst, du Schwein.« Aber Wolfgang hatte diese Nachricht abgetan und sie nicht ernst genommen. Alles Kritische kam bei ihm in die Schublade »»Dumme-Jungen-Streich«.

Wir erklärten den Vereinen, dass mit Wolfgangs Enthebung aus dem Chorleiteramt der Schutz der Chorkinder hergestellt wäre. Da auch die Eltern des Opferjungen keine Öffentlichkeit wollten, wäre soweit alles getan. Sie sollten ein Schutzkonzept und ein Beschwerdemanagement für den Verein für eventuelle zukünftige Situationen erarbeiten und präventiv das Missbrauchsthema mit den Kindern besprechen, um es aus der Tabuzone zu holen. Gegebenenfalls könnten sie zu einem Elternabend einen Kinderschutzexperten einladen. Wir führten abschließend ein Gespräch in großer Runde mit beiden Vorständen in Anwesenheit Wolfgangs. Unsere Ergebnisse und Empfehlungen hatten wir in einem Bericht zusammengefasst. Selbstverständlich erhielt auch Wolfgang ein Exemplar. Es fühlte sich ein wenig makaber an, als wir unsere Ergebnisse darstellten, und Wolfgang still da saß und zuhörte. Es kam keinerlei Kritik von seiner Seite. Er konnte nicht verstehen, dass er die Kinder nicht mehr betreuen durfte. Wir verabschiedeten uns freundlich und respektvoll.

Immer wieder einmal kam mir Wolfgang in den Sinn. Auch Wolfgang hatte uns nicht vergessen. Denn ungefähr nach einem halben Jahr erhielt ich einen Brief der Psychotherapeutenkammer, in dem es um eine Beschwerde zur Qualität meiner Arbeit ging. Wolfgang hatte in seiner Beschwerde angegeben, dass ich ohne Beweise behauptet hätte, dass er einen Jungen missbraucht hätte. Das stimmte nicht. Wolfgangs Beschwerde enthielt eine seitenlange Aufzählung von Falschdarstellungen und Behauptungen gegen mich.

So etwas hatte ich in 20 Berufsjahren Jahren noch nicht erlebt. Die Revanche war ihm gelungen. Ich sprach mit unserem Anwalt, meinem Vorstand und meinen Kollegen und recherchierte, was eine Beschwerde für Folgen haben könnte. Beschwerden können Rügen zur Folge haben und werden mit Geldbußen bis zu 50.000 Euro geahndet, wenn ein schwerwiegendes berufliches Fehlverhalten nachgewiesen werden kann. Der Vorstand der Psychotherapeutenkammer sprach mir eine Rüge ohne Geldbuße für kleine Unklarheiten in meinem Abschlussbericht aus, womit ich gut leben konnte.

Aber Wolfang hatte mir viel Arbeit bereitet, weil ich jeden einzelnen Satz seiner dreiseitigen Beschwerde korrigieren oder richtig stellen musste. Er hatte meinen Bericht bereits vor dem Abschlussgespräch erhalten und hätte mit mir und meinem Kollegen über Einzelheiten streiten können. Aber er hatte nichts kommentiert und sich stattdessen direkt bei der Psychotherapeutenkammer beschwert. Ich deutete es, als einen letzten Versuch Recht zu bekommen oder einen Schlag der Vergeltung nach dem Motto »Nimmst du mir meine berufliche Existenz, nehme ich dir deine«.

Für mich und meine Kollegen bedeutete dies, dass Wolfgang sein Fehlverhalten weiter leugnete. Er wollte oder konnte sich nicht infrage stellen und es gab keine Selbstprüfung. Er konnte offenbar seinen Täteranteil nicht in seine ideale Vorstellung von sich aufnehmen. Täter waren in seiner Welt immer die anderen, nicht er. Er liebte Kinder. Um negative Aspekte seiner eigenen Person oder Fehlverhalten anerkennen zu können, benötigte er Einfühlung und auch Einfühlung für sich selbst. Als Mensch dürfte er hinnehmen, dass er positive und negative Impulse, Wünsche und Bedürfnisse hat, er aber auch stets für seine getroffenen Entscheidungen Verantwortung tragen muss.

Wolfgang hatte früh seine Mutter, seine erste Bindungsperson, verloren. Darüber hinaus verlor er folglich auch seine Großeltern und seine gesamte Ursprungsfamilie. Diese hatte Wolfgangs Mutter bei ihrer unverhofften Schwangerschaft nicht zur Seite gestanden. Wolfgang war deshalb in eine Pflegefamilie gekommen. Diese Pflegeeltern waren redliche Menschen, die ihren Sohn im Großen und Ganzen ausreichend versorgten, die mit ihm jedoch keine ausreichende emotionale, d.h. einfühlende, Beziehung unterhielten. Aus beruflichen Gründen des Vaters waren sie häufig umgezogen, immer dann, wenn Wolfgang sich gerade eingewöhnt hatte. Seine Eltern arbeiteten viel, ließen ihn aber schon früh mit seinen kindlichen Konflikten allein. Nicht zufällig wollte er ein guter Kinderversteher werden. Dieses Ich-Ideal war aus dem erlittenen emotionalen Mangel entstanden. Wenn ein Kind nicht in seiner Ganzheit, das heißt, auch mit seinem Versagen, seinen Enttäuschungen und aggressiven Impulsen wahrgenommen und beantwortet wird, existieren diese Seiten der Persönlichkeit quasi nicht oder führen ein Leben im seelischen Untergrund. Diese Vernachlässigung stellt eine Konstante bei vielen seelischen Verhaltensveränderungen und Entwicklungsstörungen dar. Sie ist der stille Begleiter von fast allen psychischen und psychosomatischen Krankheitsbildern (Riffer et al.2017).

Ein Kind wird mit einem einfühlsamen Erwachsenen erst zu einem verantwortlichen Menschen. Der Philosoph Karl Jaspers formulierte es so: »Ein Mensch wird am Du zum Ich.« Diese Aufgabe übernehmen in der Regel die Eltern, die Familie und soziale Umwelten. Frühe fehlende Antworten, d.h. fehlende Resonanzen eines mitfühlenden Menschen, der mit all seiner Aufmerksamkeit ein Kind begleitet, können zu Depressionen, die bereits in der Kindheit beginnen können, führen. Aus der Mutter-Kind-Forschung wissen wir, dass Hilfen schon früh einsetzen müssen, um präventiv zu wirken. Leider ist Prävention nicht immer primär, sondern sekundär oder tertiär. So wie bei Wolfgang. Das heißt, die Hilfe setzt erst dann ein, wenn »das Kind schon in den Brunnen gefallen ist«.

Das für Wolfgang ausgesprochene Berufsverbot diente dem Schutz der Kinder. Wolfgang benötigte von außen eine Grenze, einen Stopp, weil er sich selbst in seinen emotionalen Bedürfnissen weder regulieren noch begrenzen konnte. Er konnte sie nicht mal erkennen. Wolfgang agierte einfach. Auf diese Weise war es zu den Übergriffen gekommen.

IV Handlungsempfehlungen

Erste Hilfe im Kinderschutz

Wann immer Sie sich um ein Kind sorgen, nehmen sie Ihre Sorge ernst. Das ist der erste wichtige Schritt. Irgendein Moment, irgendeine Szene, ein Gesprächsfetzen oder eine komische Reaktion des Kindes hat Sie aufhorchen oder in Ihnen ein komisches Gefühl entstehen lassen oder hat eine Unruhe in Ihnen ausgelöst. Ihre Gedanken kreisen vielleicht darum.

Egal in welcher Beziehung Sie zu dem Kind stehen, ob als professionell Verantwortlicher, als Familienmitglied oder als Mitmensch aus dem sozialen Umfeld, vertrauen Sie auf Ihre Intuition, Ihre Lebenserfahrung und auf Ihren gesunden Menschenverstand. Diese Maßstäbe sind in unserem täglichen Leben und auch beim Thema Kindeswohlgefährdung unser Kompass. Ihre Irritation ist die beste Basis für das Gespräch mit dem Kind. Selbstverständlich können Sie sich auch vorher bei einem Experten Rat holen.

Im Folgenden möchte ich Ihnen einige beispielhafte Anlässe vorstellen, die Irritation in Ihnen auslösen und Fragen in Ihnen aufwerfen könnten:

- Wenn Ihnen Ihre Enkelin erzählt, dass der ältere Cousin sie immer überall kitzeln und küssen möchte, fragen sie sich vielleicht, ob die Enkelkinder dabei angezogen oder nackt waren.
- Wenn ein Kind in Ihrem Sportverein nach der Trennung der Eltern nicht gern von seinem Vater vom Training abgeholt werden möchte, fällt Ihnen vielleicht eine Szene ein, in der der Vater die Mutter am Sportfest angeschrien hat.
- Wenn Ihre Klavierschülerin plötzlich ungepflegt und sehr freizügig in ihren Unterricht kommt, aber nicht darüber reden möchte, wissen sie nicht, wie sie sich verhalten sollen.
- Wenn Ihnen der Freund Ihres Sohnes berichtet, dass die Streitigkeiten seiner Eltern gelegentlich handgreiflich enden und sie ihm versprechen sollen, mit niemanden darüber zu sprechen, könnten Sie unter Druck geraten.

In der Regel hegen wir den Wunsch, dass Kindern Gewalt und Kummer erspart bleiben mögen, aber wir wissen auch, dass die Realität häufig anders ist.

Immer wenn Eltern eine Lücke in der Erziehungsverantwortung lassen, könnte es geschehen, dass Sie wie selbstverständlich – aus der Sorge heraus – diese Verantwortung übernehmen wollen und sich sogar dazu verpflichtet fühlen.

Dann geht es in so einer Krise zunächst darum, die Situation zu erfassen, die Tränen zu trocknen, einen kühlen Kopf zu bewahren und nicht zu viel zu versprechen, um in Ruhe angemessene Handlungsschritte zu überlegen. Manchmal wird in diesem Prozess auch unser Mut auf den Prüfstand gestellt.

Für die genannten Beispiele könnten die Lösungen vielleicht folgendermaßen aussehen:

- Der ältere Cousin sollte von den Erwachsenen erfahren, dass seine Zudringlichkeit das jüngere Kind überfordert und die Großeltern müssten dem Großen Einhalt gebieten oder die Eltern einweihen.
- Der getrenntlebende Vater könnte seinem Kind sagen, dass sein Verhalten der Mutter gegenüber nicht in Ordnung war und er dem Kind damit keine Angst machen wollte.
- Die Eltern der Klavierschülerin hätten bemerken können, dass mit ihr etwas nicht stimmt. Sie versäumten ihre Fürsorgepflicht, vielleicht weil sie gerade selbst in einer eigenen Krise steckten.
- Die streitenden Eltern könnten ihrem Sohn mitteilen, dass sie sich wegen ihrer eskalierenden Gewalt für eine Zeitlang räumlich trennen und eine Beratung aufnehmen werden.

Wenn Ihre eigenen Bemühungen zu helfen, nicht ausreichen, um die Krisensituation für ein Kind oder eine Jugendliche zu entschärfen oder die Fürsorgeberechtigten Ihre Sorge nicht ernstnehmen, ist der Moment gekommen, die Angelegenheit in professionelle Hände zu geben.

Ihre Aufgabe besteht lediglich darin, eine Fachstelle zu finden und ein Telefonat zu führen. In jeder Stadt gibt es Familien- und Erziehungsberatungseinrichtungen oder Jugendämter und in den größeren Städten auch Kinderschutz-Zentren, die Ihnen mit Auskünften zur Seite stehen können. In der Regel können Sie aus der Anonymität heraus agieren (Maihorn & Ellesat, 2009; Bingener, 2020; Checkliste: Kindeswohlgefährdung, 2021).

V Anhang

Literatur

Berg, I. K. (2015). Familien-Zusammenhalt(en). Dortmund: Modernes Lernen.
Berner, W., Briken, P. & Hill, A. (Hrsg.) (2007). Sexualstraftäter behandeln. Köln: Deutscher Ärzte-Verlag.
Bingener, R. (2020, 6. Juni). Wie man seine Kinder schützen kann. *Frankfurter Allgemeine, Kriminalität.*
Braun, G. (2008). An eine Frau hätte ich nie gedacht...! Frauen als Täterinnen bei sexueller Gewalt bei Mädchen und Jungen. Essen: Drei-W-Verlag.
Bundeskriminalamt (2021). Vorstellung der Zahlen kindlicher Gewaltopfer – Auswertung der polizeilichen Kriminalstatistik (PKS) 2020. Berlin
Bundesministerium für Familie, Senioren, Frauen und Jugend (2014). Übereinkommen über die Rechte des Kindes. VN-Kinderrechtskonvention. Berlin.
Castorff, S.-A. (2022, 30. Juni). Mit Kerstin Claus rücken die Opfer in die erste Reihe. *Der Tagesspiegel.*
Checkliste: Kindeswohlgefährdung (2021). Wissen, das ankommt. Merching: Forum Verlag Herkert.
Egle, U. T., Joraschky, P., Lampe, A. et. al. (2015). Sexueller Missbrauch, Misshandlung, Vernachlässigung. Stuttgart: Schattauer.
Ehring, T. & Ehlers, A. (2019). Ratgeber Trauma und Posttraumatische Belastungsstörung. Göttingen: Hogrefe.
Gerber, C. (2019). Krisenintervention und Inobhutnahme. In J. Merchel (Hrsg.). Handbuch Allgemeiner Sozialer Dienst (ASD). München: Ernst Reinhardt.
Glasl, F. (2020). Konfliktfähigkeit. Dornach: Verlag am Goetheanum.
Götz, U. (2015). Armutsprostitution. Köln: Deutschlandfunk.
Großbongardt, A. & Müller, A.-K. (2021, 29. Januar). Fürchterlich, wie die Täter die Kinder zu all dem Leid auch noch isolieren. *Der Spiegel.*
Hilker, L. (2018). Wenn Kinder die Rolle der Eltern übernehmen. Phasen der Parentifizierung von Kindern psychisch kranker Eltern. München: Science Factory.
Intego (2021). Informationsbroschüre über PTBS in 10 Sprachen. Oberhausen: intego.
Kinderschutz-Zentrum München. (2020). Tätigkeitsbericht. München: Kinderschutz-Zentrum.
Maihorn, C. & Ellesat, P. (2009). Kindeswohlgefährdung: Erkennen und Helfen. Berlin: Kinderschutz-Zentrum Berlin e.V.
Müller, A.-K. & Großbongardt, A. (2021). Viele Berichte haben mich umgehauen. Spiegelgespräch. *Der Spiegel.*
Nationaler Rat (2021). Gemeinsame Verständigung des Nationalen Rates gegen sexuelle Gewalt an Kindern und Jugendlichen. Berlin: Bundesministerium für Familie, Senioren, Frauen und Jugend. Nationaler Rat mit Betroffenenrat.
Nationales Zentrum Frühe Hilfen (2018). Schütteln kann Babys krank machen. München: Nationales Zentrum.
Riffer, F. et al. (2017). Die Vielgestaltigkeit der Psychosomatik. Berlin, Heidelberg: Springer.
Salzgeber, J. (2020). Familienpsychologische Gutachten. München: C. H. Beck
Schlüter. R. (2009). Fachberatung nach §8a SGB VIII in den Kinderschutz-Zentren. Köln: Die Kinderschutz-Zentren.
Schmid. H. & Meysen, T. (2006). Was ist unter Kindeswohlgefährdung zu verstehen? In H. Kindler, S. Lillig, H. Blüml, T. Meysen, A. Werner (Hrsg.), *Handbuch. Kindeswohlgefährdung*

nach § 1666 BGB und Allgemeiner Sozialer Dienst (ASD). München: Deutsches Jugendinstitut e.V.
Statistisches Bundesamt (2021). Prostituiertenschutzgesetz. Wiesbaden: Destatis.
Steinmeier, F.-W. (2021). Rede vor dem Nationalen Rat. Zugriff am 15.11.2021 https://www.bundespraesident.de/SharedDocs/Reden/DE/Frank-Walter-Steinmeier/Reden/2021/06/210630-Nationaler-Rat-gegen-sexuelle-Gewalt.html
Taylor, M. (2021). Über Chats in die Prostitution – Ich war erst 11. ARD-Mediathek.
Techniker Krankenkasse (2019). Schütteln ist lebensgefährlich. *Die Techniker.*
WHO (2022). ICD-11-GM Klassifikation.
Wiesner, R. (2006). Was sagt die Verfassung zum Kinderschutz? In H. Kindler et al. (Hrsg.), *Handbuch Kindeswohlgefährdung nach § 1666 BGB und Allgemeiner Sozialer Dienst (ASD)*. München: Deutsches Jugendinstitut e.V.
ZDF heute (2021). Rörig fordert »Pakt gegen sexuelle Gewalt«. Mainz: ZDF.

Kinderzeichnungen

Abb. 1: 5 J., w., Ich bin wieder glücklich

V Anhang

Abb. 2: 9 J., m., Mir stehen die Haare zu Berge, weil meine Eltern sich schlagen

Abb. 3: 5 J., w., Sie ist fröhlich

Abb. 4: 8 J., w., Hallo Leben!

Abb. 5: 9 J., m., Der arme Junge

V Anhang

Abb. 6: 7 J., m., Ich brauche Hilfe, nimm mich auf den Arm

Kinderzeichnungen

Abb. 7: 8 J., w., Hilfe, Hilfe! Die im Treibsand wandert

V Anhang

Abb. 8: 6 J., m., Mein Opa war blöd

Abb. 9: 14 J., w., Egal wie schlecht dein Leben ist, verliere nie dein Lächeln

V Anhang

Abb. 10: 5 J., w., Ich bin eine schöne Prinzessin

Kinderzeichnungen

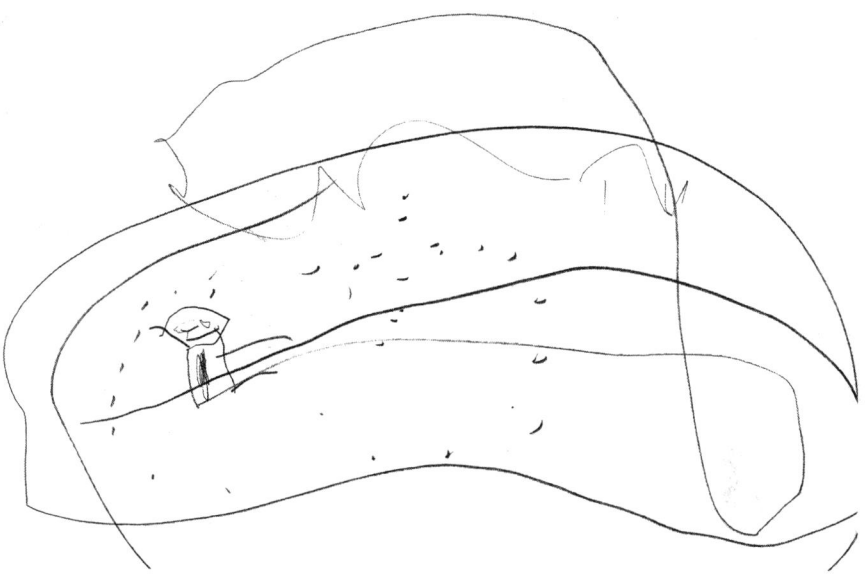

Abb. 11: 4 J., m., Da ist ein Tornado gekommen (nach Elternstreit)

Abb. 12: 5 J., w., Ich bin stolz auf mich

Kinderzeichnungen

Abb. 13: 13 J., m., Ich bin so verletzt worden und möchte meinen Schmerz herausschreien

V Anhang

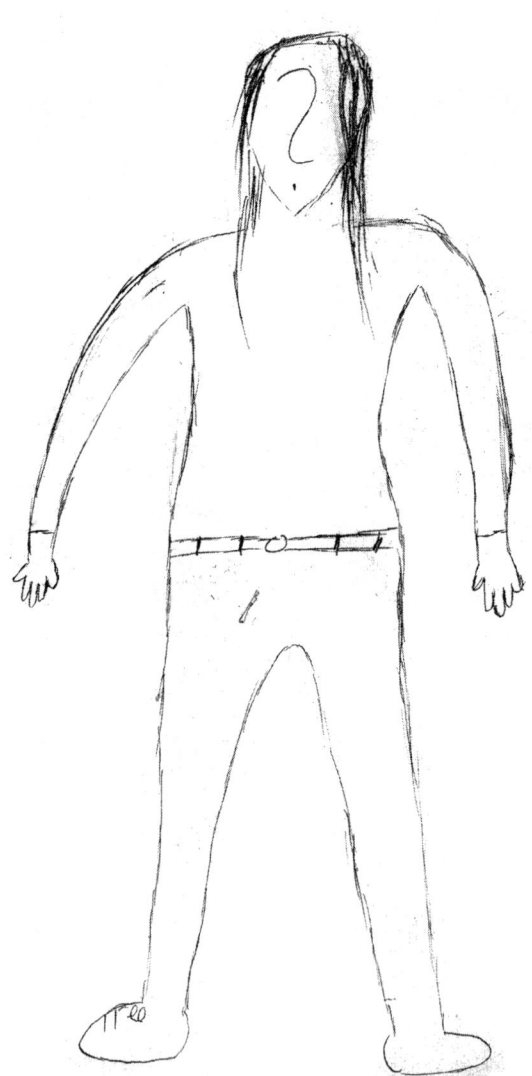

Abb. 14: 12 J., w., Ich? Nach den sexuellen Übergriffen weiß ich nicht mehr, wer ich bin

Kinderzeichnungen

Abb. 15: 13 J., m., Ein gesunder Junge malt sich mit Blindenstock als Zeichen dafür, dass er das Familiengeheimnis nicht lüften darf